U0943958

改革开放以来
农民生活方式现代化研究

史向军　赵景荣◎等著

中国社会科学出版社

图书在版编目(CIP)数据

改革开放以来农民生活方式现代化研究/史向军等著.—北京:
中国社会科学出版社,2018.5
ISBN 978-7-5203-2674-2

Ⅰ.①改… Ⅱ.①史… Ⅲ.①农民—生活方式—研究—
中国—现代 Ⅳ.①D422.7

中国版本图书馆 CIP 数据核字(2018)第 124944 号

出 版 人 赵剑英
责任编辑 郭 鹏
责任校对 夏慧萍
责任印制 李寡寡

出　　版 中国社会科学出版社
社　　址 北京鼓楼西大街甲 158 号
邮　　编 100720
网　　址 http://www.csspw.cn
发 行 部 010-84083685
门 市 部 010-84029450
经　　销 新华书店及其他书店

印　　刷 北京君升印刷有限公司
装　　订 廊坊市广阳区广增装订厂
版　　次 2018 年 5 月第 1 版
印　　次 2018 年 5 月第 1 次印刷

开　　本 710×1000 1/16
印　　张 14.25
插　　页 2
字　　数 228 千字
定　　价 65.00 元

凡购买中国社会科学出版社图书,如有质量问题请与本社营销中心联系调换
电话:010-84083683

课题组成员

课题主持人　史向军

课题组成员　赵景荣　陈文龙　刘　玲　冯晓霞
罗润峰　冯　炬　马飞飞

序　　言

适逢改革开放四十周年，举国上下同为不惑之岁祝颂之际，有宏篇论著献礼，自必有正能量益于读者群体。为民生之计者，古多志士仁人；今以农民生活方式现代化立题考究者，必兼备悯农大爱之良知。史向军教授课题组成此专著见示，并嘱为序引，恰是致贺与学习之吉遇，故不揣冒昧，聊作刍荛语。

本书谈民生问题，难能可贵在于不乏理论思考，这是初阅全稿后较为深刻的印象。生活一词，妇孺皆称，直白而言，人之生息活动不就是生活？然题论生活方式，就有了范畴和理论意义；进而研究农民生活方式现代化，命题即刻鲜活而有了理论与现实相结合的色彩。著作本属实证体例题裁，理性思维也贯穿其中，从而使淳朴农民生活充满现代理念气息。论题伊始，引经据典，首先厘清农民、生活方式、现代化等基本概念，充分地揭示这些常语的定义和科学内涵。生活方式是全书核心所在，作者首先祖述马克思和恩格斯关于生活方式的科学表述，直归之为历史唯物主义的范畴。继而综述马恩之后国内外思想家生活方式的论作，罗列不同时期代表性的观点、理论和学说。特别是就近年中国学者农民生活方式研究成果，进行较为全面地征引，并作出符合国情实际的分析，在此基础上形成综论部分框架必也坚实。主要章目分别为劳动方式、消费方式 、闲暇文化、婚姻家庭、价值观念等五大系统，完全契合于农民生活方式的内涵和结构体系。同时以此命为农民生活方式现代化的分支论题，自然具有坚实理论基础与合理的逻辑结构，所以对全书的纲目格局应给予充分肯定。

农民生活方式现代化是本书主题思想和论证中心内容，综合篇和个案调研篇围绕主题中心论述非常的给力到位。现代化是随同工业化进程发生发展的社会变革，中华人民共和国初期“一化三改”中就开始起步，当时农民劳动、消费方式尚无明显变化，但在婚姻家庭生活和当家做主的政治价值观方面，却发生了翻天覆地的历史巨变。在后来漫长的集体化时期，随着国家工业发展特别是农业机械化大力推进，农民劳动方式迈出了现代化坚实步伐，为农民生活方式的全面转化奠定了生产力基础。本书以改革开放为农民生活方式现代化的新起点，将中国农民生活置于世界范围以国际化视野研究，选定这个历史节点确有划时代意义。改革开放四十年中，农民生活方式现代化也有明显阶段性。首先是家庭经营方式改革，主导农业劳动方式大变，从而为农民生活全方位现代化奠定了生产关系的基础。同时以 20 世纪 90 年代以市场经济体制确立，为改革开放以来农民生活方式现代化的关键时期，确是一个很有见地的判断。市场经济打破了计划经济和家庭自然经济的束缚，倒逼农业产业结构调整、产业化改革、劳动力的转移，加之国内外市场的开发，农业和农村经济完全进入现代化轨道，为农民生活方式现代化铺平道路。在 21 世纪初亲民惠农等科学发展观指导下，以新农村建设和城镇化统领三农工作，农民生活方式的现代化脚踏实地全方位统筹推进。新时代继往开来，提出建立富强、民主、文明、和谐、美丽的社会主义现代化强国，为民生作出百年大计，倡导科学、文明、健康的生活方式，中国农民生活方式现代化随着两个百年奋斗目标的实现，必将梦想成真。

回顾并展望农民生活方式现代化道路，艰辛而富有成就，曲折而终归坦途，展望未来，任重而道远又充满愿景，天时地利人和似乎是历史的必然。然而唯物史观提醒人们，历史是人民群众创造的，在中国更离不开农民百姓的创造力，近代中国革命、建设、改革，以及工业化、集体化、市场化、城镇化、乡村振兴战略等等，哪一项不是以农民为主力推动？农民生活方式现代化固然是历史发展给农民带来的福祉，而农业和农村社会历史又是农民所创造。所以根本结论仍然是：农民的好日子仍是农民自己双手创造，农民生活方式现代化本质上是农民自己走出来的康庄大道。这个根本观点蕴含书中，读者细察深思便心知其意。序末，唯愿读者们能关注这本书，也祈愿有更多的专家来研究农民生计问题。

张波　2018 年初夏

目　录

绪论 …………………………………………………………………………（1）
　一　研究意义与研究回顾 ……………………………………………………（1）
　二　研究方法与调查概述 ……………………………………………………（9）
　三　基本概念与本书结构 ……………………………………………………（10）

综合研究篇

第一章　农民劳动生活方式现代化 ………………………………………（15）
　一　劳动生活方式的定义及分类 ……………………………………………（15）
　二　传统农民劳动生活方式的演进 …………………………………………（17）
　三　农民劳动生活方式变革的特点 …………………………………………（20）
　四　农民劳动生活方式现代化的发展趋势 …………………………………（28）
　五　农民劳动生活方式现代化的对策思路 …………………………………（33）

第二章　农民消费生活方式现代化 ………………………………………（39）
　一　消费生活方式的基本特征及分类 ………………………………………（39）
　二　农民消费生活方式现代化的发展趋势 …………………………………（41）
　三　农民消费生活方式现代化的动因 ………………………………………（45）
　四　对农民消费生活方式现代化正反两个方面的考察 ……………………（48）
　五　合理引导农民消费生活方式的现代化 …………………………………（52）

第三章　农民闲暇生活方式现代化 ………………………………………（57）
　一　农民闲暇生活方式的主要类型及发展趋势 ……………………………（58）

二 影响农民闲暇生活方式现代化的主要因素 …………………… (60)
三 农民闲暇生活方式现代化的积极作用 …………………… (64)
四 农民闲暇生活方式现代化的价值取向及主要途径 ………… (66)
五 关注新生代农民工的闲暇生活方式 …………………… (70)

第四章 农民婚姻家庭生活方式现代化 …………………… (72)
一 婚姻家庭生活方式的主要特征 …………………… (72)
二 农民婚姻家庭生活方式由传统向现代转变的主要表现 …………………… (74)
三 农民婚姻家庭生活方式现代化的影响 …………………… (77)
四 推动农民婚姻家庭生活方式现代化的主要因素 ………… (80)
五 创造条件积极推进农民婚姻家庭生活方式的现代化 …………………… (82)

第五章 农民价值观念现代化 …………………… (85)
一 现代新价值观破茧而出 …………………… (85)
二 旧价值观沉渣泛起 …………………… (87)
三 农民价值观的多维度态势 …………………… (89)
四 正确引导农民价值观的对策建议 …………………… (92)

个案研究篇

第六章 浙江省绍兴市农民生活方式现代化调查研究 ………… (99)
一 改革开放前后绍兴市农民生活方式的比较分析 ………… (99)
二 浙江省绍兴市农民生活方式现代化变迁的动力 ………… (116)
三 浙江省绍兴市农民生活方式传统与现代之忧 ………… (121)

第七章 陕西省秦岭山区农民生活方式调查研究 ………… (124)
一 秦岭山区农民站在传统生活山巅上“打望”未来 ………… (124)
二 秦岭山区一位传统农民家庭的“昨日今朝” ………… (135)
三 秦岭山区因灾搬迁农民的生活现状调查 ………… (148)

第八章　河南省获嘉县农民休闲生活方式调查研究 …………………（160）
一　河南省获嘉县农民休闲生活方式现状 ……………………………（160）
二　河南省获嘉县农民休闲生活方式的特征 …………………………（169）
三　提升农民休闲生活质量的几点思考 ………………………………（172）

第九章　新生代农民工生活方式现代化研究 …………………………（177）
一　生活方式现代化在促进新生代农民工融入城市中的
独特作用 ………………………………………………………（178）
二　新生代农民工在追求现代化生活方式中的
不良倾向 ………………………………………………………（180）
三　努力形成科学、文明、健康的现代生活方式 ……………………（183）

结语 ……………………………………………………………………（188）

主要参考文献 …………………………………………………………（194）

附录一　农民休闲生活方式调查问卷 …………………………………（201）

附录二　农民生活方式调查问卷 ………………………………………（205）

附录三　附录一调查问卷数据统计表 …………………………………（212）

后记 ……………………………………………………………………（215）

绪　论

一　研究意义与研究回顾

自改革开放以来，中国的社会主义现代化建设取得了令世人瞩目的伟大成就，无论城市还是农村都发生了翻天覆地的变化。与经济快速发展、科技日益发达相伴随的是，人民群众生活水平的不断提高及生活方式的日趋现代化。从构建社会主义和谐社会的角度看，中国社会主义现代化发展战略的实现，不仅表现在经济建设、政治建设、文化建设、社会建设、生态文明建设的成就上，而且最终落实在广大人民群众生活方式的现代化变革中。

现代化是人类社会自工业革命以来所经历的一场急剧变革①，其本质上就是获得现代工业的生产方式和生活方式。习近平总书记明确指出："我们的人民热爱生活，期盼有更好的教育、更稳定的工作、更满意的收入、更可靠的社会保障、更高水平的医疗卫生服务、更舒适的居住条件、更优美的环境，期盼孩子们能成长得更好、工作得更好、生活得更好。人民对美好生活的向往，就是我们的奋斗目标。"② 由此可以看出，中国现代化的奋斗目标内含着生活方式现代化。不断推进生活方式现代化，满足人

① 罗荣渠：《现代化新论——世界与中国的现代化进程（增订本）》，商务印书馆2004年版，第17页。

② 中共中央宣传部：《习近平总书记系列重要讲话读本》，学习出版社、人民出版社2014年版，第108页。

民日益增长的物质文化生活需要，不仅是中国社会主义现代化建设的重要目标，也是中国特色社会主义事业的根本价值取向。

中国农民在全国人口总数中一直占有很大的比例，一直是中国国民经济和社会发展计划的基础。中共中央在1982年至1986年连续五年、2004年至2015年连续十二年，发布了以“三农”（农业、农村、农民）为主题的“中央一号文件”，强调了“三农”问题在中国社会主义现代化建设时期的“重中之重”的地位。其目的在于提高农民的生活水平，实现农民生活方式的现代化。

自改革开放以来，农民生活方式现代化变革大体经历了三个阶段。第一阶段，农民传统生活方式开始发生变化（1978—1991）。党的十一届三中全会确立了以经济建设为中心的主要任务，坚持改革开放，农村在实行家庭联产承包责任制和乡镇企业的发展之后，生活水平提高，农民传统的与小生产相适应的生活方式开始发生变化。第二阶段，农民生活方式现代化的起步阶段（1992—2001）。随着市场经济的发展和社会生活的变化，在计划经济体制下的农民生活方式有了较大的改变，追求科学、文明、健康的现代生活方式，已成为许多农民追求的自觉行动。第三阶段，农民生活方式现代化的发展阶段（2002以来）。党的十六大以来，党和国家实行工业反哺农业、城市支持农村的方针和“多予、少取、放活”的政策取向，加大强农、惠农力度，进一步推进社会主义新农村建设，农民生活方式现代化稳步推进。

农民生活方式何以会发生由传统到现代的变革？这些变化对社会发展有着怎样的影响？当下我们应引导农民追求以及何以追求现代化的生活方式？本研究对自改革开放以来农民生活方式现代化问题进行了较全面系统的研究，对于围绕城乡发展一体化，深入推进新农村建设，构建社会主义和谐社会，具有重大的理论意义和实践意义。

从国外研究情况看，生活方式的重要性受到了国外学者的关注。随着资本主义工业化和整个社会的现代化进程加快，人类生活方式现代化问题凸显。关于生活方式问题的研究，马克思、恩格斯的思想相当丰富，主要体现在他们合著的《德意志意识形态》《共产党宣言》；马克思的《1844年经济学哲学手稿》《路易·波拿巴的雾月十八日》《〈政治经济学批判〉

序言》《资本论》《哥达纲领批判》等；恩格斯的《英国工人阶级状况》《共产主义原理》《论住宅问题》《家庭、私有制和国家的起源》等。在这些著作中，马克思、恩格斯经常使用到“生活方式”这一概念，并往往与“生活需要”“生活条件”“生活状况”“生活形式”等概念相互交替使用。马克思、恩格斯在《德意志意识形态》一书中将“生活方式”与“生产方式”这一历史唯物主义的中心概念联系在一起提了出来，指出：“人们用以生产自己的生活资料的方式，首先取决于他们已有的和需要再生产的生活资料本身的特性。这种生产方式不应当只从它是个人肉体存在的再生产这方面加以考察。更确切地说，它是这些个人的一定的活动方式，是他们表现自己生命的一定方式、是他们的一定的生活方式。”[①] 因此，“生活方式是马克思、恩格斯用于综合考虑和分析作为主体的人们的具体存在形式和生活状况的历史唯物主义范畴”。[②] 这些思想对于我们今天生活方式的研究和实践仍具有重要的指导意义。

继马克思、恩格斯之后，德国社会学家马克斯·韦伯在其所著的《阶级、地位与权力》一文中，进行了关于生活方式与社会地位关系的理论探究。凡勃伦也是早期对生活方式进行研究的代表，主要是从消费的角度来认识生活方式，认为生活方式作为阶级地位与尊荣的社会标志存在，在人类社会不同历史发展阶段，由于人们对于尊荣的判断标准不同，因而作为不同阶级地位标志的生活方式也不同。第二次世界大战以后，发达资本主义国家经济快速发展，人们的生活方式随之发生变化，形成了“高工资、高消费”的局面。与高消费甚至是过度消费相对应的是，全球生态环境的加速退化，这使得人们开始反思生活方式变化的种种问题。一些学者对未来的生活方式做出了预测，代表性的著作有托夫勒的《第三次浪潮》《未来的震荡》和奈斯比特的《大趋势》等。从20世纪60年代初开始，生活方式逐步成为苏联及东欧各社会主义国家社会科学界的研究对象，并对生活方式相关问题开展了深入研究。著名学者有维什涅夫斯基、格列泽尔

① 《马克思恩格斯文集（第1卷）》，人民出版社2009年版，第519—520页。

② 徐勇：《马克思恩格斯关于生活方式问题的基本思想探讨》，《马克思主义研究》1986年第3期。

曼、克里斯托斯、鲁特凯维奇、萨甫钦柯等，出版了许多论著。比如维什涅夫斯基主编的《社会主义生活方式》一书，阐述了社会主义生活方式的基本概念、原则与基础、价值与优越性，对社会主义生活方式与资产阶级生活方式做了比较分析，阐明了苏联共产党完善苏联生活方式的物质基础与精神基础的活动。[①] 国外学者的研究成果，对于研究当代中国生活方式做了较好的学术积累，其理论观点和研究方法有着较大的借鉴意义。

从中国国内研究情况看，中国的生活方式研究发端于20世纪80年代初。其标志性研究成果是1981年于光远在《中国社会科学》第4期上发表的《社会主义建设与生活方式、价值观和人的成长》和1982年杜任之在《社会》第1期发表的《谈谈生活方式》。自改革开放之后，随着社会经济的发展，人们的生活渐渐开始发生变化，生活方式的选择性增强。这就提出一个问题，在多种选择中人们应该追求一种什么样的生活方式？在此背景下，诸如上述一些开创性的理论研究成果相继问世。1984年，党的十二届三中全会通过的《关于经济体制改革的决定》明确指出："要努力在全社会形成适应现代生产力发展和社会进步要求的，文明的、健康的、科学的生活方式，摒弃那些落后的、愚昧的、腐朽的东西。"[②] 这一论断，不仅指明了人民追求生活方式的方向，也为生活方式研究提供了动力。从此，中国的生活方式研究出现了一个高潮。

20世纪80年代中期前后，中国的生活方式研究涌现出了一大批成果。代表性的著作有王玉波等人的《生活方式》，王伟光的《社会生活方式论》，王玉波、王雅林、王锐生的《生活方式论》，王雅林的《生活方式概论》，王玉波的《大樊笼·小樊笼——中国传统生活方式》，范国华的《现代化与生活方式》，徐正明主编的《生活方式纵横谈》，罗萍的《生活方式学概论》等。其中，王玉波主要是从生活方式的各分支系统和不同主体的生活方式加以探讨[③]；王伟光主要从哲学角度研究了有关生活方式的

---

① ［苏］维什涅夫斯基主编：《社会主义生活方式》，史宪忠等译，南京大学出版社1988年版，第3页。

② 《十一届三中全会以来重要文献选读（下）》，人民出版社1987年版，第794页。

③ 王玉波、王辉、潘允康：《生活方式》，人民出版社1986年版，第284页。

理论与现实问题[1]；王雅林的是一部研究生活方式的概论性著述[2]。总体来看，这些著作主要探讨了生活方式概念的含义、结构、构成要素等基础理论问题；不同领域如劳动、交往、消费、闲暇生活、日常生活等生活方式问题；不同群体如青年、学生、女性、知识分子、少数民族的生活方式问题；生活方式与精神文明问题；传统生活方式的落后问题；完善社会主义生活方式的途径等。此外，《社会学研究》《文汇报》等还开辟有专栏，讨论“生活方式”和“现代生活方式”的问题。这一时期，中国学者发表了一系列很有分量的论文。比如，王玉波的《要重视“生活方式”的研究》、王亚林的《变革中的生活方式：继承和借鉴问题》、青连斌的《建立社会主义生活方式指标体系的方法论问题》《再论生活方式指标体系的建立及其应用》、武斌的《哲学向日常生活领域的接近——漫谈当前的生活方式研究》、力新的《有关生活方式的几个理论问题》、郭建宁的《简论社会主义生活方式的发展趋势》等。王玉波认为，生活方式在哲学和社会科学中是一个具有普遍意义的范畴，如果离开对生活方式的研究，在社会学、经济学、历史学、政治学研究中，就无法或不能解决一些重要的甚至是根本性的问题；生活方式也是历史唯物论理论体系中的一个不可缺少的范畴，不论是研究哪一种社会形态，必须把握住生活方式，才能全面地把握住整个社会形态。[3] 王亚林探讨了在生活方式变革中如何正确对待民族传统及外来影响的问题，提出了社会主义生活方式是在变化了的更高的层次上把传统生活方式的精华包含在其中，并加以发扬；要借鉴社会主义国家在建设社会主义生活方式过程中的经验和有关理论研究成果；在资本主义现代大工业条件下形成的生活方式精华部分，当剥去罩在它上面的资本主义生产关系外壳的时候，将是更适合社会主义所需要的东西，值得我们借鉴的东西，要比封建社会多得多。[4] 青连斌对建立社会主义生活方式指标体系的方法论问题及具体生活方式指标体系的建立等作了探讨，认为生活方式指标体系的基本内容可以根据生活方式的构成要素分为三个

---

① 王伟光：《社会生活方式论》，江苏人民出版社 1988 年版，第 13 页。

② 王雅林：《生活方式概论》，黑龙江人民出版社 1989 年版，第 1 页。

③ 王玉波：《要重视“生活方式”的研究》，《国内哲学动态》1984 年第 5 期。

④ 王亚林：《变革中的生活方式：继承和借鉴问题》，《社会学研究》1986 年第 1 期。

部分——有关生活活动条件的指标、有关生活观念的指标和有关生活活动形式的指标①；生活方式指标体系可以分为三个大类、十五个小类。② 这些成果形成了中国生活方式问题研究的基本理论框架，为后来的研究打下了理论基础。

20 世纪 90 年代以来，随着社会主义市场经济体制建立步伐的加快，中国社会急剧转型，当代生活方式面临许多新问题、新挑战，学者们开始更多关注市场化、城市化给生活方式带来的影响、未来生活方式前景及如何构建等问题。因此，大量有影响的著作、论文出版和发表。代表性的著作有瞿明安的《中国民族的生活方式》，王雅林的《繁难的超越》《人类生活方式的前景》《构建生活美》《闲暇社会学》《城市休闲》等，王玉波、瞿明安的《超越传统——生活方式转型取向》，高丙中的《现代化与民族生活方式的变迁》，杨士杰的《云南山地民族生活方式的传承与选择》，童星的《开放大潮下的生活方式》，风笑天、林南的《中国城市居民生活质量研究》，黄平的《迈向和谐：当代中国人生活方式的反思与重构》，宋涛等著的《传统裂变与现代超越——西部大开发与西南少数民族生活方式变革问题研究》，方心清等著的《现代生活方式前沿报告》，李长莉的《中国人的生活方式：从传统到近代》，田翠琴和齐心的《农民闲暇》，等等。此外，《社会学研究》等期刊上也发表了大量高水平的研究生活方式问题的论文。上述学者中取得成果最丰厚的学者之一是王雅林，他对生活方式的持续关注和研究，形成了多部有影响的著作和多篇高水平论文，探讨了社会主义市场经济条件下如何建构文明、健康、科学的生活方式③，以及从全球发展的视角和现代化发展的全局提出有关中国建构面向未来世纪新型生活方式等诸多生活方式问题④。

在中国，农民在全国人口总数中一直占有很大的比例。中国的改革自农村起始，其所引发的农村社会、经济的巨大变革也必然体现在农民生活

---

① 青连斌：《建立社会主义生活方式指标体系的方法论问题》，《社会学研究》1988 年第 4 期。

② 青连斌：《再论生活方式指标体系的建立及其应用》，《社会科学研究》1989 年第 2 期。

③ 王雅林：《繁难的超越》，黑龙江人民出版社 1995 年版，第 2 页。

④ 王雅林：《人类生活方式的前景》，中国社会科学出版社 1997 年版，第 4 页。

方式的变化上。在20世纪80年代对生活方式的大讨论中，有关农民生活方式研究的成果并不多见。当时，中国的生活方式研究热刚刚兴起，首要解决的是生活方式研究的基本理论问题。中国农民长期养成的传统生活方式，其变革在20世纪80年代仅仅处于萌动状态，西方生活方式、城市生活方式对农民的影响也有一个渐进过程。当时，城市居民的生活方式相对现代，开放之风很快对城市生活产生了影响，最主要是西方生活方式即资本主义生活方式越来越被城市人所接纳、仿效，生活方式问题由此凸显。在厘清生活方式基本理论问题的基础上，进而探讨社会主义生活方式本质、趋向等问题，自然成为学者们关注的重点。20世纪90年代以来，随着市场经济的不断发展，中国城乡发展不平衡加剧，“三农”问题日益受到重视。特别是进入21世纪以来，党和政府积极推进城乡一体化发展战略，加快建设社会主义新农村，农民生活方式现代化趋势愈益显著。在这一大背景下，学者们对于农民生活方式的研究由冷渐热，产生了为数不少的成果。有关农民生活方式的研究成果，除前述提及之外，代表性的相关著作有曹锦清的《黄河边的中国》、韩长赋的《中国农民工的发展与终结》、贺雪峰的《乡村的前途——新农村建设与中国道路》、王正中的《中国农民现代化及其推进策略》、郭亚军的《中国农村居民消费及其影响因素分析》、杨茹和宋国恺的《新型农民的生活方式》等。韩明谟编著的《农村社会学》、刘豪兴主编的《农村社会学》等教材中亦设专门章节论述农村生活方式的基本问题。代表性的论文有姚洪胜的《我国农村改革中的农民生活方式研究》、蒙晨的《广西南宁市永宁村农民生活方式的变化》、杨甫旺的《云南彝族婚姻家庭生活方式的变迁——永仁县谢腊村彝族生活方式变迁研究》、张新光的《新中国农民生活方式60年变迁与反思》、杜生鸣的《提升农民休闲生活质量的多维视角》、马惠娣的《“八个零”：折射中国农民工休闲生活境况之忧》、杨风的《城市化与农民生活方式的转型》、沈文捷和风笑天的《城里的农村媳妇：农村女性婚姻移民的城市适应》等。曹锦清、韩长赋、贺雪峰等学者在他们的著作中对农民生活方式仅有所涉及，并未进行系统研究。杨茹和宋国恺描述了改革开放30年来农民生活方式各方面的巨大变化。宋涛等重点研究了西南少数民族农民群体的生活方式现代化问题，并探索西南少数民族生活方式现代化的发展路径。[①] 田翠琴、齐心探讨了农村闲暇社会学的基本内容，并进一步从城乡综合的高度丰富了闲暇社会学的总体内容[②]，这是目前出版的有关农民休闲的第一本专著。姚洪胜对农村自改革开放以来农民生活方式的变化、影响生活方式的因素、农民新型生活方式的客观作用进行了论述，认为人类社会的每一个进步都凝结于生活方式并通过它而体现出来，只有把握了生活方式的发展规律，才能更透彻地理解人类社会运动的奥秘。[③] 蒙晨调查分析了广西壮族自治区南宁市永宁村农民的收入与消费、时间的安排、家庭和婚姻状况等，认为随着农村经济改革的发展，农村的家庭和婚姻生活方式发生了一定的变化，妇女和青年人的自主性比以前增强，但是由于农村经济和社会发展水平所限，一些传统的生活习惯变化还不是很大。[④] 中国休闲文化研究中心主任马惠娣研究员发表的有关休闲研究的论文达50篇之多，对农民工闲暇生活方式进行了分析，提出农民工闲暇生活的基本状况可以用8个“几乎为零”来概括，农民工的城市工作与生活样式及境况不容乐观。[⑤] 沈文捷、风笑天通过实地调查，对中国人口流动中一种特殊的流动主体及其流动中的重要问题——农村女性以婚姻的方式迁入城市的适应问题进行了研究，深入分析了农村媳妇在城市社会中的家庭生活适应、社区生活适应以及工作角色适应等方面所面临的问题，并有针对性地探讨了运用社会工作的方法在多层面上帮助她们更好地适应她们的城市新身份，提升和改善她们弱势地位的可能对策。[⑥] 杨甫旺对云南彝族婚姻家庭生活方式的变迁进行了研究，认为云南省永仁县谢腊村彝族婚姻家庭生活方式在50多年来发生了巨大的变化。[⑦]

许多学者在研究中并未使用生活方式现代化这一表述。在中国共产党

---

① 宋涛等著：《传统裂变与现代超越》，民族出版社2006年版，第2页。

② 田翠琴、齐心：《农民闲暇》，社会科学文献出版社2005年版，第32页。

③ 姚洪胜：《我国农村改革中的农民生活方式研究》，《吉林大学社会科学学报》1985年第4期。

④ 蒙晨：《广西南宁市永宁村农民生活方式的变化》，《社会学研究》1986年第6期。

⑤ 马惠娣：《“八个零”：折射中国农民工休闲生活境况之忧》，《毛泽东邓小平理论研究》2010年第12期。

⑥ 沈文捷、风笑天：《城里的农村媳妇：农村女性婚姻移民的城市适应》，《湖南师范大学学报》（社科版）2013年第2期。

⑦ 杨甫旺：《云南彝族婚姻家庭生活方式的变迁——永仁县谢腊村彝族生活方式变迁研究》，《学术探索》2007年第5期。

始终致力于领导人民实现社会主义现代化的伟大目标这个背景下，我们认为，多数学者对生活方式的讨论始终没有离开现代生活方式或生活方式现代化的视野。国内学者们的成果为研究农民生活方式奠定了较好的学术基础，但这些研究存在两个明显不足：一是没有对农民生活方式进行整体的研究，仅散见于一些著作和论文中，而农民生活方式现代化恰恰是中国现代化的总体目标所含有的内容。二是没有从建成富强、民主、文明、和谐的社会主义现代化与农民生活方式现代化的互动关系中探讨。

二 研究方法与调查概述

任何一个群体的生活方式，皆具有时空性。这要求我们在研究当代农民生活方式时所需要的第一手资料，必须取自活生生的农民生活。为此，我们要根植于农民生活的沃土之中，观察他们的举手投足，与他们倾心交谈生活的快乐与困惑，从而熟悉和把握农民生活方式由传统向现代转变的全貌。

本研究从农民生活方式现代化的典型个案入手，采用理论分析与实地研究相结合的研究方法。在研究中，我们强调客观性和真实性，力求实事求是地反映和分析农民生活方式现代化趋向、特征、动力、存在问题、引导途径等等，以对农民生活方式现代化有较深刻的理解。

2010 年以来，项目组在陕西省、浙江省、安徽省、河南省、山西省等地进行了深入的调查，走访了一村又一村、一户又一户、一位又一位农民，发放调查问卷，做个别访谈；有时在田间地头，有时在农家小院，搜集了大量丰富的第一手资料。在此基础上，我们加以统计分析和归纳，探究深层的理论问题和进行规律性总结。

在陕西省，项目组的足迹遍及西安市、咸阳市、渭南市、宝鸡市、延安市、榆林市、汉中市、安康市、商洛市的乡村。在实地调查中，我们深入上百家农户进行了访谈。

在浙江省，项目组选取了绍兴市下属的三个县级市中各一个乡镇进行实地调查，采取入户与当地农民面对面交流的方式，获取相应的第一手资料。三个村分别分布于越城区 D 镇、诸暨市 H 镇和新昌县 Q 乡。越城区 D

镇的 H 村有 564 户人家，诸暨市 H 镇的 T 村仅有 34 户人家，新昌县 Q 乡的 X 村有 232 户人家。

在河南省，项目组对新乡市获嘉县农民休闲生活方式进行了实地调查。共选择了 8 个自然村，分别为西张巨村、西小吴村、邢韩村、徐营村、望高楼村、蒋村、高庙村和宣阳驿村，发放问卷共 300 份，回收 293 份，有效问卷为 283 份。

在安徽省，项目组深入太湖县 T 村进行了访谈。该村现有农户 325 户（其中 203 户常年有家庭成员在外务工），人口 1170 余人，村民小组 7 个，项目组对 2 名村委会干部、4 名村民小组组长进行了访谈，走访农户 60 余户，重点对该村农民消费生活方式进行了实地调查。

在山西省，项目组以长治市长治县 L 村 30 名农民为调查对象，通过深度访谈和参与式观察，着重考察了农民外出流动对农村消费方式的影响。

三　基本概念与本书结构

农民是一个历史概念，学者们对其有不同角度的理解和认识。改革开放以来，随着社会主义市场经济体制的确立和不断完善，中国农民正由单纯的生产者逐步向生产经营者转化；由封闭、半封闭、半自给性小生产者逐步向开放性、经营性的商品生产者转化；由保守落后的传统农民逐步向开拓进取的现代农民转变。农民已远非传统意义上的农民。本研究中的农民，是指具有农村户口的人。不仅指直接从事农业生产的劳动者，也包括那些在本地从事非农产业生产或外出从业的劳动者。

生活方式是个内容相当广泛的概念。本研究中的生活方式采用的是广义的概念，即“在不同的社会和时代中生活的人们，在一定的社会条件制约下和在一定的价值观制导下，所形成的满足自身需要的生活活动形式和行为特征的总和”。[①] 这些活动形式包括劳动生活、物质生活、政治生活、精神生活、家庭生活、闲暇生活等。每一领域又可以分成更多具体内容。

---

① 王雅琳：《人类生活方式的前景》，中国社会科学出版社 1997 年版，第 2 页。

生活方式的“方式”就是通过这些内容体现出来的。

现代化，在本质上就是获得现代工业的生产方式和生活方式。中国的奋斗目标是，到2020年，国内生产总值和城乡居民人均收入在2010年的基础上翻一番，全面建成小康社会；到21世纪中叶建成富强、民主、文明、和谐的社会主义现代化国家，实现中华民族伟大复兴的中国梦。我们进行现代化建设的根本目的是不断满足人民日益增长的物质文化生活需要，中国现代化的总体目标内含着生活方式现代化。这种现代化的生活方式是工业化、市场化发展的必然结果。

生活方式现代化的基本要求是什么？党的十四届五中全会审议并通过的《中共中央关于制定国民经济和社会发展“九五”计划和2010年远景目标的建议》中提出，应“提倡科学、文明、健康的生活方式”。[①]《中华人民共和国国民经济和社会发展第十一个五年规划纲要》中特别提出，建设社会主义新农村应“引导农民形成科学、文明、健康的生活方式。”[②]现代化是一种全面的理性发展过程，对于发展中国家公民的生活方式来说，这个过程不是一个自然的演进，而是有目标、有计划地学习、借用和移植现代生活方式的过程。说到底，它应是一种理性行为选择。因此，我们认为，“科学、文明、健康”体现了生活方式现代化的基本要求。中国倡导的这一生活方式应立足于社会主义初级阶段的基本国情，在社会主义核心价值观的指导下，使人们的生活活动和行为方式达到同现代工业社会的物质文明与精神文明成果相适应的水平，使生活活动的结构和对生活资料的配置具有合理性，促使人与自身、人与社会、人与自然和谐共存发展。

本项目所进行的农民生活方式现代化研究，主要针对自改革开放以来农民生活方式现代化变革进行考察，根据前述活动形式和学界习惯的分类方法，我们将研究重点聚焦在农民的劳动生活方式、消费生活方式、闲暇生活方式、婚姻家庭生活方式、价值观念五个方面。

---

① 《党的十四大以来重要文献选编》（中），人民出版社1997年版，第1506页。

② 《中华人民共和国第十届全国人民代表大会第四次会议文件汇编》，人民出版社2006年版，第56页。

本书的主体内容分为综合研究篇和个案研究篇两部分，共九章。

综合研究篇共五章。第一章“农民劳动生活方式现代化”，分析了传统农民劳动生活方式的演进及农民劳动生活方式变革的特征、趋势，探讨了农民劳动生活方式现代化的对策思路。第二章“农民消费生活方式现代化”，概括了消费生活方式的基本特征及分类，分析了农民消费生活方式现代化的发展趋势、动因，从正反两个方面考察了其影响，进而讨论了如何引导农民消费生活方式现代化。第三章“农民闲暇生活方式现代化”，分析了农民闲暇生活方式的主要类型及发展趋势、影响因素、积极作用，提出未来农民闲暇生活方式的价值取向和转变途径。第四章“农民婚姻家庭生活方式现代化”，概括了婚姻家庭生活方式的主要特征，分析了农民婚姻生活方式由传统向现代转变的主要表现及影响、推动农民婚姻家庭生活方式现代化的主要因素和途径。第五章“农民价值观念现代化”，分析了农民价值观去传统化的态势及农民价值观呈现出的重叠性与多维性。

个案研究篇共四章。第六章“浙江省绍兴市农民生活方式现代化调查研究”，从绍兴市农民的劳动生活、消费生活、婚姻家庭、社会交往、思想观念五个方面，比较分析了改革开放前后农民生活方式的变迁，探讨了农民生活方式变迁的动力，并对农民生活方式呈现的传统与现代的多重矛盾进行了总结。第七章“陕西省秦岭山区农民生活方式调查研究”，分别选择秦岭山区一位老年人、一位青年、一位农民家庭以及因灾搬迁农民的生活作为典型，在深入山区农家访谈调研的基础上，描述和分析了他们的生活现状及其对生活的所思所想。第八章“河南省获嘉县农民休闲生活方式调查研究”，分析了获嘉县农民休闲生活方式的现状、特征，讨论了如何提升农民休闲生活的质量。第九章“新生代农民工生活方式现代化研究”，分析了现代化生活方式对新生代农民工融入城市的作用以及新生代农民工在追求生活方式现代化过程中呈现的一些不良倾向，讨论了在融入城市中如何引导他们逐步养成科学、文明、健康的现代生活方式。

综合研究篇

第一章　农民劳动生活方式现代化

马克思把人的劳动活动作为创造社会生活的基本活动，把社会生活看作包括劳动活动在内的、广泛的生活活动[①]，认为人之所以区别于动物，最根本的在于人可以劳动，人能够制造生产工具。恩格斯在《自然辩证法》中也通过分析人类从猿到人的转变过程，肯定了劳动在人类生活方式转变中的决定性作用。所以，劳动生活方式是人类所独有的，是生活方式的一个最基本的社会生活现象，在整个生活方式的分支系统中占据着基础性地位，它决定着人类生活方式未来发展的变革和走向。

一　劳动生活方式的定义及分类

（一）定义

为了生存和发展，人必须获取基本的生产资料和生活资料，也就必须进行获取生活资料的劳动活动。因而，劳动是人最本质的存在形式，是人生存和发展的首要条件。对于劳动生活方式，本研究采用王雅林先生给劳动生活方式下的定义："劳动生活方式是在一定劳动条件下，劳动主体在一定的劳动价值观的制导下所从事的物质生产、精神生产或提供劳务的经常性的行为方式的总和。"[②] 由此可以看出，作为生活方式系统中的重要内容，劳动生活方式由劳动生活条件、劳动生活主体、劳动

① 王伟光：《社会生活方式论》，江苏人民出版社1988年版，第16—17页。

② 王雅林：《生活方式概论》，黑龙江人民出版社1989年版，第94页。

生活观念、劳动生活形式等要素构成。劳动生活方式是主体范畴，受一定的社会生活条件、生产力水平、价值观和人自身发展水平的制约，具有相对的稳定性，又具有突出的时代性。劳动生活方式是整个生活方式发展的内在动力。生活方式的变革，一般都是始于劳动生活方式发生变化，然后引起整个生活方式的变革。[①]

（二）分类

劳动生活方式是一个属性复杂、内容丰富、多层次的概念，应从不同的角度对其进行分类后再做具体研究。比如依据马克思历史唯物主义关于社会形态的划分，王伟光把生活方式划分为原始社会生活方式、奴隶社会生活方式、封建社会生活方式、资本主义社会生活方式和社会主义社会生活方式五种历史类型的生活方式，相应地，劳动生活方式可以分为原始社会劳动生活方式、奴隶社会劳动生活方式、封建社会劳动生活方式、资本主义社会劳动生活方式和社会主义社会劳动生活方式五种类型。王玉波则从生产方式角度把劳动生活方式划分为以采集和捕获自然物为主的劳动、以农业生产为主的劳动、以工业劳动为主的劳动生活方式。虽然两位学者对社会发展形态划分的角度不同，但这两种划分方法都是依据马克思历史唯物主义原理，从在一定生产力发展水平制约下生产关系构成社会形态基础结构这个前提出发的。[②] 另外，从劳动生活方式主体角度，可以分为社会、群体、个人层面的劳动生活方式；从劳动生活方式主体的职业角度，可以分为农民、工人、军人、知识分子等群体的劳动生活方式；按城乡社会结构划分的话，可以分为市民和农民的劳动生活方式；按区域划分，可以分为东部地区、中部地区、西部地区；如果再细划分的话，可以分为东北、东南、西北、西南等地区的劳动生活方式。

根据研究的主要内容和属性，本部分主要是对农民群体的劳动生活方式进行考察。

---

① 王雅林：《生活方式概论》，黑龙江人民出版社1989年版，第97页。

② 同上书，第19页。

二　传统农民劳动生活方式的演进

在漫长的农业文明时代，随着社会生产力的发展和劳动工具的改进，中国传统的农民劳动生活方式缓慢发生着变化。但由于个体农业和家庭手工业相结合的自给自足的自然经济的稳固性，农民劳动生活方式的演进仅是一个量变的累积过程。

在农业社会中，个体农民是社会的主体，他们长期以农业生产为主，农产品是他们生活资料的主要来源。棉织品在中国普及后，手工纺织业成为了家庭最普遍的副业。在个体家庭经营中，农民的生产和消费是自给自足性的，农民不仅生产自己生活所需要的农产品，而且生产自己生活所需要的大部分手工业品，只有很少的生活物品从市场上交换获得，对市场的需求很有限，与外界的交流也很少。正如《孟子·尽心上》所记载的，“五亩之宅，树墙下以桑，匹妇蚕之，则老者足以衣帛矣”。因此，农民的劳动生活方式是封闭的。加之，由于农业生产周期的季节性规律、农民生产劳动的昼夜更替及小农经济结构的特点，农民不像工业工人那样进行流水线作业，逐步形成了“日出而作，日落而息”的劳动习惯，以及以家庭为单位、男耕女织的家庭劳动模式。

由于财力有限、生产规模小，农民单靠农业收入很难维持生活，常常无法满足全部的生活开支。因此，农民不是单纯从事农业。在农闲时节，有些农民还可能通过兼做雇工，出卖苦力——比如做轿夫、搬运工、掏粪工等来补贴生活用度。这只是农民劳动方式的临时变化，并没有从根本上改变封闭的小农经济的劳动生活方式。但小农家庭往往并不能生产出自己生活所需要的全部生活用品，有些农民为了使自己生活得更好，实现“对利益的追求，使得在这种小农的‘大传统’下，依然可以在少数地区生长出重视工商业的市场主体这一‘小传统’来”。[①] 所以，农民还会从事养蚕、酿酒、刺绣、陶瓷、豆腐坊及买卖农副产品、山货、牲畜等商品交易

① 严新明：《生存与发展——中国农民发展的社会时空分析》，社会科学文献出版社 2005 年版，第 143 页。

的各种营生。北宋以后，农业生产的商品交换已经比较活跃，农业和手工业的分工趋势进一步出现，一些城市出现了手工作坊，但家庭手工业仍是主要劳动方式，商品交换只是作为家庭经济的一种极为有限的补充，规模小，在中国社会中不占主导地位。即使在商品经济比较发达的江南地区，“男耕女织”也具有普遍性。到了明、清两代，丝织业和棉纺织业显著发展，桑棉种植与纺织越来越成为农民的主业，棉纺织业更是成为仅次于农业的主要家庭副业。同时，棉纺织、陶瓷等农产品加工业出现了采用雇佣劳动的工场手工业经营方式，它们的目的不是供自己消费，而是为了在市场上交换商品获取利润。雇佣劳动进行商品化生产比较活跃的仅是江南地区。从行业整体来看，主要还只是部分的手工业行业出现了资本主义的手工作坊。就全国农业而言，传统的农业技术发明几乎停滞，农业生产工具发展缓慢，农业产量的增加主要是通过劳动力的投入、精耕细作的生产方式达到，小农家庭的生产力水平没有质的提升。“小农经济是在狭小土地上进行的简单再生产，这就限制了分工的发展和科学枝术的应用，他们的生产和生活基本上是简单的重复，缺乏活力，不可能有任何多样化的发展”，“小农经济由于力量微薄，他们更多地是倾向守成而不是进取。”①总之，小农经济在中国社会中仍占绝对主导地位。

近代以来，西方的大工业生产方式进入中国，不断冲击着古老中国的单一封闭的小农经济结构，长江、珠江流域农村的男耕女织的家庭经济出现明显的变动。但就全国范围来看，在鸦片战争后最初的十多年里，小农业和小手工业相结合的家庭经济结构并没有出现显著的变化。第二次鸦片战争后，小农经济开始逐步解体。首当其冲的是家庭手工纺织业。据海关的历年报告显示，1868 年进口棉纱 54212 担，到 1894 年进口达 1159596 担，增长 20 多倍。② 洋纱、洋布之类的外国商品进口并逐步进入农村，使耕与织发生分离，这是小农业与小手工业相结合的家庭经济结构解体的第一步。后来由于外国资本主义对中国农业原料的掠夺增加，中国农业原料出口品种逐步扩大，除了传统的丝绸、茶叶之类的大宗农产品出口增加

---

① 王玉波：《大樊笼 小樊笼——中国传统生活方式》，中国新闻出版社 1989 年版，第 202 页。

② 邹进泰、张爱虎编著：《激荡百年：大国农业》，中国法制出版社 2013 年版，第 4 页。

外，比如烟草、甘蔗、棉花、蚕桑等农业经济作物的出口也快速增加，这刺激了农作物的商品化程度和农业商品经济的发展，农民与市场之间的联系不断加强。一些带有资本主义性质的机械化生产的农业经济开始出现。据《中国近代农业大事记》记载，1880 年，“在天津附近有客民批租荒地 5 万亩，概从西法，以机器从事”；1901 年，清末状元张謇在南通招股创办“通海垦牧公司”，领垦土地 10 余万亩；1915 年，在黑龙江呼玛县，浙江财阀成立了 3 个机械化农场。[①] 据统计，1912 年，全国各地农村成立的垦殖公司 71 家，资金 635 万元。[②] 到 1927 年全国共设立农事试验场 251 处。[③]

不过，商品化程度较高的地区主要还是交通条件较好、通商口岸开放较早的沿海、沿江地区。与之同时，洋货的大量涌入，打击了中国传统的小手工业经济，大量农村手工业者破产失业，农民不得不以出卖劳动力为生。比如近代上海等城市开放通商后，苏北农民即南下上海、无锡等地务工。但没有能力在城市中找到生活出路的大量破产农民，只能重新回到农村。由于贫困，农民没有能力扩大经营规模，只能简单从事农业再生产。20 世纪 20 年代以前，在交通条件不便的内地和偏远省份，农民的家庭劳动生活方式没有本质上的改变。黄河上游区域农村中传统的小农经济仍占绝对多数，农村手工业生产主要依附于家庭，以家庭副业的形式而存在，不以市场交换为目的，商品化程度很低。

20 世纪 30 年代后，由于南京国民政府开发西北以及抗日战争期间支持西北经济建设，黄河上游区域农村手工业逐步出现了“半工业化”现象，农村商品经济也出现了一定程度的发展。皮革、榨油等传统手工业和纺织业、火柴、肥皂等新兴手工业，开始使用机器生产，带来了农村社会经济结构的变化。20 世纪二三十年代，以梁漱溟、晏阳初、黄炎培为代表的乡村建设运动兴起，他们或从农民文化教育，或从农业科技推广，或从

① 国务院发展研究中心农村经济研究部课题组：《中国特色农业现代化道路研究》，中国发展出版社 2012 年版，第 91 页。

② 张岂之主编：《中国历史（晚清民国卷）》，高等教育出版社 2001 年版，第 244 页。

③ 国务院发展研究中心农村经济研究部课题组：《中国特色农业现代化道路研究》，中国发展出版社 2012 年版，第 91 页。

地方自治入手，希望拯救中国农村，但并未从根本上改变中国农村贫困落后的状况。直到 20 世纪 30 年代，农业仍是农民维持生活的最基本的职业，个体家庭仍然是农业经营的主体。费孝通先生在《江村经济》中记载，“对几乎所有居民来说，农业是共同的基本职业”，“占人口总数三分之二以上或 76% 的人主要从事农业”。① 可见，虽然传统的以家庭为主体的农业经营方式经受了冲击，但农业机械化生产方式数量非常少，没有成为农民劳动方式转型的趋势。直至中华人民共和国成立，“中国还有大约百分之九十左右的分散的个体的农业经济和手工业经济，这是落后的，这是和古代没有多大区别的。我们还有百分之九十左右的经济生活停留在古代。”② 总体来看，农业中资本主义关系并没有发展起来。③

三　农民劳动生活方式变革的特点

中华人民共和国成立后，如何改造小农经济、迅速恢复农村经济成为中国共产党在农村工作的第一要务。毛泽东等党和国家领导人在新解放区大规模地开展土地改革运动，在土改完成的地区开始积极探索发展农业生产的思路，恢复农业生产。1952 年底，农村经济全面恢复和初步发展。1956 年，三大改造完成后，农村农业经营由个体家庭经营转变为合作社的集体经营模式，农业机械化问题提升日程。《一九五六年到一九六七全国农业发展纲要（草案）》明确指出，随着国家工业的发展，逐步地实行农业机械化。④ 1956 年，中共八大上明确提出“四个现代化”目标，“现代化的农业”成为重要目标之一。“现代化的农业”的核心就是农业生产方式的现代化，即农业的机械化。1959 年，毛泽东在《党内通讯》中提出“农业的根本出路在于农业机械化”的论断。为了加速实现我国农业的机

---

① 费孝通：《江村经济——中国农民的生活》，商务印书馆 2001 年版，第 126—127 页。

② 《毛泽东选集（第 4 卷）》，人民出版社 1991 年版，第 1430 页。

③ 孙健：《中国经济通史》中卷（1840 年—1949 年），中国人民大学出版社 2000 年版，第 761 页。

④ 本书编委会编：《中华人民共和国国史全鉴·第二卷（1954—1959）》，团结出版社 1996 年版，第 1689 页。

械化，1959 年，国家专门设立了农业机械部，负责管理我国农业机械发展事宜。1962 年，中共八届十中全会指出，“我国人民当前的迫切任务是：贯彻执行毛泽东同志提出的以农业为基础、以工业为主导的发展国民经济的总方针，把发展农业放在首要地位，正确地处理工业和农业的关系，坚决地把工业部门的工作转移到以农业为基础的轨道上来。”[①] 同时，确定党在农业问题上的根本路线是：第一步实现农业集体化，第二步在农业集体化的基础上实现农业机械化和电气化。[②] 1966 年 7 月，全国第一次农机化会议提出到 1980 年基本实现农业机械化的任务。在国家政策引导下，从农业机械化生产角度来衡量，农业现代化的生产条件有了大幅度提高。农业机耕面积从 1952 年的 13.6 万公顷上升到 1978 年的 4067 万公顷。1952 年，农业机械总动力是 25 万马力，1965 年达到 1494 万马力，比 1952 年增长 58.8 倍，1978 年达到 15975 万马力。作为农业现代化重要标志的农业机械，比如农用大中型拖拉机、农用小型及手扶拖拉机、大中型机引农具、联合收割机、农用载重汽车、畜力胶轮大车等的数量到 1978 年都有了大幅增长。化肥的施用量也大幅增加，从 1952 年的 7.8 万吨上升到 1978 年的 884 万吨。农业机械化的探索和实施为改革开放初期的农业生产方式和经营方式改革提供了宝贵经验，也为农民劳动生活方式现代化的全方位转型奠定了坚实的基础。

1978 年，党的十一届三中全会召开以后，农村开始了以“家庭联产承包责任制”为主要形式的经济体制改革，推动了农民由传统劳动生活方式向现代劳动生活方式的转型。统分结合的家庭联产承包责任制的实行，改变了过去高度集中统一的生产模式，使农民获得了土地使用的自主权，农民可以自主地安排土地的生产和经营。这大大解放和发展了农村生产力，农民的农业劳动方式也在实现着从传统向现代的转变。在“交足国家，留够集体”的基础上，农民不仅可以自由支配自己生产的剩余劳动产品，还可以自由支配自己的剩余劳动时间。由于农民的资金实力、科技水

---

① 中共中央文献研究室编：《建国以来重要文献选编（第 15 册）》，中央文献出版社 2011 年版，第 554 页。

② 同上书，第 510 页。

平制约了现代农业的发展，国家不断加大对农业的资金技术投入，调整农业生产结构，促进了现代农业要素在生产中的运用，全国主要农业机械总动力、全国机耕面积、灌溉面积等不断增加，农业机械化水平稳步提高。2014年，中国农业生产方式实现了由以人力、畜力为主向以机械作业为主的转变。农业劳动方式发生了质的变化。

家庭联产承包责任制，大幅度提高了农业生产效率，农业生产能力大大提升，农产品和农村劳动力出现剩余，农民从事农业生产之余有了剩余劳动时间，有了可以自由选择职业的权力。此时，中国乡镇企业异军突起，大量农民进入了乡镇企业以及附近的工厂就业，开启了农民职业分化的历程。20世纪80年代、90年代以来，随着改革开放的持续推进，大批外资企业进入中国东南沿海地区，该地区兴起了一批外向型、劳动密集型产业，造成了城市劳动力的短缺，国家适时对严格的户籍制度进行了调整，有条件地允许农村人口进入城市。由此，促进了农村剩余劳动力向城市的流动，农村劳动力资源优势得到了迅速释放。许多农民相继离开土地，涌向中国东南沿海发达地区打工，成为“打工妹”“打工仔”，一时形成了“孔雀东南飞”的“民工潮”现象。1989年，农民外出打工人数达到3000万人，1993年，外出打工人数达到6200万人。也有农民发展多种经营，办企业、开工厂、开商店。因此，自20世纪80年代以来，既出现了在城乡之间“候鸟式”流动的农民工，也产生了个体户、私营企业主等从事非农产业的农民。农民的就业方式趋于多元化，这反映了农民劳动方式的现代转型。1992年，党的十四大提出了建立社会主义市场经济的目标。社会主义市场经济的推进，加速了中国农村社会结构和农民职业的分化。农民的职业分化分为几种情形：一部分农民外出打工，脱离了农业生产，成为农民工，打工成为他们收入的主要来源；一部分农民从事私营企业经营，成为私营企业主、个体户或个体劳动者；还有一部分农民把农业作为唯一的职业，成为农业专业户或进行农业的小规模生产，农业收入是其收入的主要部分或大部分。目前职业化农民所占比例较小，根据《“十三五”全国新型职业农民培育发展规划》，到2020年我国新型职业农民数量达到2000万人，他们是未来我国农业现代化的主导力量。从事家庭小规模农业生产的农民，年龄大多在50岁或60岁以上，属于老一代农民。

进入21世纪，随着城镇化和城乡一体化进程的继续推进，越来越多的农民从农业中分离出来，向第二产业、第三产业或城镇转移，单纯从事农业生产经营的人数继续呈下降趋势，这既是中国工业化和城镇化发展的内在要求，也符合世界城市化发展的趋势。总之，农民脱离或半脱离农业生产，向非农产业流动，必然带来农民劳动生活方式的非农化转变。这是农民劳动生活方式变迁的重要表现。

（一）从劳动生活条件看，农业生产实现了以机械作业为主，农民的劳动生活条件有了很大改善，劳动强度逐步降低，劳动时间逐步减少

劳动生活条件是人们为满足劳动生活需要，以一定的方式进行劳动活动的前提。农民劳动生活条件表现为农民在劳动过程中的劳动环境、劳动工具条件、劳动强度和工作时间等。农业的机械化水平高低是衡量农民劳动生活方式现代化程度的重要标志。

从劳动工具看，自改革开放以后，农民的机械化使用范围和程度显著提升。改革开放之前，中国农业从本质上讲仍属于传统农业，种田基本靠畜力、人力，农业劳动以手工劳动为主。改革开放后，农业生产效率有了很大提高。从事农业生产的农民，其劳动方式在很大程度上已经摆脱了纯传统的人工播种、镰刀收割、用牛耕田等手工劳动模式，转变为以家庭手工劳动和小型收割机、播种机、播撒机等机械作业并行为主。2004年，中国颁布了《农业机械化促进法》，开始实施中央财政对农机购置方面的补贴政策。中国的农业机械化发展进入了“快车道”。当前，机械化作业方式加快推进，机械化率普遍有所提高（如表1－1所示）。农业机械总动力从2000年的52573.6万千瓦增长到2014年的108056.6万千瓦，增长了105.5%；农用大中型拖拉机的数量从2000年的974547台增长到2014年的5679500台，增长了4.83倍；小型拖拉机的数量从2000年的1264.4万台增长到2014年的1729.8万台，增长了36.8%；大中型拖拉机配套农具从2000年的140.0万部增长到2014年的889.6万部，增长了5.35倍；小型拖拉机配套农具从2000年的1788.8万部增长到2014年的3053.6万部，增长了70.7%；联合收割机的数量从2000年的262578台增长到2014年

的1584600台，增长了5.03倍。2014年，中国的农业机械化率达到61%，标志着中国农业生产方式实现了由人力畜力为主转向机械作业为主。

表1－1　　全国农业生产条件数据

	2000年	2010年	2011年	2012年	2013年	2014年
农业机械总动力（万千瓦）	52573.6	92780.5	97734.7	102559.0	103906.8	108056.6
大中型拖拉机（台）	974547	3921723	4406471	4852400	5270200	5679500
小型拖拉机（万台）	1264.4	1785.8	1811.3	1797.2	1752.3	1729.8
大中型拖拉机配套农具（万部）	140.0	612.9	699.0	763.5	826.6	889.6
小型拖拉机配套农具（万部）	1788.8	2992.5	3062.0	3080.6	3049.2	3053.6

数据来源：《中国统计年鉴》。

当前，从全国来看，农业机械化的推广范围、技术含量在不断提高，比如在山东省、河南省、安徽省等农业基础较好的省份，机械化的普及率就比较高。但由于中国不同地区的地形、地貌等差异较大，特别是丘陵山地、田地面积较小的地块，机械化的涉足率就较低。大型机械化播种、耕田、施肥、收割极大地改善了农民的劳动条件，提高了生产效率，大大降低了劳动强度，缩短了农民的劳动时间。农民的劳动方式实现了以机械化为主。这是农民劳动生活方式现代化变迁的一个重要的标志。

（二）农民就业以非农化为主，大多从事第二产业、第三产业，出现了明显的职业分化

从就业渠道看，自改革开放以后，农民劳动生活方式最大的变化应该是职业分化，就业结构发生了大幅调整。家庭联产承包责任制，培育了商

品生产的主体，加快了农业经济领域的市场化进程，大批从土地上解放出来的农民离开了赖以生存的土地，突破了以家庭为单位的劳作方式，流向第二产业、第三产业，由原来的农业劳动者分化出私营企业主、农民工、个体劳动者、农村管理者、专业农业劳动者等新职业阶层。农民职业分化的本质就是农民从农业转移到非农产业。

在农民的职业分化中，农民工的数量是最大的。在农业劳动者人数比例不断降低的情况下，农民工人数增长很快，占农村人口的比重由2008年的32%增加到2014年的44.3%。他们专门从事非农产业或在农闲之余从事非农产业。陆学艺认为，从职业角度来说，“农民工”是工人的一部分，但由于当前相当部分农民工并没有改变农村户籍，户口仍是农业户口，本研究仍把他们作为农民的一部分来研究。农民工流动规模大，青壮年是其中最主要的部分。2015年，农民工年龄在21—50岁的达到78.4%，总量呈上升趋势。根据国家统计局公布的农民工监测调查数据（如表1-2所示），全国农民工总量从2008年的22542万人上升到2015年的27747万人，7年共增长5205万人，增长23.1%。2015年，外出农民工人数比2008年增加2843万人，增长20.2%，本地农民工人数比2008年增加2362万人，增长27.8%，本地农民工的增速快于外出农民工增速，农民工就业趋于本地化。2010年以来，虽然农民工增速持续下降，但总量仍在增长。

表1-2　**全国农民工总量数据**　单位：万人

	2008年	2009年	2010年	2011年	2012年	2013年	2014年	2015年
全国农民工总量	22542	22978	24223	25278	26261	26894	27395	27747
外出农民工	14041	14533	15335	15863	16336	16610	16821	16884
本地农民工	8501	8445	8888	9415	9925	10284	10574	10863

数据来源：《中国统计年鉴》。

中国农民工的非农就业经历了“离土不离乡”“离土又离乡”和城乡统一就业三个阶段。具体形式是：有的农民“离土不离乡”，在当地进工厂务工，或从事商业服务业；有的农民“不离土不离乡”，在家乡通过土地流转承包大块土地，发展多种现代农业，实行规模经营，成为农民专业户；有的“离土又离乡”，离开家乡进城从事第二产业、第三产业，并在城镇或大中城市定居，彻底脱离农业。农民工进入城市，大多数在第二产业从事制造业、建筑业，在第三产业从事服务业、批发零售业、交通运输仓储业等非农产业。按行业来看（如表1－3所示），2015年，农民工从事第二产业、第三产业的比重分别是55.1%和44.5%。从数据看，虽然在第二产业就业的人数仍高于第三产业，但近几年，在第二产业就业的农民工比例在下降，在第三产业就业的农民工比例在上升，由2010年的35.6%上升到2015年的44.5%。在农民收入中，工资性收入在可支配收入中的比重在增长，农业收入的占比总体呈下降趋势。其间也有反复，2013年农民工资性收入占到人均纯收入的45.3%，2014年占到可支配收入的40%。第二、三产业的收入成为农民增收的主要途径。“80后”“90后”农民工已成为外出务工的主力军。

表1－3　**农民工就业行业分布**　单位：%

	2014年	2015年	增减
第一产业	0.5	0.4	－0.1
第二产业	56.6	55.1	－1.5
其中：制造业	31.3	31.1	－0.2
建筑业	22.3	21.1	－1.2
第三产业	42.9	44.5	1.6
其中：批发和零售业	11.4	11.9	0.5
交通运输、仓储和邮政业	6.5	6.4	－0.1
住宿和餐饮业	6.0	5.8	－0.2
居民服务、修理和其他服务业	10.2	10.6	0.4

数据来源：《中国统计年鉴》。

在农民工总量持续增长的同时，出现了农民工返乡现象。2008年，金融危机的快速蔓延引起了中国大量企业经营困难，造成农民工大范围失业。正是在这样的背景下，曾经在沿海发达地区打工经商的农民工，许多人带着技术、资金，返回家乡创业。这样，农民在改变以土地为生的传统生活方式的同时，农村的多种经营带来了农民劳动生活方式的多样化和转型。农民工返乡创业的重点主要在特色种植养殖业、农产品加工业、生态农业与观光休闲农业等方面。近几年，依托农村特殊的地理生态等资源发展起来的“农家乐”逐步流行，带动了农民原本封闭性家庭性质的劳动生活方式的转型升级。通过“农家乐”，农民不仅可以在家门口当“房东”，体验当“老板”的感觉，还为更多人提供了工作岗位。“农家乐”等农村的多种现代经营模式给农民带来了新的劳动生活方式理念，实现了农民劳动生活方式的现代转型和传统农业向现代农业的纵深拓展。

（三）农民的劳动生活观念正在由保守向进取、开放转变，主体意识和现代性增强

人的劳动生活观念来源于外部客观世界，又具有相对的独立性。几千年来，传统社会的农业生产力水平低下，生产技术革新缓慢，只是有些量的发展，并没有质的变化。比如，从秦汉到明清2000多年的历史中，耕牛铁犁始终是主要的生产工具。因此，在中国传统社会中，农民生活节奏缓慢，依靠土地生存，对土地有很深的感情，他们大多进行家庭式的劳动生产，安于现状，思想保守，满足于在自己的“一亩三分地”上过自己的“小日子”。一般情况下，只有发生大规模自然灾害或战争，人们无法在家乡生活下去的时候，才选择背井离乡。在传统观念里，人们认为，离开故土、背井离乡是不幸的。正是由于小农经济的家庭生产经营方式，农民形成了“万事不求人”的封闭保守的劳动生活观念。

自改革开放以来，受商品经济意识和城镇化进程的影响，农村最先不满足于“小富即安”和“面朝黄土背朝天”的一部分农民，勇敢地脱离土地到外面的世界闯荡，进城寻找发展空间，追求更高的生活水平。在不断扩大的劳动生活的社会时空中，农民必然会获得城市劳动生活的体验。城市生活的体验，带给他们的不仅是劳动生活方式的改变，还极大地拓宽了农民的视野，增长了见识，冲击了原有“小农”的思想意识和劳动观念，使他们慢慢地接受了原有生活以外的新事物和新环境，开始学习和掌握新的生活技能，接受现代价值观念。在城市打工的过程中，农民工越来越认识到，自己

收入的多少在很大程度上取决于个人的努力和知识技能。因此，一些农民工通过各种各样的方式参加职业培训，学习职业技能，以获得更好的谋生手段和发展机会。尤其是新生代农民工，他们思想活跃，受教育水平普遍较高，缺乏农业生产经验，对土地缺乏感情，对以土地为生的传统劳动生活方式没有兴趣，更希望在城市寻求发展或站稳脚跟，成为真正的“城市人”，而不是在城市挣钱、回农村盖房子结婚过日子。农民工就业的非农化，增加了与现代化大生产和市场经济的接触程度，改变了农民单一保守的劳动观念，增强了积极努力创造幸福生活的进取意识。农民工的劳动观念正在由满足自己及家庭的生存需要向追求自身发展需要的劳动生活观念转变。

当前，仍有相当部分农民并未完全脱离土地。他们农忙时节务农，农闲时节从事副业或外出打工，处于兼业化状态。与原先农忙时请亲戚朋友帮忙不同，现在大多数农民肯花钱请人或雇机械播种、收割来节省劳动时间、提高劳动效率。这在一定程度上改变了农村以往单一的以血缘和地缘为主的劳动关系和劳动模式，成为血缘、地缘和业缘关系并存的多样化的劳动模式。而且，大部分农民对农业科技在农业增收中的作用已有充分的认识，不论是出外打工还是从事农业的农民都希望自己能多学习一门新技术，认为“技多不压身”，多学一门手艺就多一条出路，多一个收入来源。可以看出，延续了几千年的农民的封闭的劳动观念已经发生了深刻的变化，表现出具有较强的开放进取观念和不断增强的主体意识的现代性特质。

四　农民劳动生活方式现代化的发展趋势

从世界现代化的发展进程来看，现代化就是以现代工业、科学和科技革命为推动力，实现传统的农业社会向现代工业社会的大转变，使工业主义渗透到经济、政治、文化、思想各个领域并引起社会组织与社会行为深刻变革的过程。[①] 现代化是一个全方位的社会变迁过程。由于各国的自然

---

① 罗荣渠：《现代化新论——世界与中国的现代化进程（增订本）》，商务印书馆2004年版，第5页。

地理环境和传统文化的差异性，虽然各国现代化所走的道路有所不同，但在现代化的进程中始终伴随着比如生产力变革、生产工具革新、价值观念转型、社会秩序体系规范等现代化的基本要素。与此相适应，农民在劳动生活方式现代化过程中，必然经历生产工具、农业产业结构、城乡经济结构和农民生活方式的变化。现代化是中国发展的总体战略。农民从传统向现代转变的重要标志是劳动生活方式的现代化。

（一）农业机械化是农民劳动方式现代化的发展方向

农业机械化是用各种动力和作业机械装备农业，以取代人力、畜力工具的过程。狭义的农业机械化常指种植业的机械化，广义上则还包括林业机械化、畜牧业机械化、渔业机械化，以及农业产前准备和产后农产品干燥、贮存、初步加工、运输等环节的机械化。[①] 虽然学者们对农业机械化有不同的理解，但都认可农业机械化的本质就是机械作业取代人力、畜力的过程。马克思在《资本论》中指出："各种经济时代的区别，不在于生产什么，而在于怎样生产，用什么劳动资料生产。"[②] 1999 年，由美国工程院牵头评选出了 20 世纪最具代表性的工程技术成就，农业机械化位列第 7 名。世界上大多数发达国家早在 20 世纪 60 年代就实现了农业机械化。毫无疑问，革新生产工具是实现农民劳动方式现代化的必经路径，机械化是中国农业发展的方向。为了改变农业生产长期落后的面貌，中华人民共和国一成立，政府就着手解决农业的机械化问题，但效果并不明显。改革开放以后，农业的机械化道路才逐步走上正轨。2014 年，中国的农业机械化实现了以机械作业为主的质的飞跃，农作物耕、种、收的综合机械化达到61%。但发展并不均衡，只有江苏省等9 个农业基础条件比较好的省机械化水平超过 70%，丘陵山区的机械化水平较低，贵州省的机械化水平还不到 20%。棉花、油菜、马铃薯等经济作物的机械化程度很低，许多耕、收环节还是空白。

---

① 中国大百科全书总编辑委员会：《中国大百科全书（农业 I）》，中国大百科全书出版社 1990 年版，第 772 页。

② 马克思：《资本论（第 1 卷）》，人民出版社 2004 年第 2 版，第 210 页。

根据美国社会学家英格尔斯划分的发达国家的指标，农业劳动力占总劳动力的比例应在30%以下。改革开放以后，中国农业生产关系的转变、经济体制的改革和农业技术的进步，促进了农业生产方式的革新。随着农业对劳动力的需求减少，广大农民不得不向非农产业流动，外出务工已经成为他们从事的主要职业。由于国内外经济形势的巨大变化，近几年农民工流动有所减缓，但随着中国城镇化水平的不断提高和经济发展方式的持续转型，农民的非农转移还会继续。这为留在土地上的农民改善劳动力与土地资源配置关系，实现农村土地产业化管理以及机械化、规模化经营提供了条件和机会。只有农业经营者的耕种面积越大，农业经营才有规模效应，农业机械化才能成为可能。从机械化的服务对象来看，农业机械是为不断变化的农业条件和农村经济服务的，这就要求农业机械化不断发展，以适应农村社会的发展。机械劳动逐步全方位取代手工劳动是农业现代化和经济社会发展的趋势，机械化是未来农民劳动方式现代化的方向。中国实现农业机械化是历史发展的趋势和现实的选择。

（二）农业经营主体将是兼业农民和专业化的新型农业经营组织长期并存

自改革开放以来，中国出现了大量的农村青壮年人口向城市流动的现象，这是与中国城镇化、农业机械化相伴随而出现的一种社会现象。随着中国城镇化的继续，农民流动的非农就业将是长期的趋势。农业生产的主体将主要分为两部分：

一是青壮年农村劳动力的非农转移造成了农业生产的主力是50多岁以上的中老年留守人员、家庭妇女和兼业农民。根据第二次全国农业普查结果，在农业从业人员中，51—60岁的占21.3%，60岁以上的占11.2%，女性占53.2%。当前，外出务工收入的增加导致了占农村人口44%以上的农村劳动力出外打工，许多青壮年都不愿意留在农村种地，他们认为“种地是最没出息的，在外面怎么也比在家里种地强”。另外，农村的兼业农民占农村人口的比重较大。兼业农民是指在进行农业生产的同时也从事非农业的生产经营主体。兼业农民的工作首先是非农业，其次才是农业。这样，从事农业劳动的就成了农村的“老弱”群体，或者兼业农民。从短期看，农民兼业有利于提高劳动力的使用效率、扩大农民就业范围、拓宽收入来源。而从长期看，农民兼业不利于农业的规模化经营，进而造成了农业生产能力的弱化。从发达国家的发展历史来看，农民兼业是一种普遍现象，只是兼业程度不同。日本农业实现了现代化，农民兼业仍非常典型。由于中国影响兼业农民存在和发展的诸多因素仍然存在，兼业农民将会长期存在。

二是专业化的农业新型经营组织出现并发展。当前，由于农村劳动力的非农就业不断扩大，愿意经营农业的农民越来越少，尤其是年轻农民更加不愿意从事农业。发展家庭农场、农民合作社等农业新型经营组织的任务就日益艰巨。2007 年，国家实行了《农民专业合作社法》，对农民专业合作组织等农业新型经营组织给予用地、税收等方面的补贴，积极推动各地建立农业新型经营组织。2012 年的《中央一号文件》明确提出，新增补贴要向主产区和优势产区集中，向专业大户、家庭农场、农民合作社等农业新型经营组织倾斜，目的就是要更好地发挥补贴对培育农业新型经营组织的引领和导向作用。党的十八大明确提出，要发展农民专业合作制和股份合作制，培育农业新型经营组织，构建新型农业经营体系。截至 2013 年，全国依法登记的专业合作、股份合作等农民合作社达到 95.07 万家，实有成员达 7221 万户，占农户总数的 27.8%。因此，从长远来看，专业化的农业新型经营组织将会成为中国农业经营的新主体。

当前，随着国家的支持和推动，农民专业合作社的数量和种类持续增长。农民专业合作社是在农村家庭承包经营基础上，以同类农产品或同类农业生产经营服务为纽带，以增加成员收入为目的的自愿联合的互助合作组织。从根本上来讲，家庭联产承包责任制是家庭规模的劳作形式。随着市场化进程的加快，以家庭经营为主的农业经营模式无法与市场对接，已经难以适应社会主义市场经济大生产的社会化、集中化、市场化的要求。农民专业合作社克服了农民家庭经营的弊端，适应了农业机械化、市场化的要求。农民专业合作社组合形式多样，有农机合作社、生产合作社、土地合作社、供销合作社、种植合作社、公司 + 农户合作社等形式。2014 年的《中央一号文件》提出，在管理民主、运行规范、带动力强的农民合作社和供销合作社基础上，培育农村金融合作，推动社区性农村资金互助组织发展。这为未来专业农业合作社的发展提供了政策和资金支持。

由于农业生产的季节性和中国历史文化传统的影响，兼业化与专业化这两种经营主体或许将长期存在。但从长远来看，专业化的经营组织取代兼业农民是社会化大生产的发展趋势。

（三）劳动组织形式从分散的家庭经营向规模化、产业化经营的组织形式转变

中国农民劳动生活方式的组织形式经历了从小农经济到集体经济再到家庭联产承包责任制的生产组织形式转变。当前，中国农民劳动组织形式是以家庭组织形式与适度规模经营相结合的组织形式为主，相当多的农民仍是一家一户分散地从事农业生产。但大量农民脱离农业，导致农业经营主体的兼业化和老弱化，使得农业产业化经营变得尤其重要。2002 年，第九届全国人民代表大会常务委员会第二十九次会议通过了《中华人民共和国农村土地承包法》，以法律的形式肯定了土地承包经营权的流转。2005 年，实施了《农村土地承包经营权流转管理办法》。2013 年的《中央一号文件》再次强调，要引导农村土地承包经营权有序流转，发展多种形式的适度规模经营。但在具体实践过程中，土地流转遭遇了困境。从当今发达国家农业产业化的历史来看，土地的适度规模化是现代农业经营的基本前提和保障。向非农领域转移的农业家庭经营户将其承包的土地采用流转、托管、代种等方式转移集中到种粮大户、农民专业合作社等农业专业户手中，后者通过规模化生产经营，可以发展农业机械化，促进现代农业的发展。

农业产业化经营组织有龙头企业、农民专业合作社、专业市场等，组织形式丰富多样，运作范围广泛。在农业产业化经营组织带领下，专业农户不再搞“小而全”，而是专门从事某一种农作物、农产品的生产活动或经营活动。农业产业化是以市场为导向，通过把农业生产与加工、销售、服务等产业链整合，促使农产品按照市场的要求进行规模化、标准化运营，从而创造更高的农业生产能力，使农民与社会化大生产发生不可分割的联系。农业产业化经营在农村形成了一种新的雇主和雇工的劳动关系，创造了更多的非农就业岗位。这样，受雇农民不仅可以从农业生产中获

利，而且还可以从产业化经营的其他环节获得收益。当前，农业产业化组织日益规范，涉及内容广泛，在政府政策支持下数量持续攀升，带动的农户也不断增加。截至 2015 年底，全国农业产业化组织总数达 38.6 万个，辐射带动农户 1.26 亿，农户从事产业化经营的户均增收达 3380 元。[①] 农业产业化经营的组织方式是社会化大生产条件下农民个体劳动方式的重大变革，必然会带来农民劳动方式和价值观念的转型升级。

五　农民劳动生活方式现代化的对策思路

当前，中国农民的劳动生活条件得到了改善，实现了以机械作业为主，劳动效率有了较大提高。但是，我们也应该看到，农民传统的劳动生活方式的地区性差异特别大，很多地区还处在由手工劳动向机械化转变的过渡时期。虽然开始了非农化职业转换，但仍有很大的不彻底性。现阶段，很多转入第二产业和第三产业的农民并没有彻底脱离农村和农业，农民兼业现象普遍存在。农民并没有实现劳动生活方式的集中化、社会化、市场化。由于农民劳动生活方式的历史性和主体性因素的影响，其现代化受到社会历史发展的主客观条件的制约。中国农民劳动生活方式现代化的任务仍十分艰巨，并将是一个长期积淀的过程。

第一，生产方式的变革和科学技术的提升，为农民劳动生活方式的现代转型提供了技术支撑。

劳动生活方式的现代转型，其根本出路在于科技。马克思主义经典作家认为，生产方式是生活方式的基础，生活方式归根结底要取决于生产方式的发展，有什么样的生产方式就有什么样的生活方式。在生产方式所涵盖的生产力与生产关系的结构中，生产力对劳动生活方式的影响，在有的情况下会通过生产关系这个“中介”对劳动生活方式产生作用，有的情况下不通过生产关系，而是通过生产工具而直接作用于劳动生活方式。生产工具是生产力发展水平的标志，正是生产工具的改进，引起了劳动生活方式的变革。劳动生活方式是生产力的最直接体现。

---

① 买天:《全国农业产业化组织总数达 38.6 万个》,《农民日报》2016 年 7 月 26 日（01）。

农民的劳动生活方式的变革离不开科学技术的推动作用，它直接为人们生活劳动方式的变革提供了技术支撑。对于农业的现代化而言，农民最需要的劳动条件就是劳动生产工具的不断更新和机械化。与刀耕火种相适应的是原始生活方式，与铁质农具尤其是铁制耕犁工具相适应的则是小农经济的劳动生活方式。农业科学技术直接影响着农民劳动生活方式的转型。中华人民共和国成立后，农业机械化水平大幅度提高。经过 60 多年的发展，2014 年全国农业机械总动力比 1949 年增长了 13339 倍，每公顷农作物播种面积拥有农机动力达到 6.5 千瓦，每个乡村就业人员拥有农机动力达到 2.85 千瓦。2012 年小麦耕、种、收综合机械化水平达到 93.21%，基本实现了农业生产全过程的机械化。水稻机械种植和机收水平分别达到 31.67% 和 73.35%；玉米机收水平达到 42.47%。[①] 农业机械化水平的快速提升，必然带来劳动主体和劳动组织形式的变迁，并最终对整个社会生活方式的变革带来革命性的影响。

第二，千方百计增加农民收入，为农民劳动生活方式现代化奠定物质基础。

生活水平代表了人们对物质生活资料和精神生活资料需求的满足程度。收入水平是农民劳动生活方式变化的前提。如果农民收入水平低，甚至仅维持在温饱层面，那么，农民就不会在劳动生产中多花钱来使用机械化作业或采用新技术，更谈不上通过技术改善劳动生活方式了。

自改革开放以来，农村经济形成了农、工、商多业并行发展的产业格局，农村经济增长迅速，2014 年农民人均纯收入比 1978 年增长了 73 倍。农民收入和生活水平的提高，使得农民舍得在农业上增加投入，农业现代机械化设备等物质资料在广大农村中的运用越来越广泛，农民的劳动条件大大改善。从主要粮食生产的机械化程度来看，联合收割机数量从 1995 年的 75351 台增加到 2012 年的 1278821 台，平均每百户农村居民家庭拥有 0.48 台联合收割机；机动脱粒机数量从 1995 年的 6058837 台增加到 2012 年的 10423200 台，平均每百户农村居民家庭拥有机动脱粒机数量 11.49 台。从根本上说，农民收入水平的提高为农民劳动生活方式的现代

① 中国农业年鉴编辑委员会：《中国农业年鉴》，中国农业出版社 2013 年版，第 17 页。

化奠定了基本的物质基础。

第三，继续推进城镇化建设，促进农民劳动生活方式专业化、市场化转型。

城镇化是当今发达国家现代化必然经历的过程。城镇化既是农村人口向城市流动聚集的过程，也是生活方式由传统的乡村型向现代城市型转化的过程。城镇化的本质并不是简单地把农村户口转变为城市户口，而是要建立与城镇化相适应的现代生活方式。城镇化不仅为中国工业和城镇的发展提供了道路选择，而且在农民的非农就业和生活方式的转变方面也发挥重要的推动作用。自中华人民共和国成立起，中国的城镇化虽有波动反复，但总体上呈现增长态势。自改革开放以来，中国的城镇化率从1978年的不到18%上升到2015年的56.1%。历史表明，城镇化快速发展的时期，也正是农业机械化和产业化迅速发展的时期。农业产业化从根本上是对农民劳动生活方式的改进，可以使农村从单一的农业种植经济向农业、农业服务等综合性经济转化。而农业机械化必将为城镇化释放出更多的农村劳动力等资源要素。

当前，随着中国城镇化继续推进，农村劳动力结构将继续调整。党的十八大把推动城乡一体化作为未来中国中长期发展的重大战略目标。城乡一体化就是要消除城乡二元结构，统筹城乡要素市场，转移农村人口，最终使城乡居民生活方式基本趋于一致。随着城镇非农产业的迅猛发展、国家关于行政区划和人口政策的变动，城镇人口和数量还会呈现上升趋势。转移农村人口，推动了农民社会分工的不断扩大和职业分化，提升了农民的专业化程度，提高了农民的非农化收入。现阶段，城镇化是农民劳动生活方式的转型和现代化发展的重要推动力。

第四，加快经济体制和城乡社会结构转型，消除农民职业分化的制度障碍。

农民劳动生活方式转型受到了城乡二元社会结构体制的制约。社会结构的转型，在很大程度上表现为社会结构功能的高度分化。在改革开放前，城乡户籍制度造成了二元化的社会结构，限制了城乡居民之间的迁徙和流动，造成了城乡之间的巨大差距，也造成了农民身份、职业的固化。农民的劳动生活被限制在一个狭小的生活空间内，自家的庭院和耕地就是农民劳动生活的全部天地。20 世纪 90 年代以后，经济体制的转变，使得社会资源配置由计划体制转向以市场体制为主，农村劳动力等资源要素终于能够摆脱经济体制阻碍，可以自由流动就业。机械化大生产和商品生产使农民打破了狭窄的小农经济的范围，许多足不出村的农民远涉大江南北，或经商或打工，成了个体工商户、私营企业主或农民工。农民劳动的最基本的社会条件——社会时空得到了拓展和深化。

当前，中国经济体制和社会结构等各方面改革正在深化，这将继续扩大农民的职业选择空间，带动农民的职业分化。但是，仍存在着阻碍农民职业分化的政策土壤——比如户籍制度、土地制度。让农民放心地离开土地从事非农职业，让农民在城市能够顺利找到工作并真正享受市民待遇，这是未来农民就业政策改革的重点。随着 2016 年 1 月 1 日《居住证暂行条例》的施行，农民工获得了更多的城镇居民享有的基本公共服务和便利，义务教育、住房、公共就业服务、养老、医疗、教育培训等基本合法权益将会得到更好的保障。这为农民拓展劳动生活空间乃至向上流动创造了更为有利的外部条件。

第五，引导农民摈弃旧有的、封闭的劳动价值观念，培养现代人的价值观。

人是社会的存在物，价值观是主导人们活动的主观因素。价值观具有鲜明的时代性，会随着社会的发展而逐步演进。特别是由社会转型而引起的价值观冲突，常常成为生活方式变迁的重要驱动力。“生活方式变化的动力，一是来自主体认同及求异的永恒张力，二是来自主体之间为争取自己的生活方式的合法性而展开的斗争。主体对一种生活方式认同，就会接受新模式，调整既定模式的结构，与该群体的生活方式看齐。主体对一种生活方式求异，同样要接受新模式，调整既定模式的结构。”“认同与求异是作为主体的个体或群体在新形势下的生活策略，结果都推动了生活方式的变化。”[①] 农民的劳动价值观也在社会转型的价值观冲突中不断演变。

“现代科学技术的长足发展以及随之而来的生产方式的变化，特别要

① 高丙中、纳日碧力戈等：《现代化与民族生活方式的变迁》，天津人民出版社 1997 年版，第 78 页。

求人们能欣然接受和迅速适应生活方式的改变。”① 英格尔斯在对发展中国家进行现代化过程中的经验教训进行分析后，提出了现代人应该具备的12个方面的素质，比如乐于接受新经验、准备接受社会的变革、具有形成意见并持有意见的倾向并对各种各样的意见给予正面的评价、积极获取信息、守时、办事讲求效率、重视计划性、可依赖性或信任感、重视专门技术、重视教育和尊重知识等。长期以来，在农民头脑中有一种意识，认为“庄稼活不用学，人家怎么干我就怎么干”。如果农民始终保持这种封闭落后的劳动价值观，固守传统经验，求稳怕变，缺乏自觉学习和接受科学文化知识的思想意识和行为素养，那么，即使生活在丰厚的物质生活条件之下，也不会拥有开放、现代的劳动价值观，不会成为现代人。在劳动生活方式的现代转型中，农民的主体自觉性、能动性和现代性价值观念对劳动生活方式的现代化发挥着至关重要的调节作用。因此，在当前中国城镇化的大潮中，应该引导农民摒弃旧有的、封闭的劳动价值观念，逐步确立竞争、法制等现代价值观，并最终实现农民的现代化。

第六，在农民中普及科学文化知识，提高农民的受教育水平和职业技能。

劳动生活方式的完善，不仅取决于社会生产力水平和物质生活的丰富程度，同时取决于劳动生活主体——农民的文化素质和教育水平。过去二三十年中，从事非农就业的农民工以其吃苦耐劳和低成本获得了非农职业，提高了个人收入，推动了中国经济增长，但未来，中国经济的发展需要的则是更多高素质的劳动力。长期以来，农民的文化知识缺乏、受教育水平低、职业技能落后，造成农民贫穷落后、劳动生活方式不能得到提升。根据中国第三次人口普查资料，1982年中国农村文盲率高达35.9%，有37.16%的农民只接受过小学教育，接受过初中及以上教育的只有5.5%。因此，农民工要在未来就业竞争中取胜，必须提高自身的职业素养。农民受教育水平的提高是农民劳动生活方式转型的内在驱动力。根据全国第六次人口普查结果，接受过初中教育的农民人数占到农民总人数的40.99%。当前，农民的科学素质和职业技能培训还很缺乏。许多农民希

---

① ［美］英格尔斯：《人的现代化》，四川人民出版社1985年版，第5页。

望从事非农职业，但因为缺乏职业技能而难以实现。还有些农民希望发展现代农业，但缺乏相关农业科技知识和管理能力。对此，国家对农村劳动力的职业培训越来越重视。农业部、科技部、教育部、人力资源和社会保障部等部门实施了阳光工程、星火科技培训、跨世纪青年农民科技培训、农村劳动力转移就业工程等培训。10多年来，每年的《中央一号文件》都对农民的职业培训作出部署和安排，要求加强农民的职业技能培训，而且越来越重视培育新型职业农民。地方政府部门有针对性地举办了各种职业培训、上岗培训和实用技术培训等，向农民输送适用的农业科学技术。当然，培训计划应该涉及面广，不仅要包括转移就业从事非农职业的农民，还要包括专职从事农业的农民。

农民职业技能素质的提高，需要各方面的知识，不仅要掌握一定的自然科学、人文社会科学等基础文化知识，还需要通过情感的培养、意志的锻炼，掌握一定的现代农业科技知识、经营理念和管理方法，在实践中自觉树立能够适应现代劳动生活方式发展的思想文化观念。这是农民提高就业能力、实现劳动生活方式现代化的知识保障。

第二章　农民消费生活方式现代化

农民消费生活方式的现代化，是中国农村地区现代化进程的一个缩影和反映，其水平可以作为检验全面建成小康社会和建设社会主义新农村两方面成效的一个重要衡量指标，也是我们在构建社会主义和谐社会进程中必须予以关注的一个重要问题。

一　消费生活方式的基本特征及分类

当前，由于人们对消费生活方式的认识和理解趋于多样，因而学术界还没有一个统一的界定。本研究采用了王雅林的观点，即消费生活方式是指“基于一定的社会关系和消费水平，为人们的价值观、消费观所制导的消费产品和劳务的活动方式”。① 作为人们生活方式的一个重要组成部分，它是一个人的消费情趣、爱好和价值取向的外在表现。

（一）基本特征

消费生活方式作为一种社会现象，有其产生、发展的历史演变进程，具有一些基本特征，主要表现为五个方面。

一是时代性。人的消费生活方式是相对人的生产方式而言的，既要受到经济、政治、文化因素的影响又要受到历史及其传统的影响，因此，任何一个个体的消费生活方式均不能脱离他（她）生活于其中的、那个社会

---

① 王雅林：《生活方式概论》，黑龙江人民出版社 1989 年版，第 128 页。

的生产力水平的制约。所以说，生活在不同时代的人们，其消费生活方式均会打上其所处的那个时代的特殊烙印。

二是阶段性。人类社会的发展呈现阶段特征，而人们的消费生活方式总是要受到诸多客观条件的制约，总是与一定的生产力发展水平相适应，因而它会随着社会发展的阶段性而呈现出不同。在中国，尤其是在当代，人们通常以改革开放为分界线，理解和认识某一特殊的社会事件和社会现象。这有助于我们更好地认识和把握中国农民消费生活方式的历史变迁及其发展走向。改革开放以前，中国农民的生活消费水平很低且其生活领域空间极其有限，与之相适应的是，消费生活方式也较为单一，除了水平低之外，选择性也很小。而在改革开放以后，这一现象已逐步得到很大改变。伴随着经济收入的持续增长，广大农民的消费生活方式日益多样化。而随着小康社会的全面建成，中国农民的消费生活方式将呈现出更加多样化、日益合理化的态势。

三是区域性。由于受自然条件、文化传统等多种因素的影响和制约，人们在消费生活方式的区域性上所表现出来的特征十分明显。例如可以把人的消费生活方式分为城市消费生活方式和农村消费生活方式，或者分为中国式的消费生活方式和外国式的消费生活方式等。因此，不仅国与国之间人们的消费生活方式大有不同，即使一国之内地区之间人们的消费生活方式亦千差万别。

四是民族性。由于不同民族的风俗、习惯、宗教、信仰等的影响，人们的消费生活方式的民族差异也显而易见。中国是一个多民族国家，这一点在中国表现得尤为突出，如在不同的民族地区，人们的消费意识、消费水平、消费习惯均有很大不同。

五是个体性。世界上没有一片相同的树叶，客观世界如此，主观世界更是如此。在现实生活中，每个人都是一个独立的个体，有自己的主见，其消费观念和消费行为因此明显呈现出个体差异。即使同一个家庭中的不同成员，其消费生活方式也有很大区别。

（二）基本分类

由于人们的生活既有物质生活又有精神生活，因此可以将人们的消费生活方式分为物质消费生活方式和精神消费生活方式两种。

物质消费生活方式，是指与人们物质生活相关的一系列消费生活方式，主要表现在人们日常生活中的衣、食、住、行等方面。精神消费生活方式，是指与人们精神生活相关的一系列消费生活方式，主要表现在人们日常体验、享受文化生活等方面。

二　农民消费生活方式现代化的发展趋势

历史与现实表明，人们的消费生活方式是随着社会的发展进步而不断变化的。随着改革开放尤其是社会主义新农村建设的推进，农民生产生活条件极大改善、个人家庭收入持续增长，农民的一些传统观念发生了较大变化，并直接影响了他们的日常消费观念、行为和习惯，农民的消费生活方式正逐步由传统向现代转变。

（一）由生存型消费生活方式向享受型消费生活方式转变

一是饮食方面。在主餐方面，可以明显看出，农民的饮食结构已发生很大变化，他们开始讲究营养搭配，越来越趋于营养结构合理化。此外，随着大众传媒的影响，越来越多的农民开始注意到合理膳食对身体健康的重要性，因而也日益强化了对均衡饮食营养的追求。就当前而言，大多数农民的日常主食仍以大米、面粉为主（南方多食大米、北方多食面粉），并兼以谷米、豆类。但是，农民的主食已由单一的米饭或面食转变为米饭、面食及其相关制品。在菜品方面，已经由单一的蔬菜向荤素搭配转变（其中既有蔬菜种类的增多也有肉类品种的增多），蛋、肉和鱼等类的消费数量增长明显。在饮品方面，日常饮水由单一的茶水向茶水、饮料、奶制品等转变；饮酒由单一的白酒向白酒、啤酒、葡萄酒等转变。除此之外，水产品、点心等也开始摆上日常农家餐桌。值得一提的是，过去农民在平时很少购买点心，家里的点心也大多是自家自制的土产点心，至于其他零食，也很少有人买。如今这一局面已经不存在了。农民购买点心、零食的数量、质量也都大幅度提高，改革开放前，在农家很少出现的蛋糕面包、冰淇淋之类，现在已是绝大多数农家的日常食物。尤为可喜的是，很多家庭在食品的选购上除了注重数量之外，也开始注重起食品的口味、营养、保质期、安全、品牌等。尽管总的来看，蛋、肉、鱼等类和奶制品所占比例虽不是很大，但已经呈现出日益增长的趋势。这是质的飞跃。它表明了中国农民物质生活水平的极大改善和提高，也是中国共产党“三农”政策有效实施的最生动体现。

二是衣着方面。衣着日益呈现出多样化、时尚化、名牌化趋势。很多农民在选择衣服时，不仅注重质量，同时少数人开始讲究品牌，由耐穿、款式单一趋于时尚化。如在男装长期占主导地位的中山装被休闲服、夹克衫、西装等服饰所取代，女装款式、色彩皆趋向多元，清一色的土布鞋被皮鞋（女士高跟鞋）、运动鞋、旅游鞋等所替代。在改革开放前，农民在穿衣上的开销普遍很少。购买衣服更是少之又少，基本是在购买布料后做衣服（平均每人一年购买或制作不到一套衣服）。如今，在中国农村地区，很少有人自己买布做衣服了。当然，多数农民在买服装时讲究实用性。在访谈调查中，一些新生代农民工告诉我们，买衣服不能太贵，只要质量过得去、款式比较新潮，不要看起来太土就行。当然也有一些人的品牌意识日益凸显，衣着消费时装化、高档化。特别是近些年来，由于许多农民夫妻双方同时外出务工，经济条件较为宽裕，多数妇女除了购买较为时尚的衣着之外，还购买了黄金、白银饰品，如戒指、项链、耳环等。

三是住房方面。住房及其条件的好坏，历来是农民的心头大事。如今，舒适化是当前中国农民住房的主要追求。盖房子的成本较高，占去农户家庭消费的大头。因此，在改革开放前，对于多数农民来说，盖新房只能是一个梦想。他们往往几代人挤在一处旧的土房里。改革开放之后，农村逐步兴起了建房热，而且所建房屋的面积不断增大、结构不断完善且质量不断提高。如由开始的砖木结构（有的还是泥土房）逐步变为钢筋混凝土结构，由过去的平房逐步变为楼房。如今，在农村很多地方，盖楼房成了一个潮流，楼层也越盖越高。与此同时，除了盖房之外，农民在房屋装修上的投入也日益增加。此外，随着城镇化的兴起，不少农民离开原来居住的地方，支出一大笔钱在其乡镇政府所在地或者县城买房或买地盖房。

四是交通出行方面。农民的出行日益呈现方便快捷化。在改革开放前，除非走亲戚、访朋友或外出办事等特殊情况，农民们一般很少出村，即使是到自己家庭所在的乡镇政府驻地，去的次数也比较少，更谈不上去县城了。如果某位村民能去一趟县城，对其来说就是一件很大的事情了，因为这种机会十分的难得。当时的情况是，一方面，受国家总体经济发展水平的制约，中国农村地区的基础交通设施建设相当滞后，很多地方从县城到乡镇的公路都没有。另一方面，受家庭收入水平的制约，农户没有什么闲钱来购买交通工具，也就是说，农户在购置交通工具上的花销很少，农民出行往往搭生产队的拖拉机或其他便车（在江南河流湖泊较多的地区，多数农民出行常常会搭乘便船）。从整体上看，农民的出行基本都是依靠步行（一些山区更是如此）。农民家庭中拥有一辆自行车，不仅是家里的大物件，而且很有面子。如今，中国农民出村、出乡镇、出县城成为家常。很多地方，公路已经修到了农民的家门口。长期奔跑在城市里的公交车，如今也经常出没在乡村间的公路上。一些条件较好的地方，在农民家中，摩托车、电动车已经司空见惯。那些曾一度被多数人视为奢侈品的小汽车也走进了农家大院（其中很多还是中高档轿车）。

五是生活设施方面。生活设施日益便利化、舒适化。长期以来，与城市市民相比，广大农民的生活设施贫乏且落后。随着农民收入水平的大幅度提高，农民的生活设施也日益便利化、舒适化。就便利化而言，大量的家用电器如电饭锅、电炒锅、微波炉、冰箱、洗衣机等进入了寻常农家；在生活上讲究一点的，还购置了饮水机、豆浆机、榨汁机、酸奶机等小家电。加上近些年来互联网的发展，电脑已经进入许多农户家中，台式电脑甚至笔记本电脑逐渐普及。在舒适化方面，许多农民在新建房屋之后，不仅要花一笔钱对室内进行装修（也有的只是对原有房屋进行重新装修），而且还要添置一些新式、时髦的家具，如带有高级床垫的双人床，以及沙发、衣柜、桌椅等，购置和安装电风扇、空调、暖气设备等。在新盖的楼房中，几乎超过一半的农民安装了太阳能热水器。除此之外，电视机、音响之类的电器已成为必备的家庭用品。值得一提的是，很多中青年农民的消费观念更加与时俱进，热衷于购买时髦的家用电器、数码产品，许多人还学会了网络购物。

（二）由单一物质消费生活方式向物质消费生活方式与精神消费生活方式并重转变

人类社会的发展史表明，当一国人民的物质生活水平得到提高之后，人们的诸多思想观念也会随之发生改变。同时，人们的文化生活也会相应变得更为丰富。这一点，在中国也不例外。“面朝黄土背朝天，一身力气百身汗。但愿五谷收成好，家家户户庆丰年”，是过去中国广大农民日常生活的真实写照。以前温饱问题始终是困扰中国广大农民的头等大事。倘若遇到灾荒年月，农民的生活就更为艰苦。“能吃饱、穿得暖、有得住”，也就自然而然地成了中国广大农民的最大愿望——这也是其内心深处最大的、最重要的现实需求。改革开放前，生产力水平低下、物质极其匮乏，限制了广大农民追求精神生活尤其是刻意追求精神生活享受。自改革开放以来，从总体上看，中国农民的温饱问题已经得到了基本解决。尤其是自新农村建设以来，随着国家“三农”政策的大力实施以及城镇化建设步伐的加快，广大农民逐步迈入小康，生活品质有了较大程度的提升，许多农民已经不再满足于过去那种“肚子不饿、身子不冷”的日子，逐步开始追求精神需求和满足，在注重物质消费需求的同时开始注重精神消费需求。而与此相对应的是，他们过去单一的物质生活消费方式开始演变为物质和精神并重的消费生活方式。这是中国社会主义现代化建设的必然结果，也是农民消费生活方式现代化的一个重要表现。

就当前中国的总体现状而言，受现实国情的制约，目前中国农民的精神消费生活主要表现在其日常的文化生活（含与文化生活相关的方面）上，具有一定的自发性、个体性和低水平。在农民的文化消费需求上，经济条件较为富裕的地区明显高于经济条件稍差的地区，东部地区明显高于中西部地区。此外，经济条件较好的农户的文化消费需求也要明显高于经济条件较差的农户。中国农民的文化生活日趋丰富、其文化消费需求日益扩大，已经成为不争事实。这也决定了未来中国农民的精神消费生活方式的发展走向，即其将会日益成为中国农民消费生活方式的重要部分并将得到党和政府越来越多的关注和重视。

（三）网络购物等成为中国农民消费生活方式现代化的一大亮点

随着中国农民消费观念的转变，其日常生活中的消费生活方式也相应地发生了改变。近些年来，互联网由城市地区日益向农村地区延伸，农民文化素质和收入水平逐步提高以及物流业的迅速发展，越来越多的农民已将网络购物当成其日常消费生活方式的一个重要组成部分——他们也经常像城里人一样坐在电脑面前，动动鼠标就能购买自己心爱的商品。受益于网络购物的便利与价格上的优势，农民尤其是青年农民日益钟情于网络购物。阿里研究院发布的《农村电子商务消费报告》显示，过去3年，淘宝的农村消费占比不断提升，从2012年第二季度的7.11%上升到2014年第一季度的9.11%。[①] 国务院发展研究中心农村经济研究部巡视员谢扬预测，2016年全国农村网络购物市场总量有可能突破4600亿元。由于农村在地理、人口上的优势，随着农村地区互联网普及率的提升和物流基础设施的完善，10年或者20年后，农村网络购物市场或将超越城市。[②] 由此看来，网络购物将成为农村流行消费生活方式。

三　农民消费生活方式现代化的动因

（一）人的需要是其消费生活方式现代化的初始动因

随着社会生产力的不断发展，人的需要也日益多样化。作为满足人的需要的一个重要路径，消费生活方式是人们追求幸福美好生活的一个重要载体。就中国农村地区而言，当前广大农民正处于由温饱型生活向小康型生活转变的过程中，其生活水平和生活质量得到了较大提高。与此相适应，一方面，农民的消费生活方式也必然会由传统型向现代型转变，并且逐步成为衡量其生活水平和质量高低的一个重要标尺。另一方面，由于受中国二元经济结构这一客观现实条件的长期制约和影响，城市居民的消费

---

① 董碧水：《“淘宝”悄然改变农村消费模式》，《中国青年报》2014年11月20日（06）。

② 王思语、罗提：《双11全球化　海外商家首次参战》，《华西都市报》2014年10月14日（a17）。

生活方式对于广大农民来说具有强大的吸引力。例如过去在很多农民心中，“城市像天堂”的观念几乎深入人心，“做城里人”也成了部分农民的强烈心愿。一旦客观条件相对具备或者较为成熟，“向城里人看齐”就必然会成为中国广大农民心中的一个奋斗目标和强大动力。因此，在农民经济收入持续增加、城乡交流互动日趋紧密的形势下，中国农民追求现代化的消费生活方式也就成了自然而然和水到渠成的事情。

（二）客观前提条件的具备

农民生产生活条件的显著改善，是中国农民消费生活方式由传统向现代转型的重要前提与基础。这一变化起始于改革开放之时，特别是从2004年至今，中央每年发布《中央一号文件》，紧紧围绕促进农民增收、提高农业综合生产能力、推进社会主义新农村建设、发展现代农业、加强农业基础建设等关键问题，相继出台了一系列的支农、强农、惠农政策。随着这些政策的落实，建设社会主义新农村的逐步推进，中国农民的生产生活条件得到了显著改善，并为他们追求现代化的消费生活方式提供了前提条件与保障。一方面，随着生产条件的改善，农民的劳动生产率显著提高，这就将其从繁重的体力劳作中解放出来，使得他们有时间、有精力去扩大日常生活消费。另一方面，随着生活条件的改善，农民手头上用来消费的可支配收入也随之增多，这就使得他们在追求消费数量的同时也在不断提高消费的质量。

（三）城乡流动机会增多的影响

自改革开放以来，由于城乡流动机会和途径的增多，中国农民进城务工的机会也随之增多。长期生活在城市里面，他们耳濡目染，受到了城市消费生活方式的影响和熏陶，这一点在新生代农民身上表现得更为明显。那些深受城市消费生活方式影响的农民在其返乡之后，会或多或少地把较为现代的城市消费生活方式带回乡村。他们在消费观念和行为上的改变，引起了当地村民（尤其是那些没有在城市生活过的人）的心理震动。久而久之，他们的消费行为会产生出一些示范作用。此外，就一般常理而言，那些进城务工的返乡农民手头比较宽裕，在消费需求和能力方面要强于在家务农的农民。因此，他们在追求现代化的消费生活方式方面起到了引领作用。一个人消费能力的大小主要取决于其经济实力的强弱。许多事实也显示，那些曾经外出务工的农民比没有外出务工且经济条件相对较差的农民更渴望消费，外出务工的农民比没有外出务工的农民更敢于消费。

（四）大众传媒的广泛影响

本研究的实地调查表明，大众传媒（在农村地区主要是电视）在很大程度上推动了中国农民消费生活方式的现代化。在相当长的时期内，电视是中国农民了解外部世界的主要信息渠道，其对农民消费观念和消费行为的转变发挥了很强的推动作用。电视所播放的那些产品广告，对农民日常生活的影响非同小可：一是产品广告增加了其消费信息，二是产品广告直接激起了他们强烈消费欲望（这一点也是最主要的）。事实上，电视中的产品广告不仅会刺激农民的消费欲望，还会主导农民的消费潮流。他们中的很多人认为，电视台是国家办的，他们相信电视广告的内容是真实的，广告产品的质量是可信的，广告产品的品牌知名度也是高的。在这一观念的支配下，许多农民不仅认可那些做过广告的产品，而且还进一步认为购买和使用那些产品既能保证质量又能挣来面子。如果经济条件许可的话，他们就会购买或使用那些在电视里做过广告的产品。

（五）消费主义思潮的影响

消费主义通指西方发达国家普遍流行的一种社会生活现象，主要指将追求体面的消费、渴求无节制的物质享受和消遣当作生活的目的和人生的价值。作为一种全球性文化乃至意识形态，消费主义伴随着经济全球化、对外开放开始逐渐传入中国，特别是随着互联网的迅速发展，它给中国人的生活方式与价值观念带来了较大的负面影响。在这一思潮的影响下，许多人不再将消费看作一种手段，而看成目的，为消费而消费，消费的目的不是为了满足实际需要而是满足被人为制造出来或被刺激起来的消费欲望。尽管这一思潮的影响主要集中于城市，但由于城乡之间的流动人口大量增加、城乡往来交通日趋便利、媒体网络大肆宣传、道德建设相应滞后等缘故，消费主义日益影响着中国农民的消费生活方式。本研究的实地调查显示，有部分农民（尤其是中青年农民）深受消费主义这一不良思潮的影响，为了面子而购买一些不必买或不实用的产品；一些青少年农民为了面子而购买名牌产品，超出了其本人和家庭的经济实力。

四 对农民消费生活方式现代化正反两个方面的考察

在中国生活方式实现转型的过程中，农民消费生活方式的现代化犹如一把“双刃剑”，给农民日常生活带来积极影响的同时，也产生了许多负面效应。因此，我们应当从正反两个方面来考察农民消费生活方式的现代化，力求做到趋利避害，进而提高生活质量和满意度。

（一）积极方面

1. 推动了农民传统消费观念转变

本研究的实地调查表明，消费生活方式现代化进一步推动了农民消费观念的现代化，并促使他们从以往那些不合时宜的传统消费观念中解放出来。比如有些农民，即使其家庭经济条件有了较大改善，但其依旧抱着“量入为出”的观念看待日常消费支出。从“勤俭持家”的角度看，农民的这一做法应当提倡。就当前农村现实状况而言，农民看病难、养老难还是一种普遍现象，特别是农村各种社会保障水平相对较低，这些农民必定会对其未来生活有较多顾虑。但是，随着经济社会发展和家庭收入增加，农民正常的、用以改善其生活条件的合理消费支出——如相对吃好一点、穿好一点、用好一点，是对美好生活的追求，虽然改善物质生活不是唯一目的但也是一个重要目的。此外，由于受传统消费观念（如挣钱主要是为了娶媳妇、盖房、养老防病等）的长期影响，一些农民的“攒钱”行为较为普遍（在一些地区或一些人身上更为突出），往往有点闲钱就存到银行，尽量不“贷款消费”或“超前消费”。在这一思想观念的支配下，农民的消费意愿就会大大降低，并且不可避免地会在一定程度上弱化消费对生产的导向与刺激作用，从而也不利于在整体上扩大农民的消费需求。

随着农民消费生活方式的日益现代化，上述的情形渐渐发生了变化。比如有越来越多的农民开始认为“挣钱就是为了花”“能挣又能花才叫生活”“借钱消费也是正道”等。与此同时，农民传统消费观念的解放又增强了他们追求现代化消费生活方式的欲望和动力，加速了其消费生活方式的现代化进程。人的基本需求得到满足以后又会产生更高的需求。比如有越来越多的农民更加愿意外出打工挣钱，或者想方设法多挣钱，随着这些农民经济实力的逐步增强，其消费意愿和消费能力也随之增强，其消费生活方式的现代化也就更加明显。

2. 提高了农民的生活满意度

长期以来，由于城乡二元体制的负面影响，城市市民与农村农民之间的生活水平差距曾一度呈现扩大趋势——主要体现在两者之间生活方式的差异上。在这一大的社会背景下，“像城里人一样生活”也就成了中国广大农民内心深处的迫切愿望。为实现这一愿望，许多农民游走于城乡之间，成了名副其实的流动人口。中国农民消费生活方式日趋现代化，主要是得益于国家的改革开放政策和支农、强农、惠农的“三农”政策，尤其是近些年统筹城乡发展、大力推进社会主义新农村建设，更是加速了这一现代化进程。

农民消费生活方式的现代化，反映了中国城乡居民之间的消费生活水平正在出现逐步缩小趋势。在农村地区，许许多多的鲜活事例表明，一旦享受过现代化消费生活方式所带来的各种便利与好处，农民就再也不愿意像以前那样“缩手缩脚”地过日子了。由此可见，现代化的消费生活方式有助于提高农民的生活满意度。本研究的实地调查表明，绝大多数农民对目前的消费生活方式感到满意，其中大约有20%以上的农民感到很满意。

3. 扩大了农村地区的消费需求

消费生活方式是衡量人们消费水平和实力的一个重要外在指标。它的现代化程度越高，人的消费观念也就会越开放。因此，在追求现代化消费生活方式的过程中，中国农民头脑里面那些比较保守的消费观念正日益受到冲击，其享受现代生活的欲望和动力也随之越来越强烈。这一现象的出现在某种程度上应该是件好事。因为中国农民在追求现代生活的过程中，其消费欲望必然会大大增加，从而直接或间接地促进农村地区的消费需求。更为重要的是，在一些基本消费需求得到满足的基础上，农民又会产生新的、更高的消费需求。也就是说，随着家庭收入的持续增加，越来越多的农民在提高其家庭生活水平时，既看重量的增加又注重质的提高，其日常生活的消费内容日益丰富、品质日益提升，其消费性服务的支出也随之大量增加。例如，综观近 3 年的农民消费意愿，农民在家电、电脑等数码产品以及保险等领域的消费意愿均已超过城市。特别值得关注的是，在租车市场和奢侈品方面，农村表现出了比城市更强的消费意愿。[①] 由此可见，农民消费生活方式的现代化，无疑会扩大农村的消费市场，进而推动中国经济社会健康发展。

4. 有助于农民平等参与现代化进程、共同分享现代化成果

实现现代化需要广大人民群众的参与。在当今中国，实现现代化的重点在农业、农村和农民。离开了广大农民的参与，或广大农民不能平等享受现代化成果，就不可能实现整个国家的现代化。历史与现实表明，现代化的消费生活方式是一个国家生产方式现代化的必然结果。对于中国来说，广大农民消费生活方式的现代化，既是中国城乡一体化的外在表现，也是他们平等参与现代化进程、共同分享现代化成果的内在要求。随着消费生活方式的现代化，越来越多的农民日益感觉到自己的生活“像城里人”，与之同步的是其城乡平等意识大为增强，过去那种低人一等的传统观念渐渐淡化。此外，在现代消费生活方式的强力吸引下，越来越多的农民意识到要致富首先就要有文化、懂科技、会经营，这就在无形之中推动了他们学科技、学文化、学管理的奋斗动力与创业干劲。

（二）消极方面

1. 片面追求物质享受，造成一些农民消费生活方式的畸形化

由于缺乏舆论的合理引导和一些错误思潮的影响，在追求现代化的消费生活方式过程中，一些农民简单地认为，消费生活方式现代化就是单纯地追求物质享受。如一味讲求吃好、喝好，或者单纯讲求穿好、住好等。由于片面地把“过好日子”“好好过日子”理解为“吃好、喝好、穿好、住好就是过好日子”或者“吃好、喝好、穿好、住好就是好好过日子”，一些农民之间（尤其是在熟人之间或亲朋好友之间）的盲

---

① 张璐晶：《来自民间的经济内生动力》，《中国经济周刊》2014 年第 11 期。

目攀比现象有所抬头；有些地区或特定的时期尤为严重。结果，这种盲目攀比之风日益盛行，造成诸多不必要的浪费，同时也增加了一些不必要的家庭经济负担。如一些刚刚富裕起来的农民仅仅只为了面子——想比别人穿得好一点或住得好一点等而去大肆消费或者超前消费，有的还甚至不惜超出自己还债的能力去借贷消费（如借钱买车买房）等。由此可见，这种畸形化的消费生活方式，不仅不能持续改善农民的家庭生活，反而会大大降低其生活的幸福感。

2. 环保意识与消费意识不同步，在一定程度上破坏了生态环境

近些年来，中国的生态环境整体恶化的态势虽然有所缓和，但其整体趋势尚未得到有效遏制。不仅如此，这一趋势还正在由城市向乡村转移和蔓延。中国农村地区的生态环境也日益呈现恶化趋势。就中国农村地区来说，这里既有片面追求或盲目追求工业化的影响，也有农民生活方式非合理化的影响。

现实表明，尽管中国农民的整体消费实力得到了大幅度提高，其消费生活方式日趋现代化，但是，其环境保护的意识并没有随之增强。因此，在追求现代化消费生活方式过程中，其购买和消费的日用生活品数量大大增加，厨房垃圾、生活污水和日常用品垃圾较以往大量增加。由于多数农民的环保意识比较薄弱，加上缺少相应地处理生活垃圾的基础设施设备，“污水靠蒸发、垃圾靠风刮”的现象较为常见。例如他们将各种生活污水随意排放、生活垃圾（包括废弃的塑料袋、淘汰的手机充电器、电池等）随手乱丢，污染了周围的环境。更值得注意的是，不少村民随意将生活垃圾倒入河内，由河水冲往下游并由此污染了沿途水质。

3. 不理性消费引发了许多急功近利行为

急功近利行为的最主要特征是“只顾眼前，不顾长远”。在追求现代化消费生活方式的过程中，一些农民身上表现出了许多急功近利的行为。个别农民看到同村的农民生活富裕了、消费水平越来越高了，而自己的消费水平还在原地踏步，对此，有些农民不仅不反思产生这一情况的缘由，反而还生出妒忌心理，于是，不顾自身条件（如文化不高且不懂技术或没有任何特长）盲目进城，往往找不到适合自己的工作。少数农民仅仅出于羡慕他人的消费生活方式而去赚钱（如经商或创业），结果弄得血本无归。

少数农民为了在消费生活方式上和他人保持同步甚至攀比，便不顾自身条件和实力盲目消费，其“只讲面子，不讲节约”的做法无异于作茧自缚，由此加重了家庭的经济负担。少数农民了解到当前大学生就业困难，不等其子女上大学（甚至不等其初中、高中毕业）就将其送去打工以求更多的收入，等等。在急功近利这一思想观念的主导下，极个别农民苦于生财无道，又无他人的经济支持，于是搞一些歪门邪道（如赌博或加入传销组织）来赚钱，甚至不惜触犯法律（如实施偷、骗、抢等违法行为）来取得非法收入。

4. 消费中的“拜金主义”思潮破坏了人际关系的和谐

在市场经济的大潮中，“一切向钱看”“追求利润最大化”等价值取向对人们的社会交往产生了深远的负面影响。由于看重金钱在消费中的作用以及过于注重物质享受，一些农民在日常的人际交往中，对他人能力与信誉的评价标准，逐步发生了变化甚至出现扭曲，不再以过去的“勤劳”“朴实”“善良”等评价人，而是以“能花钱”“有钱花”等评价人，并将这些标准与一个人的消费能力与水平相挂钩，即认为“谁的消费能力强”“消费数额大”，谁就是“能人”“富人”；一些村民抱着“一切都是为了吃穿住”“有钱不花是傻帽”“今朝有酒今朝醉”等思想，只讲吃喝玩乐；少数农民在其日常生活中“一切向钱看”，开口闭口都是钱，甚至为了赚钱不择手段等。在这种“拜金主义”思潮的支配下，一些农民错误地把“大把大把花钱”“讲究吃喝玩乐”理解成现代化的消费生活方式。结果，在人际交往过程当中，一些农民就会无意或有意地把金钱的多寡当作其选择交往对象的标准，因而具有较大的功利性乃至欺骗性。这在一定程度上会恶化人际关系，破坏和谐的社会生活氛围。

五　合理引导农民消费生活方式的现代化

党的十八大报告郑重提出，要让广大农民平等参与现代化进程、共同分享现代化成果。党的十八届三中全会又再次强调了这一要求。就当代中国现实国情而言，农民消费生活方式的现代化，既是社会主义新农村建设的内在要求，也是中国社会主义现代化建设发展的体现。在加快城镇化进程和建设社会主义新农村的过程中，各级党委、政府应顺势而为，将农民消费生活方式的现代化变迁置于中国经济社会发展的潮流与大局当中，回应广大农民的意愿和诉求，并结合“生产发展、生活宽裕、乡风文明、村容整洁、管理民主”这些具体要求，大力引导农民养成科学、文明、健康的消费生活方式，切切实实地享受改革开放的红利和现代化建设的成果。

（一）顺势而为，为农民消费生活方式的现代化积极创造条件

实现全体农民消费生活方式的现代化，还有一段较长的路要走，还需要各级党委、政府做好一系列与之相关的工作，为广大农民消费生活方式的现代化创造良好的外部条件。

1. 大力发展农村经济，不断提高农民的家庭收入，使农民“能消费”

党和国家应进一步加大对“三农”的投入力度，确保各种惠农、富农政策落到实处，进一步改善农民的生产生活条件，尤其要加大和加快农村交通设施和市场商贸设施等建设，不断优化农村市场和消费环境。与此同时，要制定和出台深化收入分配制度改革配套措施和实施细则，多渠道促进农民增收，其中，包括确保外出务工农民的合法权益不受侵害、不断增加其打工收入。

2. 大力改善民生，不断加强农村社会保障制度建设，使农民“敢消费”

一是应加大推进社会救助体系建设，不断完善农村居民最低生活保障制度，努力消除和缩小城乡差异。二是应以农村为重点，为广大农民提供安全、有效、方便、价廉的公共卫生和基本医疗服务，同时进一步完善新型农村医疗合作建设、提高医疗保险水平，免除其“存钱防病”之忧。三是应从实际出发，加快农村社会养老服务体系和农村老年服务基础设施建设，大力发展农村老年服务产业，免除其“存钱养老”之虑。

3. 大力推动农民消费结构升级，不断提高农民消费质量

就现实而言，农村市场发展相对缓慢，市场规范化程度相对不高，市场规划布局相对滞后，因此，当前中国农民的消费水平呈现参差不齐之态势，且其消费的数量、质量等在总体上与城市市民相比还有一定差距。这

就需要将扩大农村消费纳入经济社会发展的整体布局当中，建立和健全不断扩大农村内需的长效机制，努力推动新型农村市场流通网络的建立，尤其是要顺应电子商务的发展需要，不断加大农村的物流基础设施建设，引导农民实现由数量型消费向质量型消费、由享受型消费向品质型消费转变，不断提高服务性消费在其总体消费中的比重。

（二）合理引导

一般而言，对于广大农民来说，以什么样的途径或方法来实现其生活方式的现代化，应当由其自身的具体实际条件而定。针对中国农民消费行为中所发生的一些不理性行为。我们应当加以合理引导。通过合理引导，使得广大农民在日常生活中逐步养成科学、文明、健康的生活方式。这一点，是当前我们科学对待农民消费生活方式现代化的首要态度。这样做有两个好处：一是可以在他们身上塑造一种既有生活品位又有时代内涵的文化性格，使其在享受美好生活的过程中加强对党的路线方针政策的认同，进而增强其建设社会主义新农村的信心。二是当前世界经济形势不容乐观、中国经济仍然面临较大下行压力，因此，消费已经成为拉动中国经济增长的重要引擎，也是中国经济社会可持续发展的巨大潜力所在。合理引导农民生活方式的现代化，能够契合中央政府提出的转变经济增长模式、促进经济结构转型升级的要求。这既满足了广大农民共享现代化成果的合理诉求，又在整体上有利于推进中国现代化进程。

1. 将弘扬传统美德与树立现代观念同步

在中华民族传统美德中，“崇俭”是消费价值观念的核心，是维系中华民族数千年繁衍不息的精神之一。“勤乃摇钱树，俭是聚宝盆”，就是中国人最喜欢、最常用的对联之一。如果说勤是生产劳动方面的主要价值规范，那么“俭”则是消费生活方面的主要价值规范。所谓“俭”，就是在消费上讲究节约，适可而止，反对铺张浪费。[①] 当前农村，由于市场经济的负面影响（存在向钱看的不良倾向）、在家务农人数减少、外出

① 刘俊彦：《消费主义思潮与青少年思想道德建设》，《中国青年政治学院学报》2006 年第 1 期。

务工人员数量增多，加上农民个体的原因——包括思想道德在内等综合素质的差异、不同家庭经济收入出现反差，导致了一些农民价值观出现不同程度的扭曲。以前农村那种淳朴、老实、忠厚的农民形象正在逐步消失，其勤俭、节约等传统的思想观念有所淡化。这一点应当引起我们的关注和反思。在农民追求现代化消费生活方式过程中，既要引导其树立现代的思想观念——如开放意识、市场意识、竞争意识、效率意识等，又要倡导节约、实用的消费理念，继承和发扬优秀传统美德，防范各种不良思想的消极影响。

2. 养成良好的消费行为和习惯

在追求消费生活方式现代化过程中，个人不能把比吃喝、比穿着、比住房等当作生活的奋斗目标，不能把物质享受和物质消费水平当作衡量生活质量的唯一标准。幸福不仅是拥有较好的衣、食、住、行，幸福也是拥有健康的身体、内在的身心和谐、诚信共处的社会人际关系以及与大自然和谐共处的身心感受。在农村居民生活水平普遍得到提高的今天，应注重引导他们养成良好的消费行为和习惯：比如，遵循“量入为出”的原则，适度合理消费，尽量减少不必要的经济负担；避免不必要的人情消费（在当今社会，无论是在城市还是在农村，人情消费已经成为一种社会顽疾，应当努力避免）；不盲从消费——也就是不跟风消费和情绪化消费；倡导绿色消费，努力减少对环境的污染和破坏。

3. 更加注重满足精神文化生活的消费需求

从整体上看，当前中国农民的日常消费大多限于物质方面的消费，对于文化产品的消费非常有限（日常精神生活消费主要是看电视），其文化生活较为贫乏。这种物质生活与精神生活不匹配的现状，既不利于社会主义新农村建设，也不利于和谐社会的建设。这就需要教育、引导广大农民，在他们追求消费生活方式现代化的过程中，既要注重实体物质的消费需求，又要注重精神文化的消费需求。当然，这需要各级党委和政府（尤其是基层党委和政府）的努力，不断加强基层农村文化建设以不断充实农民的精神生活：一是在改善农民物质生活的同时加大文化建设的投入力度，增加文体设施、扶持文化队伍、培养乡土文化人才等。二是充分利用现有的文化设施如农家书屋、文化广场等，组织村民经常开展一些群体性文化活动，做到自娱自乐、乐在其中，在愉悦身心的同时推动当地经济社会的和谐稳定与持续发展。三是开展灵活、多样、方便的流动文化服务，推动文化科技卫生“三下乡”，科教、文体、法律、卫生“四进社区”“送欢乐下基层”，将面向基层的公益性文化活动制度化、经常化。①

① 史向军、陈文龙：《选择与引导：农民消费生活方式现代化调查与思考——以安徽省太湖县T村为例》，《理论导刊》2014年第4期。

第三章　农民闲暇生活方式现代化

"闲暇"，其简单的意思就是指"有多余的时间"。中国著名哲学家、经济学家于光远将其定义为："'非劳动时间'，是人们在履行社会职责及各种生活时间支出后，由个人自由支配的时间。"① 闲暇生活方式是指人们用怎样的方式支配和利用自己的闲暇时间（或称自由时间）。② 从人类历史的角度看，人们闲暇时间的多少是同步于人类文明的发展的——即社会越是发展进步，人们拥有的闲暇时间也就越多；反之，就越少。因此，无论在西方还是在中国，在历史上，闲暇在阶级社会产生之后，都属于摆脱了劳动的统治阶级的一种特权。③ "日出而作，日落而息"是中国广大劳动人民数千年来的生活写照。就中国农民来说，其真正拥有充裕的闲暇时间则是在改革开放以后——实行联产承包责任制后的农民摆脱了土地束缚，同时也为自己赢得了更多的自由支配时间。尽管中国农民在生活水平上还远没有达到小康，但他们却是"闲暇时间"最富裕的群体。④ 因此，如何引导中国农民合理、科学利用其闲暇时间，形成一种既符合农业、农村、农民实际，与其自身条件相称的闲暇生活方式，就成了当代中国面临的一个较为现实，又亟待解决的社会课题。它直接关系到农民生活质量的提高、生活幸福度的增加与否，直接关系到社会主义新农村的建设进程和农村社

---

① 于光远、马惠娣：《关于"闲暇"与"休闲"两个概念的对话录》，《自然辩证法研究》2006年第9期。

② 王雅林：《闲暇生活方式与个性发展》，《青年研究》1985年第1期。

③ 冯建军、万亚平：《闲暇及闲暇教育》，《教育研究》2000年第9期。

④ 朱启臻：《闲暇时间，农民在干啥？》，《社会》1996年第12期。

会的和谐稳定。

一 农民闲暇生活方式的主要类型及发展趋势

（一）主要类型

中国农村地区幅员辽阔、人口众多，各地的生活条件和环境不一，但作为农民这一群体，其身上有着诸多的共同特征。由此，大体上可以将当前中国农民的闲暇生活方式分为四种主要类型：社交型、消遣型、学习型和闲呆型。串门聊天、走亲访友等属于社交型的闲暇生活方式；看电视、听广播、逛街赶集、搓麻将、打牌下棋等属于消遣型的闲暇生活方式；读书、看报等属于学习型的闲暇生活方式；而闲呆型的闲暇生活方式也就是休息、什么也不干。[①] 当然，这四种主要类型的闲暇生活方式不是固定的，有可能是相互交错的。在这四种类型当中，社交型的闲暇生活方式是最为普遍的。农民之间相互串门聊天，因为聊天是农民闲暇生活中的主要内容，也是他们人情往来、交流情感的主要社交活动方式。现实表明，这种以聊天为主要表现形式的闲暇生活方式，能真正体现农民生活的悠闲与自在（这里的“聊天”主要是“闲聊”）。

（二）发展趋势

闲暇生活方式现代化，就是指按照现代的观点和思维来看待闲暇生活，开展休闲活动，追求个人生活的丰富性和趣味性。随着农村物质文明和精神文明的不断提高，中国农民的闲暇生活方式逐渐由传统向现代转变。

1. 闲暇取向由数量型向质量型转变

一般来讲，农民的闲暇时间相对较多，尤其是在过了农忙之后，其闲暇时间十分充裕。但由于客观条件的限制——如整体生产条件和生产工具较为落后，或是靠天吃饭；或是农民自己拥有的田地较少花不了较多时间；或是交通条件落后，农民无法出远门等，加上农村文化建设又相对滞

---

① 田翠琴、齐心：《农民闲暇》，社会科学文献出版社 2004 年版，第 149 页。

后，满足不了农民的精神文化需求，均使得农民的闲暇生活只有数量上的优势而缺乏质量上的优势，由此导致大量农民感到“无所事事”甚至是“百无聊赖”。值得注意的是，长期的小农经济意识，使得部分农民不思进取，形成了“得过且过”“当一天和尚撞一天钟”的精神状态。仅有数量而没有质量的闲暇生活，必然导致农民的闲暇生活单调乏味，其闲暇生活方式也必然会随之显得形式较为单一。

自改革开放以来，尤其是在逐步推进社会主义新农村建设以后，农民的闲暇生活状况得到了大幅度的改观。一方面，农业劳动生产率的大幅度提高（尤其是先进生产工具的投入使用），把广大农民从繁重的体力劳作之中解放出来，大大缩短了农民的劳作时间，农民可以用来支配的闲暇时间大量增加。另一方面，党和政府不仅十分重视农民物质生活的改善，还高度重视其精神生活的充实，不断加大对农村文化建设的投入力度，引导农民移风易俗、树新风等。广大农民的思想觉悟和文化素质得到大幅度提高，他们中的很多人在开始注重物质享受的同时也日益重视精神生活的充实和愉悦。在这种大环境下，农民的生活观念开始悄然发生变化，由过去的“日子真难过”转变为“怎样过日子”再到“怎样过好日子”。由于更加注重其质量，广大农民闲暇生活的质量内涵必然会在整体上得到提高，其闲暇生活方式也必然会由数量型向质量型转变，其内在的现代化气息也将日趋浓厚。

2. 闲暇行为由消遣型向发展型转变

长期以来，中国农民的闲暇生活方式主要为消遣型闲暇活动。这里的消遣型闲暇活动，主要指的是低层次的、对提升个人生活意义和人生境界作用不大的活动——如纯粹为打发时间所开展的一些活动。这些消遣型闲暇活动，对于恢复农民的体力和精力、放松其紧张心情、促进他们相互之间的情感交流是必须的。但是，他们中的有些人仅仅只是为了消遣而消遣，甚至是过度地追求消遣。待消遣活动一结束，其主观性的愉悦感或者幸福感就会消失殆尽。久而久之，便形成了一种对消遣活动的依赖感，如果不从事一些消遣之类的活动还会产生一种精神上的失落感。更有甚者，为了追求心理上的刺激，会利用其闲暇时间从事一些不文明、甚至违法的事情——如过度讲究大吃大喝、盲目攀比、迷恋赌博，等等。因此，在一些农村地区，在某些农民中间，“口袋富了”而“脑袋空了”。这种现象，对于农民个人来讲，绝不利于其身心健康；对于农村经济社会来讲，也不利于社会和谐。

可喜的是，随着社会主义新农村建设的大力推进和精神文明建设的加强，越来越多的农民意识到，仅仅注重物质追求的生活不是真正意义上的幸福生活，只有“口袋”和“脑子”的同步富裕才是真正的富裕。为此，他们或是参与一些集体性的文化活动，或是去学习有关的农业科技知识、经营管理知识，或是参加一些技术性的培训活动，等等。这些均有利于丰富其人生、提升其品位、拓展其心境、充实其精神，并使其获得真正意义上的身心愉悦，进而有利于农民自身的全面发展。

二　影响农民闲暇生活方式现代化的主要因素

（一）主观因素

这里的主观因素，主要是指人们在主观上对农民闲暇生活所持的某种态度和思想意识（包括农民自身对自己闲暇行为的态度）——如看法、评价和认同度等。

长期以来，中国农民的闲暇观念一直呈现出与小农经济相适应的传统状态：“日出而作，日落而息”，而“吃饱穿暖，别无他求”则成了他们人生中的一个最大理想和现实追求。倘若他们当中有人去追求所谓的娱乐、享受和发展等事情，不仅不会被当时的主流价值观念所认同，而且还会被自己身边的人说成是“白日做梦”，甚至很可能会被认为“神经不正常”。即使农民真正有点空闲时间去寻求一些消遣之类的活动，也很可能会被周围的人看作是“无聊之举”。在传统观念的影响下，中国农民的闲暇生活方式必然具有较大的落后和保守特征——如认为“闲暇”就是“懒惰”，“娱乐”就是“不务正业”，“享受”就是“浪费”等，或片面认为“先忙生产，后忙生活”“劳作才是正事”“下苦才有奔头”等。为此，不少人条件再好也要省吃省用、不讲效率的“苦干”和“蛮干”，不想不敢“消遣”。在这些传统观念的束缚下，广大农民的闲暇生活方式不仅单调乏味而且层次低。直到改革开放、农村开始实行联产承包责任制之后，随着农民生产积极性的极大增强和农村生产力的迅速提高，广大农民在为城市市民提供大量的物美价廉的农副产品的同时，也较快地提高了自己的生活水平。更重要的是，在实现中国现代化的整体进程中，农业、农村、农民在国家发展大局中的战略地位显著增强。在这一大的背景下，农民的闲暇生活方式日益引起关注，其闲暇生活方式现代化的诉求也进一步受到全体中国人尤其是城市居民在思想上的认同。

随着生活状况的迅速改善，中国农民对待闲暇时间的态度发生了很大改变，其传统的闲暇观念和行为日益受到冲击，如由过去简单的“安于现状”到现在的“科学致富”、由过去的“吃饱穿暖”到现在的“能吃能喝又能玩”等。中国农民的闲暇生活方式出现了许多可喜可贺的变化，他们对享受生活、追求个性、接受教育、职业发展等方面的需要大为增加，开始了真正意义上由传统向现代的转变和转型。

（二）客观因素

在一定时期内，不同的人会拥有不同的生活环境和条件。作为一种客观存在，这些生活环境和条件会制约其闲暇生活的丰富与复杂程度，进而会制约其闲暇生活的具体内容和方式，并直接制约其闲暇生活方式的现代化。

1. 农业劳动生产率

长期以来，农民“日出而作，日落而息”，这不仅是传统中国农民辛勤劳作的生动写照，也是农村生产力发展水平的真实反映。在农业劳动生产率水平普遍较低的情况下，农民用于生产上的时间大大增加，因此，其闲暇时间也随之大大缩短。与此相反，随着农业劳动生产率水平的大幅度提高，中国农民投入农业生产的时间会大幅度缩减，其可以支配的自由时间则会随之大幅度增加。这一点在改革开放以后表现得尤为突出。中国的改革是从农村改革开始突破的——搞农村家庭联产承包，废除人民公社制度，实际也就是对计划经济体制的突破——农民冲破了计划经济体制的束缚，引来了农村生产力的解放①，随之带动了农业劳动生产率水平的大幅

---

① 陆学艺：《农村要进行第二次改革 进一步破除计划经济体制对农民的束缚》，《中国农村经济》2003 年第 1 期。

度提高。这就为广大农民充分利用闲暇时间、享受闲暇生活提供了有力保障，并为其追求现代化的闲暇生活方式创造了前提条件。

2. 国家的经济体制

中华人民共和国成立以后，曾长期实行计划经济体制。这一经济体制，在特定的历史范围内发挥了其应有的特殊作用。但随着时间的推移和社会条件的变化，其弊端日益显现并严重阻碍了中国经济社会的发展进步。就中国农村来说，废除人民公社制度，实行家庭联产承包责任制，其目的就是为了突破计划经济体制、解放和发展农村生产力，进而推动农业生产较快增长。然而，在农村实行家庭承包责任制，只是放开了农民的两只手，使之能搞农业生产了，但身子和双脚还是被计划经济体制绑住的，导致他们不能直接进入社会主义市场，直接参与市场经济竞争。[①] 这在阻碍农村生产力发展的同时，也使得农民无法充分享受和利用市场经济本身所具有的优点和优势，进而影响到其日常的生产和生活，导致其闲暇生活方式的现代化进程也必然受到影响。尤其是与计划经济体制相适应的户籍管理制度，把农业户口和非农业户口严格区分开来，城乡之间形成了不可逾越的鸿沟，成为城乡分治、一国两策的制度性条件，农民因此成了身份制的人口，在就业、上学、医疗、迁移等方面受到诸多限制。今后，国家将建立城乡统一的户口登记制度，并将从根本上影响人们对生活的长远安排和预期，进而从根本上改变人们的生活方式。[②] 事实表明，它会直接影响到包括闲暇生活在内的农民生活质量的提高。

3. 农民家庭经济收入

很明显，农民家庭经济收入的多少会直接对其闲暇生活方式的现代化产生重大影响。现代化的闲暇生活虽然不是由金钱的多寡决定的，但毋庸置疑的是，在当前现实情况下，现代化的闲暇生活需要以经济实力做支撑。农民家庭经济收入状况对农民闲暇生活的影响主要表现在数量和质量两个方面。在数量上，如果一位农民的家庭经济收入越高，不再需要为自

---

① 陆学艺：《农村要进行第二次改革 进一步破除计划经济体制对农民的束缚》，《中国农村经济》2003 年第 1 期。

② 盛卉、舒洁：《户籍制度改革带来六大变化 公共服务资金短缺是难点》，http://politics.people.com.cn/n/2014/0801/c1001-25387199.html。

身的生存问题操劳，其用在解决日常生计问题上的时间就较少，还可以购置更多的与其日常生活相关的服务来减少家务劳动时间，因此其用于闲暇的时间总和会大大增加。在质量上，其一，由于没有生计问题的困扰，农民在享受闲暇生活的时候就会全身心地投入——这无疑会提高其闲暇质量；其二，由于手头比较宽裕，农民还可以外出去消费闲暇时间——如进城到剧院欣赏优秀剧目，或去风景名胜地区旅游等一些层次较高的休闲活动。反之，一个“吃了上顿儿没下顿儿”的人，既没有时间又没有精力去享受（至少不能尽情享受或长时间去享受）其闲暇生活，也更没有能力去追求那些层次较高的休闲活动。

4. 大众传播媒体

在现代社会，个人与社会之间巨大且无所不在的中介就是大众传播媒介，人们通过传播媒介认识外部社会，依靠传播媒介把握自身的定位及存在，借助传播媒介的价值体系判断自我与他人、个体与社会、人类与自然的方方面面。[①] 长期以来，在中国农村地区，电视是广大农民了解外部世界的主要窗口，也是他们闲暇生活方式的主要内容。即使到现在，看电视依旧是中国多数农民度过其闲暇时间的首要之选（甚至是部分农民的唯一形式）。其中，电视剧和电影是农民收看最多的内容。随着电视节目的增多，农民除了收看影视节目之外，还日益关注新闻类、娱乐类节目，进而关注健康类、财富类、休闲类节目，等等。电视能把现代闲暇价值观念和闲暇生活方式送进农村，从而潜移默化地改变农民的闲暇观念。如今日益繁多的传播媒体进入了人们的生活当中，并极大地改变着人们的闲暇生活方式。由于承载的信息量更为丰富、传播的速度更快、与受众之间的联系更为紧密，现代化的传播媒体日益成为农民获得信息、了解社会、关心时事、引导消费和丰富生活的重要渠道。实践表明，中国城乡居民之间在闲暇生活方式上有诸多趋同化现象，包括电视在内的大众传媒的影响不可低估。

5. 公共文化体育设施建设

随着社会的发展进步，人们的闲暇生活并不局限于家庭内部或家庭之

---

① 王玲玲：《大众传播对现代休闲理念的影响与作用》，《浙江社会科学》2005 年第 4 期。

间的户内活动，现代的闲暇生活开始要求向户外活动发展。[①] 这一现象在中国农村地区亦表现得较明显，农民户外活动意愿增强，户外活动时间增加，有利于增进了解和集体感的活动也日趋增多。为此，要保证广大农民合理有效度过其闲暇时间，鼓励在其闲暇时间里做一些有意义的事情，必须为其提供从事文体娱乐的设施设备——如棋牌活动室、老年活动中心、图书室、影剧院、游乐场、体育场、游泳池、健身房，等等。还可以举办各种培训讲座——如有助于农民发家致富的科技培训，或是有益于其身体健康的卫生保健讲座，抑或是能够丰富其日常生活的绘画、音乐、舞蹈等培训。这样，既丰富了农民的闲暇生活，又提高了农民的科学文化素质。

由于农村文化建设步伐在总体上较为滞后，加上基层政府较少关注或投入不足、多数村级集体资产较少，致使多数农民闲暇所需要的设备设施有限，甚至极其匮乏。这就严重地影响了农民的闲暇生活质量。

三　农民闲暇生活方式现代化的积极作用

（一）有助于提升农民的生活满意度和幸福感

对于中国广大农民来说，闲暇时间的大量增加和收入水平的大幅提高是其闲暇生活方式得以实现现代化的前提和基础。如果广大农民还像过去那样没日没夜地为生计操劳，那么，他们有限的时间和精力就会被其生存的重担所消耗——既没有时间也没有精力去享受闲暇生活所带来的快乐，更谈不上使其闲暇生活方式现代化。如今，农民得以利用闲暇时间来恢复其消耗的体力、关心其家庭成员的健康，或是扩大其人际交往、强化其自身的存在，或是充实其精神世界、发展其个性，等等。在其闲暇生活方式现代化的过程中，农民才会有更多的条件和机会做劳作之外的有效的事情。特别是在其闲暇时间内开展的一些消遣娱乐活动，能够放松农民的身心、丰富农民的生活、开阔农民的知识视野、丰富农民的精神世界等。这一切，均为缩小其现实生活与奋斗理想之间、职业期望值与职业成就之间的差距，创造了更多可能的或必要的条件与机会，极大地提升了农民的生

① 朱启臻：《闲暇时间，农民在干啥？》，《社会》1996 年第 12 期。

活满意度和幸福感。

（二）有助于维护国家的粮食安全

粮食安全是关系到国民经济发展、社会稳定和国家自立的全局性重大战略问题。保障中国粮食安全，对实现全面建设小康社会的目标、构建社会主义和谐社会和推进社会主义新农村建设具有十分重要的意义。[①] 影响国家粮食安全问题的因素有多种，其中一个关键因素就是农民自身。我们可以假想一下：如果农民自身对务农失去了兴趣，对从事农业生产没有积极性，“兴农”就成了一句口号而已，国家粮食安全也必然会岌岌可危。农民闲暇生活方式现代化，一方面，可以保证农民有足够的闲暇生活，有益于农民的身心健康尤其是保持其精神上的愉悦，更好地放松其紧张的工作状态以恢复其从事农业生产的体力和精力；另一方面，能够缩小农民与城市居民之间的心理落差，进而增加其自己职业的认同感、大大提高其从事农业生产的积极性。更为重要的是，在领略到了现代休闲生活的诸多益处之后，农民会自发地钻研农业科技知识、学习农业管理知识。这样做，既可以提高农业生产效益，实现增收，使其生活能得到进一步改善；又可以减少其用于农业生产的时间，使其闲暇时间增多。一旦形成农民闲暇生活方式现代化和农业生产效益日益增加两者之间的良性循环，可以调动农民种粮和从事农业生产的积极性。

（三）有助于促进经济增长

结合当代中国实际可知，农民闲暇生活方式的现代化，无疑会有助于推动经济的可持续发展。这可以从三个方面来分析。一是广大农民在追求闲暇生活方式现代化的过程中，必然会在注重闲暇生活的数量的同时，更加注重闲暇生活的质量。广大农民会要求使用或者购买数量更多、质量更高的产品或者服务（如日益兴起的农民旅游热），农民消费需求增加，进而刺激了农村消费、扩大了内需。二是广大农民在追求闲暇生活方式现代

---

① 国家发展和改革委员会：《国家粮食安全中长期规划纲要（2008—2020 年）》，http：//www.gov.cn/jrzg/2008 - 11/13/content_ 1148414. htm。

化的过程中，会顺应学习型社会的发展要求，不断提升自身的科技文化素质，开始由非职业型农民向职业型农民（也就是我们所通称的“新型农民”）转变。在这一转变过程中，他们需要不断加强学习、接受更多的教育，随之学习、教育的支出增加，从而直接或间接地扩大了消费。三是在广大农民闲暇生活方式现代化成为一种合理诉求的大背景下，国家必然会不断加大对相关领域（如农村文化体育设施建设、基础设施建设等）的投入，这些投入还会带动相关产业的发展，从而进一步推动经济的发展。

（四）有利于社会的和谐稳定

由上述可以看出，农民闲暇生活方式的现代化，既是中国农民自身生产生活条件得到大幅度改善的美好结果，又是中国社会主义现代化建设蒸蒸日上的有力体现，在较大程度上保持了中国社会的和谐稳定。长期以来，“过上像城里人一样的日子”，或“像城里人一样过日子”，是中国广大农民的迫切心愿。正是在这一心态的驱动下，世世代代以来，总有或多或少的农民会想尽一切办法和力量由农村走向城市，当代具有中国特色的民工潮就是其中的最典型代表。在这一时代背景下，如果广大农民的生活水平长期得不到改善、他们的闲暇生活方式现代化的合理诉求长期得不到满足，那么，在广大农村地区的农民也必然会远离家乡涌入城市。这必然会增加城市的人口和经济负担，从而影响整个社会的和谐稳定；必然会降低国家的粮食安全水平，使中国人的饭碗端在别人手上，造成中国发展的软肋；必然会减少大量日常生活用品尤其是“米袋子”“菜篮子”等相关食品的供应量，致使农副产品价格上涨进而造成整个经济的通货膨胀，甚至可能引发社会动荡，等等。当然，这是从理论上的一种推测。但是不管怎样，广大农民能享受现代化的闲暇生活，使得一大批农民愿意留在农村并且安居乐业，可以有利于中国社会的和谐稳定。

四 农民闲暇生活方式现代化的价值取向及主要途径

中国农民闲暇生活方式的现代化，离不开两个重要的价值取向。一方面，鉴于闲暇生活方式与个人的幸福与发展密切相关，我们应当随着农村经济社会条件的变化，不断丰富其闲暇生活以提高农民的生活质量和幸福感。另一方面，鉴于闲暇生活方式的现代化离不开强大的物质条件支持与稳定且谐和的社会环境保障，我们应当立足于建设社会主义新农村和构建社会主义和谐社会的大局，使得现代化的闲暇生活方式成为培育新型农民的一个重要载体。只有这样，才能真正保障中国农民享受到社会主义现代化建设的一切有益成果，真正促使其不断得到自我提高和全面发展。因此，这两方面也就成了推动中国农民闲暇生活方式现代化的价值取向。

（一）价值取向

1. 丰富农民的闲暇生活

在一个人的一生当中，闲暇生活时间既是其生命周期的一个重要组成部分，又是其生活满意度和幸福感的一个重要来源，因为它为个体提供了大量的消遣活动时间。对此，1970 年联合国劳工组织通过的《消遣宪章》指出："无论在城市和农村，消遣都是重要的，消遣为人们提供了激发基本才能的变化条件（意志、知识、责任感和创造能力的自由支配），消遣时间是一种自由的时间，但在这个时间里，人们能掌握作为人和作为社会的有意义的成员的价值。"由此看来，没有人的闲暇时间，就没有闲暇生活，当然也就没有消遣。这里的"消遣"不具有"打发时间"的含义，是指在闲暇时间里做一些有意义的对人的身心健康和成长有益的事情。然而，长期以来，由于各种主客观因素的影响和制约，中国农民的休闲牛活较为枯燥、形式较为单一、空间较为狭窄。这就决定了他们的闲暇生活只有外在表现形式——闲暇生活方式只是一种纯粹打发时间的消遣活动，对于农民个人精神生活的充实和人生内涵境界的提高没有实质性的作用。这一类型的闲暇生活方式在中国广大农村地区具有普遍性，并且在一定时期内，在有着其缺陷性的同时又有着其合理性，是随遇而安的小农思想在农民闲暇生活方式上的一个具体体现，在老年农民和文化水平较低农民的身上表现尤为明显。但是，随着社会的快速发展，这一类型的闲暇生活方式已经不能适应新形势的发展需要。因此，在建设社会主义新农村和构建和谐社会的过程中，我们应当立足于农村实际情况，尽可能多地开展内容丰富、形式多样的精神文化活动，引导他们养成科学、文明、健康的闲暇生活方式。

2. 培育新型农民

推进社会主义新农村建设、构建和谐社会，是我们党立足于中国实际而做出的一项重要战略决策。要真正建设好新农村，就必须培养出一代又一代的“有文化、懂技术、会经营”的新型农民。培养新型农民，必须以提高技术素质、经营管理素质为重点，兼顾其他素质的提高，不仅要提高农民的技术能力、经营管理能力，还要提高农民文化素质、思想道德素质和法律素质。只有这五个方面的工作都取得了重大的进展，才会有全新风貌的新型农民，农村小康社会建设和社会主义新农村建设才会得到较高程度的实现。[①] 因此，从闲暇生活方式现代化的角度看，一方面，新农村建设将会为广大农民提高生活水平和改善生活条件提供新的历史性机遇，保障农民拥有更多的闲暇时间和良好的闲暇生活，并通过乡风文明建设推动他们养成科学、文明、健康、和谐的闲暇生活方式。另一方面，我们应当把培育新型农民作为今后推动农民闲暇生活方式现代化的价值取向和目标追求。也就是说，在实现农民闲暇生活方式现代化的过程中，应当将其当作一个提高思想修养和文化水平的重要载体，如引导农民利用闲暇时间看一些富有教育意义的书籍，或欣赏一些优秀剧目，或学习一些与农业生产有关的科技知识、经营管理知识等。经过日积月累，农民的科学文化素质一定会得到相应提高。只有农民的文化素质得到进一步提高，社会主义新农村的建设步伐才会随之大大加快。

（二）引导和帮助农民养成现代化的闲暇生活方式

1. 积极引导

随着生活水平的普遍提高，广大农民的生存不再是首要问题。广大农民的物质生活越来越充裕之后，会逐步追求精神上的愉悦和享受。但如果缺乏合理的引导，他们很有可能片面地理解闲暇生活方式的现代化，个别人甚至会走上歧路。在新时期，应当从以下几个方面加强引导。

---

① 柯炳生、陈华宁：《对培养新型农民的思考》，《中国党政干部论坛》2006 年第 4 期。

（1）参加文体活动

一是要引导和鼓励农民经常参加文化活动。这里的文化活动可以是有组织的，也可以是自发的，其内容丰富多彩、形式多种多样。值得强调的是，我们国家的许多非物质文化遗产都分布在农村，这些非物质文化遗产如果不及时加以整理、挖掘和继承，则会很快遗失而造成重大损失。因此，要鼓励各地农民经常参加文化遗产保护活动，以有助于它的继承和发扬。二是要引导和鼓励农民经常参加体育活动。随着农村社会的进步，农民的健康意识越来越强。在闲暇的时候，农民参加适当的体育活动，既可以休闲又可以锻炼身体。有条件的地方，还可以鼓励和帮助农民组织一些体育赛事，这样活动既可以锻炼身体，又可以增强彼此之间的相互信任和凝聚力。

（2）参加教育培训

目前很多农民缺乏先进的农业科技知识和生产经营管理知识，没有发展为新型农民。因此，各级党委和政府应当经常举办一些教育培训活动，帮助广大农民掌握必要的、先进的农业科技知识、管理知识、营销知识，等等，既可以帮助农民度过其闲暇时间、充实其业余生活，又可以帮助他们掌握农业生产经营的知识，进而增强其致富本领和提高其生活质量。

（3）参加公益活动

当前，中国农村老龄化现象日趋严重，产生了大量的老年农民。同时，在农村很多地区，青壮年农民进城务工，留下了大量的留守老人、留守妇女和留守儿童。这些人在遇到困难的时候，急需得到各种各样的帮助。这一问题的有效解决，既需要各级党委和政府的努力，也离不开农民之间的互帮互助。如果他们中的许多人愿意在其闲暇时间里做些帮扶工作，必然会减轻一些困难家庭的负担。为此，应当鼓励和引导农民经常参加一些公益性活动，既利己又利人，更有利于农村社会的和谐稳定。

2. 大力帮助

（1）进一步加强农村社会保障体系建设

农村社会保障体系建设，关系到亿万农民的切身利益和能否解决其后顾之忧，也关系到其休闲生活的改善，进而关系到其闲暇生活方式的现代化进程。应按照城乡一体化的原则，逐步改善农村的社会保障环境和提高农民的社会保障水平。当前，应当进一步健全和完善农村最低生活保障制度、新型农村合作医疗制度、社会养老保险制度，进一步加快农村社会福利服务事业发展步伐，真正做到生活有保障、治病有医有药、养老无后顾之忧。以使农民和市民享受平等的公民权利，为其闲暇生活质量提供保障。

（2）大力推进农村文化建设

当前，中国县级以下的文化部门，对文化站等均缺少有效的管理，农村公共文化产品和服务供给的不平衡问题还非常严重。县级、乡镇文化站的职能发挥力度不够，导致广大农村文化生活相对贫乏。因此，在推进农村文化建设的过程中，应当大力实施“文化惠民工程”和“文化低保工程”，落实国家的各项文化政策和措施，做到文化建设的责任具体到位、扶持具体到位、资金落实到位。在文化建设上，不论大事小事，都应当件件予以落实和取得成效。在有条件的地区，还应当大力鼓励文化乡（镇）和文化村的建设，努力形成人人参与文化建设的社会氛围。

五　关注新生代农民工的闲暇生活方式

新生代农民工是当前社会中的一个重要的热点话题。2013 年的数据显示，中国新生代农民工有 12528 万人，占农民工总量的 46.6%，占 1980 年及以后出生的农村从业劳动力的 65.5%。新生代农民工主要集中在东部地区及大中城市。①

新生代农民工长期生活在城市并逐步适应了现代化的城市生活，对现代化的生活方式予以认同、接纳和模仿。但由于户籍制度的制约，他们在短时间之内又不能完全融入城市甚至是被城市边缘化，致使其文化精神生活较为贫乏。但与在家务农的农民相比，他们有着更为迫切和现实的享受城市闲暇生活方式的要求，渴望提高休闲生活质量。那么，什么叫休闲呢？休闲是指一种追求精神需要和心理慰藉的实践活动。它“不仅标志着

① 国家统计局：《2013 年全国农民工监测调查报告》，http://www.stats.gov.cn/tjsj/zxfb/201405/t20140512_551585.html。

人已经从繁重的体力劳动中解放出来，而且标志着人从满足现实的基本生活需要转向对精神生活的向往”。休闲的“最大特点，是它的人文性、文化性、社会性、创造性，它对提高人的生活质量和生命质量，对人的全面发展有着十分重要的意义”。①

目前尽管新生代农民工的休闲愿望普遍提高，但是他们对休闲生活的满意度比较低，因此形成了其独特的闲暇生活方式。从总体上看，新生代农民工的闲暇生活方式大多表现为消遣型、社交型和闲呆型，学习型的闲暇生活方式虽然有，但是并不多。在现实中，新生代农民工的闲暇生活方式多为消遣型，例如看电视、听音乐，打牌、打麻将，大吃大喝、逛街购物，进娱乐场所打发时光；也有一些社交型的，如打电话、网聊、请熟人或朋友吃饭喝酒；少数是闲呆型的，如睡觉等。

农民工的闲暇生活方式主要受到各种主客观条件的制约，如其综合素质不高、缺乏必要的就业技能和职业技术，使得其收入不高，缺少必要的经济保障；或是其就业单位不重视新生代农民工的精神需求，致使其精神文化生活较为缺乏，导致其精神空虚；或是其就业环境较为恶劣，长期从事简单、重复且枯燥的体力劳动，十分渴望放松；或是其本人没有形成良好的闲暇观念，仅把物质享受当成休闲，等等。在现实生活中，少数新生代农民工颠倒了工作与休闲的地位，除了满足自己的感官快乐之外，常处于无所事事的生活状态。

近几年，党和政府把解决新生代农民工市民化问题提到了重要议事日程，伴随着这一进程的推进，新生代农民工的各项权利逐步得到保障，他们享受与城市市民一样的休闲生活欲望会进一步增强。我们应当对这个城市建设的庞大群体的闲暇生活方式予以高度重视和积极引导。

---

① 马惠娣：《21世纪与休闲经济、休闲产业、休闲文化》，《自然辩证法研究》2001年第1期。

第四章　农民婚姻家庭生活方式现代化

婚姻关系是人类社会中一种较为古老的社会关系，同时也是一种较为重要和复杂的社会关系，它的好坏及其走向会对一个社会的发展产生深远影响。在不同时期，不同民族的人们对婚姻关系的含义、重要性、法律地位等各持己见，但有一个不可否认的共同点就是，它总是通过一定的外在形式表现出来——婚姻家庭生活方式就是其中一种。就婚姻家庭生活方式的重要性而言，它的科学、文明、健康与否，小则关系到一个家庭的和谐稳定及其成员的成长与发展、前途与命运，大则关系到社会风气的改善，社会道德的建设以及和谐社会的构建。

然而，作为社会关系表现形式之一的婚姻关系，不是一成不变的，而是随着社会的变迁而变迁的。一旦相应的社会条件、社会环境发生改变以后，该社会的人们的婚姻家庭生活方式也会随之发生相应的改变。当代中国社会正处于由传统向现代转型的时期，其中，中国农村地区受社会转型的冲击和影响最大。在社会转型时期，包括广大农民在内的人们的婚姻家庭观念和婚姻家庭关系也随之发生了重大变化。这些变化反映了人们的婚姻家庭生活方式由传统向现代的转变趋势。

一　婚姻家庭生活方式的主要特征

当前，人们对婚姻家庭生活方式尚未形成一个统一的概念界定。鉴于此，本研究站在前人研究的基础上，立足于中国的社会现实，将婚姻家庭生活方式的含义概括为：人们在一定的婚姻家庭价值观念的制约、引导下，形成的认识、对待和处理婚姻家庭关系和婚姻家庭生活的方式。作为生活方式的一个重要内容，婚姻家庭生活方式直接反映了人们在婚姻家庭方面的价值取向和道德立场。

婚姻家庭生活方式具有以下主要特征。

一是社会性。社会性是人们婚姻家庭生活方式的最主要特性。因为任何一种婚姻、一个家庭都是社会的产物——即一定社会环境和社会条件下的产物。任何脱离一定社会环境和社会条件的婚姻是不存在的，进而也不存在与之相应的婚姻家庭生活方式。

二是民族性。在现实生活中，每一个民族都有其独特的文化传统。这些文化传统可以对其成员的婚姻家庭观念产生深远的影响。因此，在不同婚姻价值观念的影响下，不同民族的人们对待其婚姻关系和婚姻家庭生活的态度、立场有着很大的区别（个别的还会相反）。因而婚姻家庭生活方式必然会表现出各自的民族差异和民族特色。

三是法律性。这是人们的婚姻家庭生活方式的共同特征。目前世界上包括中国在内的几乎所有国家，会从法律上对公民的婚姻家庭关系的产生、维系和解体予以明确界定。在法律规定的范围内，人们的婚姻家庭关系不仅要合法而且必须守法。因此，反映人们婚姻家庭状况的婚姻家庭生活方式，必须遵从法律的规定。否则，就不会为法律所保护。

四是道德性。人们的婚姻家庭关系不仅是法律的产物，也是一定道德关系的产物，尤其是在传统文化背景深厚的国家，其道德性更为明显。尽管这里的道德性在不同时期、不同民族的表现不一，但从整体上看，人们的婚姻关系和婚姻家庭生活都充满了道德色彩。也就是说，人们的婚姻家庭生活方式都必须符合一定的道德规范。此外，法律一般是最基本的道德规范，在现实生活中，人们的道德关系有时候会在很大程度上和很大范围内要高于法律关系。婚姻家庭关系也是如此。

五是个体性。这里的个体性也可以说成是体现人们婚姻家庭生活方式特色的主要原因——相对于社会上的无数对夫妻组成的婚姻家庭而言，某一对特定夫妻的婚姻家庭生活方式会具有明显的个体性色彩。也就是说，不同夫妻之间的婚姻家庭生活方式会表现得千差万别。

六是相互性。相互性是人们婚姻家庭生活方式的最基本特征，因为世界上的多数婚姻都是男女两个人的结合。在婚姻关系维系的时间内，产生婚姻家庭关系的男女双方会相互影响和相互作用。从这个意义上讲，婚姻家庭关系是人们婚姻家庭价值观念交锋最激烈的地方，也是社会个体成员的婚姻家庭价值观念得以集中表现的地方。因此，夫妻双方对待婚姻家庭的立场与态度，会直接影响其婚姻家庭生活方式。

二　农民婚姻家庭生活方式由传统向现代转变的主要表现

同城市一样，在农村，男女双方一旦依法确立夫妻关系之后，其婚姻家庭关系随之产生，婚姻家庭生活正式开始。在婚姻关系的维系期间，其婚姻家庭生活方式会随着农村社会条件和生活环境的变化而发生相应的变化。就当前现实而言，农民婚姻家庭生活方式由传统向现代转变主要体现在六个方面。

（一）婚姻由不完全自主型向基本自主型转变

在中国，长期以来，男女婚姻或是“父母之命”，或是“媒妁之言”。中华人民共和国成立之后，青年农民择偶主要有两种方式：即父母包办和自由恋爱。改革开放以后，随着农村经济社会的快速发展，特别是随着农民文化水平的逐步提高和城乡之间日益增加的人员流动，农村青年男女在挑选自己结婚对象的时候，父母及其他长辈对子女择偶的干预越来越少，有一些“包办”也不是传统意义上的完全由父母做主，最终还是要取决于子女的意见。如今，父母包办虽然在少数经济文化落后的农村地区时有发生，但在大部分农村地区已消亡。大多数父母对于儿女的婚姻大事基本上是持“不干涉、只建议”的立场。由此可见，在农村地区，人们的婚姻的自主性越来越明显。这必然会对其今后的婚姻关系和家庭生活产生重大的影响，从而也直接或间接地影响到其婚姻家庭生活方式现代化的发展趋向。

（二）婚姻由封闭型向开放型转变

农民婚姻由封闭型向开放型转变，主要表现在不同代际对于婚姻生活方式存在巨大的认识差别。在结婚对象的选择上。过去农村青年的结婚对象，多半是熟人或熟人的子女等，现在这一情况发生了较大改变，农村青年选择结婚的对象范围大大增加，不再局限于熟人之间。在结婚双方居住地的地域范围上。过去多数农村青年的结婚对象，双方家庭的距离很近，其中不少是同村，多半不出乡，很少有出县的，外省的更少——要么两家是邻省而居，如今，双方家庭距离较远的结婚者的人数大增，跨省婚姻越来越多，极个别的还会出现跨国婚姻。在对待结婚的态度上。以往多数农民把结婚当成人生大事，认为结婚是一辈子的事情，要自觉担起养家糊口和照顾其他家庭成员的重任；认为在婚姻期间要忠于对方，发生婚外情、找情人是一件很不道德的事情；对于离婚一事，过去很多农民认为离婚是一件违背常理、很不应该、很不光荣的事情，不轻易离婚，有的抱着“不丢脸面凑合着过”的态度，有的抱着“为了子女凑合着过”的态度等，勉强维系不幸福的婚姻关系。如今很多农民，尤其是中青年农民，婚姻态度日益开放，如认为父辈即使婚姻出了问题，也要厮守一辈子的婚姻形式已经过时，更加注重追求婚姻自由，包括结婚自由、离婚也自由，尤其是在离婚方面，多数中青年农民不再认为夫妻离婚是一件很不光彩的事情，对离婚现象持有包容心态。

（三）家庭代际关系由家长制向包容型转变

农民家庭代际关系由家长制向包容型转变，主要指的是父母在维系夫妻关系期间，其子女在各个方面——如上学、就业、婚姻等方面的自由选择权利日益提高。在子女婚姻上，其结婚的对象、年龄、日期、仪式等，父母一般只提出参考性意见。此外，在子女的就业选择上，包括职业地域等，父母一般也不过多干预。在子女的人际交往、自由爱好等方面，父母也能尊重孩子的选择和意愿。一句话，在事关子女发展和终身大事上，父母对子女的意愿更加包容，与过去相比，简直是天壤之别。

（四）妇女家庭地位由不平等型向平等型转变

农村妇女家庭地位由不平等型向平等型转变，表现在婆媳关系和妇女地位的变化上。

在婆媳关系方面，长期以来，妇女一旦嫁到男方家中，其家庭地位就比较低，在个别地区或民族当中，妇女几乎要完全听从丈夫或婆婆的指挥和安排。这一方面，用一句很生动的话来表述，就是“媳妇熬成婆”。总之，过去多数农村妇女尤其是新婚妇女没有什么家庭地位，特别是在其婆婆眼里地位更加低下。如今，这种现象在农村几乎看不到了。与过去完全相反，新婚妇女的家庭地位非常高，在有些家庭当中，不仅丈夫对其言听计从，就是公婆也对其言听计从。在夫妻双方家庭地位的变化上，过去农村多数新婚妇女的地位屈尊于丈夫之下，现在这一情况已经大大改观，妇女已经成了家庭半边天。在个别家庭当中，妻子的地位远高于丈夫。因而在处理一些家庭大事上，已经不是由丈夫而是由妻子做主。由此可见，农村妇女的家庭地位及其社会地位已经得到了大幅度提高，这对其婚姻家庭生活方式正在逐步产生很多重大影响。

（五）家庭婚育观念由传统型向现代型转变

长期以来，中国人一直认为，“男尊女卑”“养儿防老”，在广大农村地区更是如此，对人们的婚姻家庭生活方式产生了重要影响，“生男孩”和“多生孩子”便成为多数农民家庭的梦想和追求。值得指出的是，在实行计划生育这一基本国策之后，农民的生育观念发生了较大改变，开始讲求生育质量，但仍以“生男孩”为第一要务。随着农村经济社会条件的逐步改善和农民文化水平的提高，多数农民家庭的生育观念发生了重大变化：一是不愿意多生，认为多生孩子是经济负担；二是认为生男生女都一样，不少农民家庭还认为生女孩好。这一变化在社会主义新农村建设中更加明显，主要得益于国家大力推行农村基本医疗合作保险制度和养老保险制度。当前，越来越多的农民家庭大多摒弃了“养儿防老”的观念，趋向多元，更加注重生活质量。

（六）家庭居住方式由几世同堂型向两代同堂型转变

在改革开放之前，多数农民家庭包括家中子女较多的农民家庭，其成员居住在一起生活，三世同堂甚至四世、五世同堂的情形较为多见。但在改革开放之后，农村“分家”的现象日益增多，几代同堂的现象日益减少。到了20世纪90年代，分家的现象更为普遍，一个大家庭常常分成了两至三个甚至更多的小家庭。在这些小家庭当中，除了夫妻两人之外，就是其子女（人数一般为一至两个）。当然，不排除三代同堂的，如只有一个儿子的情况，或者虽有几个儿子但老人和其中的一个儿子住在一起。但总的来说，在农民家庭当中，“两代同堂”的现象是最普遍的（家庭人口一般为三至四个）。

三　农民婚姻家庭生活方式现代化的影响

在现代化进程中，农民婚姻家庭生活方式日益受到诸多外部因素的影响和冲击。由于过去长期受传统文化影响，加上农村交通条件不便和农活束缚造成农民外出次数少、城乡之间的交流互动不多以及农村传媒发展相对滞后而引发信息闭塞等原因，农民对其婚姻家庭的认识和理解较为简单和纯洁。如今，绝大多数农民对婚姻家庭呈现出日益开放的态度，这大大影响了其婚姻家庭生活方式。历史与现实反复证明，任何一种现代化都会产生正负两个方面的影响，农民婚姻家庭生活方式的现代化也是如此。对此，我们应当加以辩证的分析。

（一）正面影响

1. 有助于农村社会的和谐稳定

婚姻是家庭的前提和基础，是家庭得以维系的可靠保障。在长期的家庭生活之中，一旦夫妻之间形成了和谐的婚姻家庭生活方式，彼此的关系会进一步融洽。从这个意义上讲，和谐的婚姻家庭生活方式是夫妻婚姻幸福的有效载体。就大部分农民家庭而言，夫妻关系基本上处于核心地位。夫妻关系的融洽为农民家庭成员之间的和睦相处营造了良好氛围。

家庭是社会的细胞。无数个家庭的和谐幸福，构成了社会和谐稳定的基础。在一个家庭当中，夫妻关系最为重要。和谐的婚姻家庭生活方式是夫妻关系和谐的重要外在表现之一。它对于增进夫妻之间的相互信任与尊重十分重要，有利于夫妻之间的和睦相处，进而增加家庭的温馨和谐，直接或间接地促进农村社会的稳定与和谐。

2. 有利于更好地发挥农村妇女的家庭作用

随着社会的发展，农村妇女在家庭中的作用和地位日益突出。和谐的婚姻家庭生活方式，不仅有利于农村妇女的身心健康，而且有利于维护家庭的和谐幸福。尤其是男女平等的婚姻家庭生活方式，有助于维护农村妇女的自尊心和正当合法权益，更有助于发挥农村妇女在家庭建设中的作用。

3. 有利于农民家庭子女的健康成长

儿童尤其是婴儿时期的子女，其成长环境的好坏在很大程度上关系到其今后的人生走向。大量事实表明，如果农民家庭父母之间的关系不和或紧张，则会在很大程度上给其子女成长的心灵带来阴影，不利于其健全人格的培育。因此，在农民家庭当中，夫妻之间和谐的婚姻家庭生活方式不仅有益于增强双方的趋同性，而且还会增强彼此之间的凝聚力。这就为其子女的健康成长提供了一个安全、温馨的生活环境。

（二）负面影响

人们的婚姻家庭生活方式具有时代性，因而其现代化也表现出该时代的鲜明特征，并且在不同的民族与地区呈现出多样性。为此，相对于其正面影响，本研究所谓的负面影响，主要是针对近些年来中国农民婚姻家庭生活方式中出现的不利于婚姻稳定和家庭和谐的一些不良变化或现象而提出。

1. 婚姻生活中的金钱价值取向日益凸显

自改革开放以来，中国农民家庭的生活水平得到了普遍提高。但由于各种主客观因素的影响，尤其是市场经济的负面影响，农民婚姻家庭生活方式中的金钱价值取向日益凸显。这主要体现在三个方面：一是在农民家庭中，有的夫妻双方都以物质生活水平的高低来衡量家庭生活质量的好坏，比如，许多家庭把收入的大部分用在盖房、装修上。二是在数千年的男权思想的作祟下，不少农村家庭妇女在衡量丈夫的标准上，只是看其挣钱的多少。如果挣钱多的话，就认为其丈夫有本事、有能力；反之则不然。三是在人际交往上，不少农民夫妻以挣钱的多寡作为衡量他人能力的主要标准，进而以此来选择要交往的对象。这就使得其家庭的人际关系具有明显的功利性色彩。

2. “亲下疏上”的现象日益普遍

这里的“亲下疏上”，主要是指在农民家庭中夫妻关系维系期间，丈夫和妻子对自己的子女万般呵护疼爱，对老人的关怀较少，个别甚至还不愿意尽赡养义务。这一点应当引起我们的高度重视。长期以来，广大农民的孝道观念较为浓厚。然而，在社会转型时期，农村的这一现象正在逐步改变。绝大多数年轻夫妇一结婚便另立门户（即与男方的父母分开单过），过起二人世界的小日子。等到有了子女之后，由于忙着小家庭的事务，加之其他种种原因，他们对父母的问候与关怀逐渐减少。例如在农村不少地方，孙辈的吃喝穿住都是家中最好的，其次是父母一辈的，而爷爷奶奶最差。这种现象虽然与老年人比较勤俭节约有关，但在某种程度上也与父母一辈的“亲下疏上”有关。

3. 留守现象较为普遍

伴随着大量的农民外出务工，中国农村地区出现了大量的留守人员，如留守妇女、留守儿童和留守老人。其中人们谈得较多的就是留守妇女问题，因为这对农民的日常婚姻家庭生活的冲击力度较大。对于留守妇女来说，一方面，家庭事务的增多，使其承担的家庭责任与担子也大大增加，如独自照顾老人和孩子、干农活等；另一方面，在其个人情感上，因长期缺乏与丈夫的沟通以至于不可避免地产生孤独感乃至失落感。留守妇女出现身心的双重疲惫，必然会对其日常生活尤其是婚姻家庭生活产生许多负面影响。再就是留守儿童问题——父母长期外出务工，一年甚至几年回家一次，孩子留给老人照看，缺少父母的照顾，不同程度地影响了孩子的身体和心理的成长发育，留在家乡读书的孩子的教育问题，已经渐渐成为学校和家庭都头疼的难题。

4. 未婚同居现象增多

由于各种各样的原因，当前中国农村地区开始出现了未婚同居现象。未婚同居的基本上是青年农民。这种未婚同居行为，一旦脱离正常发展的轨道，容易引发矛盾和纠纷，给当事人双方都会带来伤害。如果没有得到及时、有效的处理，很有可能造成冲突性事件。就农民未婚同居的比例来看，那些进城务工的青年农民发生的概率更大、更高。

5. 婚姻中的不道德现象增多

近些年来，农民婚姻中的不道德现象呈现出日益增多的趋势。这些不道德现象，既容易给婚姻蒙上阴影甚至使其走向解体，又会给其相关的家庭成员带来烦恼乃至痛苦，进而会造成社会的不稳定。其中最普遍的就是婚外情，少数严重的是“包二奶”和“重婚”。当前，被社会广泛关注的是进城打工农民工之间发生的“临时夫妻”现象。这些“临时夫妻”的主要表现是：公开地或者偷偷摸摸地在一起组成“临时家庭”，男女之间相互照应，并借此来填补其和原配偶长期分居所造成的感情生活和夫妻生活的空白。男女一方或者双方如果出现夫妻团聚时，他们所组成的“临时夫妻”就自行解体，去与原来的夫或妻继续生活。事实表明，这种“临时夫妻”现象也容易带来矛盾和纠纷，造成诸多问题，其中“最直接的影响是让夫妻感情不和，造成家庭的不稳和破裂，影响到下一代的教育；严重的甚至会诱发暴力伤害、故意杀人等刑事案件，影响社会和谐”。①

四　推动农民婚姻家庭生活方式现代化的主要因素

在由传统向现代转型的过程中，作为农民生活方式的一个组成部分，婚姻家庭生活方式的现代化也同样是由多种因素推动的。

（一）农民家庭生活水平的普遍提高

在改革开放之前，广大农民为了解决其家庭成员的温饱问题，需要把大部分时间和精力用于农业生产上。这种状况必然会给农民的家庭生活带来诸多影响，进而影响到农民的婚姻家庭生活方式。就多数农民家庭而言，其想得最多的、做得最多的，就是怎样解决家人的吃饭、穿衣问题。在改革开放以后，由于中国农村地区的整体发展条件和农民家庭收入渠道的增多，绝大多数农民的生产生活条件得到了较大改善。随着家庭生活水平的提高，他们

① 丽华：《游走在伦理和法律边缘的农民工“临时夫妻”》，《中国工人》2013 年第 9 期。

的婚姻家庭生活方式也随之发生了重大变化。首先，经济条件的提高使他们无须为其温饱问题日夜操劳。由于物质生活有了保障，农民对精神文化生活的需求也随之而来。其次，农民在努力改善自身物质生活的同时，更加注重对其子女的教育与培养，甚至认为这是农民家庭的头等大事。通过调查，我们了解到，许多农民由于城市打工经历及待遇等方面的原因，充分认识到了文凭、技术等对于职业及未来择业的重要性，他们希望子女能够通过接受更好的教育找到更好的工作，进而改善生活境遇。

（二）婚姻价值观念现代化的影响

一个人的婚姻价值观念，在很大程度上决定着其婚姻家庭生活方式的走向与变化。自改革开放以来，中国农民的婚姻价值观念发生了许多重大变化：一是在婚姻的自主性方面，其独立意识大为增强。如今有越来越多的农民尤其是青年农民，摈弃了其父辈的那种“媒人婚姻”和包办婚姻，自己直接接触异性——例如不少在外打工的青年农民自主恋爱、结婚等。二是在结婚对象的选择上，农民走出了自己生活的狭小天地，跨村、跨县、跨市、跨省，在更广阔的范围内择偶。三是在对待婚姻的态度上，其开放性和包容性越来越大——如不少农民愿意在他人面前谈论自己的婚姻情况，对他人的离婚行为能够理解与宽容，或是对妻子家庭地位的提高持认可态度，等等。四是在婚姻的自我感受方面，农民对婚姻家庭生活中的精神与情感需求增多。这是因为按照人的本性而言，多数人在其基本的物质需求得到满足之后，必然会产生精神上的需求。

（三）城乡之间人员流动的影响

在中国，城市居民的生活方式历来被广大农民所羡慕——其中也包括城市居民的婚姻家庭生活方式。那些从乡村流入城市的农民，对于城市居民的生活方式耳濡目染，起初会感到新鲜，时间长了就会认同。一旦从内心真正认可城市居民的婚姻家庭生活方式之后，他们接着就会仿效。

（四）现代传媒的影响

自改革开放以来，中国农民接触到的信息日益增加，这与农村地区大众传媒事业的发展密切相关。在所有的媒介当中，由于广播、电视最早、最为普及，它对中国农民的日常生活及其思想观念的影响尤为深远，必然会对其婚姻家庭生活方式产生重大影响。此外，近些年来，随着网络技术的迅猛发展，中国农村地区使用互联网的农民日益增多。对于那些经常上网的农民来说，互联网上的各种与婚姻家庭有关的信息必然会对其现实生活产生一定的影响，当然包括对其婚姻家庭生活方式的影响。

五　创造条件积极推进农民婚姻家庭生活方式的现代化

中国农民婚姻家庭生活方式的现代化，与农村社会的发展变迁密切相关，更与国家的发展战略及其方针政策紧密联系。因此，从这个意义上讲，我们应该对此加以足够的重视，积极引导农民实现婚姻家庭生活方式由传统向现代的转变。

（一）大力开展农村文化建设

当前，中国绝大多数农民的生活水平已经开始由温饱型向小康型转变。这将会对中国农村地区的经济社会发展产生深远的影响，进而对广大农民的婚姻家庭生活方式产生巨大影响，“随着农民物质生活水平的提高，带来了精神文化需求的增强，求知、求美、求乐、求健康、求参与成为广大农民的共同要求，呈现出以广播电视为主，报刊、网络传播为补充，日益现代化、多样化的趋势。”① 在这一趋势下，绝大多数农民家庭无须再为家人的日常生计问题发愁，他们想得最多的是怎样在继续增加收入的同时提高生活质量。但总体而言，与城市居民的精神文化生活相比，中国农民的精神文化生活依旧相对单调贫乏——例如农村开展的文化活动不多、参加文化活动的渠道有限、开展文化活动的载体落后，等等。这势必影响农民家庭的总体生活质量的提升，进而影响农民婚姻生活方式现代化水平。为此，各级（特别是农村地区基层的）党委和政府应当借助社会主义核心价值观建设的良好契机，大力开展农村文化建设。

---

① 阳畅宏、刘晓忠：《当前农民精神文化生活需求状况调查》，《学习导报》2006 年第 2 期。

长期以来，在中国农村地区开展的“五好家庭”建设活动，有助于树立、发扬和巩固男女平等、夫妻和睦、勤俭持家、尊老爱幼与邻里团结的家庭美德。就各级政府而言，各地的“文明村镇”建设，也将有助于进一步推动“五好家庭”活动的开展。当前，各级党委和政府应从各地实际情况出发，将社会主义核心价值观建设有机地融入农村的各种文明家庭建设活动之中。

（二）大力开展《婚姻法》的宣传与普及教育

《婚姻法》明确并有效地规范了夫妻双方的权利和义务，是维护婚姻的合法权益的可靠保障，也是保证婚姻家庭生活和谐稳定的重要力量。在农民尤其是青年农民当中大力宣传《婚姻法》，有助于提高其法制意识，使其在享受婚姻权利的同时履行婚姻义务，进一步强化男女平等、婚姻自由意识，进而增强其婚姻家庭道德观念。当前，在农民婚姻家庭中，暴力、重婚、婚外情、不孝敬老人等不良现象有所抬头，因此在加强《婚姻法》的教育与普及的同时，应该依靠《婚姻法》这一有力武器加以规范，以更好地维护婚姻当事人的合法权益。

（三）大力关爱农村留守妇女

目前在中国农村地区有近5000万留守妇女。她们中的大部分人长期承受着身心两个方面的压力：身体上的压力，主要是从事体力劳动，如干农活、照料老人和孩子；心理上的压力，主要是由于长期处于孤独状态而导致的精神空虚乃至苦闷。其中，两者相比，后者更值得重视。这种状况若得不到及时防范和有效疏导，就会使留守妇女产生悲观厌世感，甚至消极看待人生；或者因为孤独而发生感情出轨事件。一旦出现畸形的婚外情，将会导致更加严重的不良后果甚至是悲剧性事件的发生。为此，一方面，要尽力落实好国家的支农、惠农政策，不断增加农民的经济收入，努力避免出现不必要的留守人员；另一方面，要引导和组织留守妇女开展相互帮扶活动，解决各自遇到的矛盾和困难。对于在外务工的农民来说，应当尽可能多地回家探望亲人，若条件不允许，平常也应当多和家人沟通联系。

（四）大力为进城务工农民提供必要帮助

当前，进入城市务工的农民工人数众多，其中新生代农民工已成为农民工的主要力量。对此，我们应该做好两方面的工作。一是切实重视农民工的精神文化需求。应努力使其参与所在企业与城市社区的文化建设，避免其精神文化生活出现“真空现象”。这样做，既可以增强那些已婚农民的精神免疫力，又可以提高其生活质量。二是尽最大努力解决农民工子女在打工地的入学问题。如果这一问题得不到解决，农民工必然会有一方要留在农村照顾子女的学习。三是尽可能地为农民工解决住房问题。农民进城打工，一旦有了自己的住房，就可以把家人接到城里与自己共同生活，进而避免因两地分居而带来多种负面影响。

（五）采取有效措施帮助农民就地、就近就业

对于绝大多数农民来说，就地、就近就业会有很多好处，如减少日常开销、避免两地分居、多与子女交流，尤其是可以减少留守现象，等等。用一句话来形容，就是“务工顾家两不误”。因此，促进农民就地、就近就业，不仅能照顾到家庭生活，而且农村劳动力转移的成本低。为此，当地党委和政府应采取切实有效的政策与措施，如将其列入政府的惠民工程和考核内容；紧密结合当地县域经济发展实际，依托各类开发区、工业园等，引导农民向城镇转移、进入园区企业就业；加大对农民的就业培训力度，等等。

第五章　农民价值观念现代化

自改革开放以来，中国农村发生了全方位的深刻变革，农民的价值观也出现了“去传统”的态势，这一态势在当前中国农村社会的全方位转型中发挥着极其重要的推动作用。但同时由于农民价值观还处于动态变化中，现代价值观并未成型，因而缠结在价值观中的冲突也不可避免地成为农村现代化进程中的障碍，并成为实现村民自治的羁绊。从总体上看，广大农民的价值观以理性的观念模式为主，同时又包含某些非理性的情感渗入和从众定式的观念道义。它具有一定的稳定性。但在扑面而来的城市化浪潮中，随着现代因素不断向农村渗透，农村传统文化急剧裂变肢解，农民对过去积淀很久的行为选择标准表现出了离弃的态势。值得注意的是，随着社会主义和谐社会的构建，农民对自身身份的认同、利益需求等也开始有了新的认知。于是，在农民价值观的观念里多维度突出于单一化，围绕农民价值观念变迁的思考随即开始进入了研究者的视野。

一　现代新价值观破茧而出

中国现代化历史进程的重要特色之一就在于，它的每一次深入，总是将文化层面的问题凸显到十分醒目的位置。自改革开放以来，现代化在中国取得了长足发展，伴随现代化在中国的多维度展开，长期内在于普通民众中的各种文化因素、价值观念和行为方式在融入现代主体特征后出现转型，走向自觉和憬悟。广大的农村地区也不例外。就农民的价值观而言，尽管有如上提到的种种旧价值观的泛起、负面影响以及由此引发的农民的失落，但传统价值观在现代因素的渗入下还是发生了动摇。现代生活在推动农民自身的社会化之同时，也对传统观念进行了强有力地解构，一些新的价值观念在农民群体中破茧而出，它趋同了社会主流价值观，并汇入了社会主义和谐社会的主题之中。

（一）生活观念趋于求新

随着城乡一体化的推进，农村与城市的关系变得相对密切，农民在不断参与商品生产和投身市场经济的实践中，其商品经济意识得到了强化。在收入方面，由过去单纯的农业收入转变为农业收入与非农收入两种渠道的结合。“劳动力的商品化无形之中会给他们某种潜在的暗示，促使他们对传统的个体意识产生怀疑，即个人不再仅仅是一个自给自足的个体。”① 在意识转变的基础上，农民的生活方式也开始趋于求新，萌发了投资意识、理财意识及现代消费观念。尽管农民的投资意念在很大程度上还存在被动的痕迹，理财方式也较为单一，消费行为上也存在为了迎合城市而出现的举债消费的个案。但总体上讲，农民已经出现了“去传统化”的态势，不再为吃穿精打细算，而是试图通过改变收入方式来改变生活方式。

（二）个体性价值导向凸显

随着市场经济体制向农村的发展，人民公社体制下的价值观开始发生动摇，加上现代价值评价标准的转变，使得农民的个体性价值逐渐萌发出来。农民开始关注个体在农村社会中的作用，关注其他农民对自己的看法及评价。尤其是那些拥有进城务工经历的农民，他们的生活观念和行为经过城市生活的洗礼后得到了部分重塑，特别在乎自己返乡时能否引起同村人的重视？能否在村民的街头闲谈中成为成功的榜样？能否体现出个体的效能感？为此，他们的观念和行为带有了一种礼仪性色彩，从而体现个人的形象与区别，进而体现自我人格及个体性价值。

---

① 蔡志海：《流动民工现代性的探讨》，《华中师范大学学报（人文社会科学版）》2004 年第 5 期。

（三）继续社会化诉求增强

随着城乡二元结构的弱化，农村与城市对接的步骤加快，农民在价值观念与行为选择上开始关注自身的继续社会化。比如，现代农民在对婚姻的认知、择偶的标准、生育观念及后代教育的问题上都发生了很大的变化，这种变化是基于农民在突破传统价值观束缚后试图与现代价值观接轨的一种强烈诉求。此外，随着农民对城市生活的熟悉，他们的求知欲望、择业导向、维权意识、民主观念都在增强。这些观念的塑造，一方面，解构了农村的传统权力结构，推动了农村基层民主建设的进程。另一方面，折射出了农民对自身能否继续社会化进而拥有现代价值理念的高度重视。

二　旧价值观沉渣泛起

长期以来，中国农村秉承的是传统的农本经济，生产经营模式单一，农民视野狭窄。农民判断是非的标准是世代相沿袭下来的为广大农民普遍认同的文化观念，大量看似荒谬的法理伦常通过一些隆重的仪式而被坦率地合法化——宗族关系、祠堂礼仪、男尊女卑等。这些因素的持久影响促成了农民特有的观念定式，对农民的价值取向发挥了无所不在的网状作用。中华人民共和国成立后，在计划经济体制的长期作用下，形成了牢固的城乡二元结构模式。随后，在人民公社框架下，农民被一种统一的文化价值和精神信念所支配。当现代化的气息辐射到农村时，这些传统因子和政治氛围的固化效应便在现代化理念中找不到相应的语境而成了一种极强的内在阻滞力。换句话说，传统社会及政治气氛下曾经发挥过能量的盘根错节的价值观念在今天显得尴尬而局促，表现为动力与阻力的双重效应。自改革开放以来，随着传统文化的下沉及政治环境的宽松，农村内在文化开始出现裂变，农民在价值取向上随即涌现出了一些新的动向，开始怀疑过去维系很久的行为选择标准。但由于文化传统与政治功能的完整性还没有遭到全面改变，在文化惯性的作用下，旧的价值观念并未完全失去存在的根基，也未完全在农村消退。因而，与农民新价值观涌动同步的是旧价值观念中的一些劣根性问题在新旧观念夹缝中沉渣泛起，有的又以不健康的方式表现出来。

（一）道德失范

随着社会的急剧变革，过去依靠传统礼仪人伦而凝结起来的农村价值取向中的忠厚老实、为人诚恳等行为选择标准，开始从价值观念的核心位置向边缘滑落。在现实利益驱使下，诚信缺失、坑蒙欺骗之徒不在少数；在传销等理念蛊惑下，欺诈同乡、同族农民，甚至导致人命损失的事件也屡见不鲜。农民的功利意识在市场经济体制建构的过程中逐渐膨胀，而道德意识却在逐渐下滑，追求实际利益的价值观把过去社会中居于绝对价值尺度的道德准则推到微不足道的位置后，站在了行为模式的前端。相关的调查及统计数字显示，有过半的农民认为家庭幸福的基本前提是拥有更多的金钱。

（二）守旧意识

尽管受到了大量现代化因素的冲击，但由于传统的法理束缚和城乡二元格局的深刻影响，在当代农村中仍旧延续着自身内在的文化，这种文化拒斥着当前较为普遍的市民文化。在这种文化笼罩下，农民内心深处的价值观和思维定式与现代社会相去甚远。他们由于心理上对农村变革无所适从而表现得冷漠无助。地方基层政府在为改变农民境遇作出努力时，农民内心的守旧、无为在很大程度上成了阻滞政策贯彻的不请自来的消极因素。这种守旧意识与部分农民的道德失范成为当前农民价值取向中的两个极端表现，也是构建社会主义和谐社会中最为复杂的农民价值观念。

（三）宗族陋习

大量调研资料显示，在今天的广大农村地区，浓厚的宗族文化气息并没有完全消退，宗族关系的维系作用依然很强。受“延续香火”“重男轻女”、社会性别意识等思想的影响，农村妇女的社会责任意识十分堪忧。在早期改革中，农民呈现出的创新精神随着社会主义市场经济体制的建构在个别地区有些改变，极个别农民变得懒散而无为。红白喜事中的大量陋习在今天的个别村庄以更夸张的形式卷土重来，大摆排场、恶性攀比、低俗陋习的事情在部分地区死灰复燃。

（四）精神困惑

自改革开放以来，随着农村经济的发展和现代经营模式的大力推广，农民的经济收入和基本生活都有了前所未有的改善，农民在休闲娱乐方面的多元化需求也开始急剧增长。但在具体选择方面却很单调，个别农民的精神满足陷入困局。在个别农村地区赌博成为经常性行为，青年农民沉迷于网络游戏的现象也不在少数。

农村内在文化裂变中出现的消极价值观与社会主义主流价值观相悖，也与构建社会主义和谐社会的时代主题相抵触。作为农民社会生活的重要组成部分，农民价值观的变迁是农民生活方式变迁的一个重要领域，合理有效地引导农民价值观健康积极向上发展，应该说是建设社会主义新农村的重中之重。

三　农民价值观的多维度态势

农民价值观的变迁是一个复杂的过程，既包括由农民群体价值取向向个体价值取向的转变，也包括由农民自身单一价值选择向多元价值选择的转变，还包括农民价值观与不断更新的现代价值理念的无间断对接。当前农民身上表现出来的旧价值观的泛起与新价值观的涌动表明，现代价值观并未完全取代传统价值观，而这些价值观所外显出来的矛盾也不能简单地用保守与进步的二元对立范式去思考，而是价值结构上的“重叠性”。[①] 换句话说，当代农民的价值观呈现出一种多维度的态势。这就需要我们尽可能地从深层的视角做出合理的解读。

（一）农民价值结构的多维性

价值结构的变迁可以从横向与纵向两个角度来分析：自改革开放以

① 康来云：《改革开放以来中国农民价值观变迁的共性特征》，《郑州大学学报（哲学社会科学版）》2009 年第 9 期。

来，随着社会主义市场经济体制的构建与逐步完善，中国普通民众的价值观发生了很大的变化，离弃传统价值观成为一个主流趋势。但如果深入观察，我们会看到，所谓民众价值观变化的路径其实并未完全通达到农村，好多看起来很容易被认可的行为取向并未被农民完全接受，传统文化对农民的塑型和烙印很深。而从社会的转型来看，“变迁涉及社会的裂变、行为模式的重组以及在价值观、态度和生活方式上的某些改变”。① 就农民价值结构而言，在复杂的境遇中则呈现出了一种多维度态势。横向上的表现主要有：由于改革开放对不同区域的影响力差异很大，使得中国农民的价值观更新也表现为从东到西逐渐弱化的分布状态。东部沿海地区农民的价值观更新与现代化发展的步伐对接得更紧一些，现代意识也更强。因而农民的法治观、民主观、效益观、创新观等都确立得早。中部地区尤其是西部边远山区农民的价值观变革较缓慢，宗族关系、血缘亲仇、礼治秩序等仍在发挥较大的作用。从纵向来看，有研究者把自改革开放以来农民价值观的变迁划分为动摇期、冲突期、市场主导期、迷茫期和更新期五个时期，认为传统农民的生态观、生产观、居住观、消费观、合作观及婚姻观等都发生了强烈的变革。② 但如果就此判断今天农民的价值观，多元已替代一元、现代已替代传统等形态，还为时过早。就农民价值观自身来分析，它的变迁受自发性因素与整体性因素的双重影响，在结构上实际以多维性表现出来。此外，农民价值观的分化在今天农村表现得也非常明显。城乡接轨地区，尤其是那些经济条件好、民主政治建设推进得快的农村，农民的价值观更新较快，反之就要缓慢的多。同时，现代青年农民的价值观与中国社会的主流价值观的趋同性强于传统农民。

（二）农民价值标准的多维性

在市场经济条件下，利益需求的多样化和价值取向的多元化，使得最普通的民众也能通过非常实际的功利性活动来实现自身的主体意识，并进

---

① ［美］史蒂文·瓦格著：《社会变迁》，王晓黎等译，北京大学出版社2007年版，第232页。

② 康来云：《改革开放30年来中国农民价值观变迁的历史轨迹和未来走向》，《学习论坛》2008年第9期。

而完成价值观念的转变——当然也包括农民这个群体在内。这样，农民的价值标准随之呈现出多维性。为了便于描述，接下来，笔者把当代农民作了如下粗线条划分：精英农民、传统农民、新兴富有农民、青年农民、地痞无赖。精英农民在农村中数量不多，因在经验、道德及威望等方面具有高度影响力，所以在农村的红白事方面发挥重大作用，他们传承着农村固有的伦理及习俗。传统农民是对家族观念极度认同的一个群体。他们把家族利益放在第一位，传宗接代、光宗耀祖是这个群体首要的目标和行为选择标准。他们对新生事物相对冷漠，延续着自己固有的生活方式和价值观念。新兴富有农民是改革开放初期最早对传统生活方式进行挑战的群体，他们响应党的号召，抓住了时代的脉搏，具有极强的自主意识。这个群体有创新精神，敢想敢干，现代价值理念在他们身上的体现也很清晰。他们的消费观、居住观等与传统农民有很大差距。但不可回避的是，这个群体中的一些人，因过于注重实用价值而导致价值观出现扭曲，追求享乐、道德滑坡、畸形消费等非理性行为有所升级。新生代农民是当代农村社会中一支文化程度较高、易于被现代价值理念形塑的群体。他们不再像父辈那样守旧、安于现状、依恋土地，也不像父辈那样主要以体力立足城市。在价值取向、道德信仰及行为标准方面，新生代农民以城市为坐标，尝试通过体力和智力在城市中展示自身的存在。尽管在社会地位及经济收入方面他们还没有在城市找到归宿感，但他们对城市的预期及包容持续性增长，所以能够弘扬时代主流，并努力在城市语境中建构合理的人际关系。至于农村中的地痞无赖，他们是极少数道德失范的群体，传统价值观与现代理念对他们都有很深的影响，但是在过滤这些价值观念的过程中，他们的行为取向失去理性，导致内心混乱、精神空虚。

（三）影响农民价值观变迁的多维性

任何一个群体的价值观念都是这个群体对以往长期生活的经验总结，以及他们适应现实的策略选择。因而，影响一个群体价值观变迁的原因，至少体现在主体因素、社会环境以及两者之间的综合性作用上。对农民价值观变迁的解读也离不开此。从农民自身来看，目前其价值观呈现出来的多维度态势，一方面，体现了市场经济体制建构中经济利益取向对他们的影响；另一方面，也说明当代农民对自身生活的内涵有了更深层理解。他们已经不再单纯地满足于吃穿，而是希望参与到社会交往中去体验生活。同时，农民之间的邻里关系也随着人民公社体制的解体变得越来越松弛，过去集体劳作的激情和场景不复存在，平均主义开始淡出。农民基于对贫富理解的不一致而表现出不同的行为取向，由此他们的消费行为和观念也出现分化，模仿性消费和炫耀性消费在农民身上都不少见，铁板一块的传统价值观发生了动摇。从社会环境来看，中国的经济体制改革虽然发端于农村，改革成果也最先在农村中表现出来。但由于农民自身的传统顽固性，在文化变迁上却又明显地滞后于城市。比如，随着农村社会变革的深化和市场价值取向在农村的渗透，乡镇企业成为农业最有效的辅助经营项目，一个新的阶层在农村勃然兴起。他们对土地的依赖性日渐消退、对集体的依附性日渐减弱，并且已经成为农村社会中一个主体意识极强的群体。按理说，他们的价值观应该与现代价值观趋同，但实际上，在这个群体身上由于价值导向的模糊，使得他们在行为选择上出现诸多扭曲。除了用于表示生活品质、社会地位的奢侈消费外，这个群体中也出现了赌博、包养情妇甚至聚众吸毒等突破道德底线的现象。这说明，富有了的农民在市场化进程中对于如何合理支配财富缺乏与社会规范、日常道德相对接的价值自觉。农民在传统价值观失落、新价值观形成中，对新的社会环境的误读使得缠结在他们身上的价值变迁表现得极其复杂。[①]

四　正确引导农民价值观的对策建议

当代社会转型和科学技术的发展以及经济的全球化，激化了当代中国农民各种价值观之间的矛盾。农民所处的自然环境、社会环境、社会地位、物质生活条件以及受教育程度不同，导致农民的价值观越来越呈现出多维性态势。我们要针对农民价值观的不同，提出建设性对策，更好地解决农民价值观问题。

---

① 刘玲：《和谐社会视阈下农民价值观变迁研究》，《生产力研究》2011 年第 4 期。

（一）促进农民价值观结构性更新

当前中国正处于全面深化改革的关键时期，社会正在转型，社会主义市场经济体制的改革与完善使社会各个领域都发生了巨大的变化，其中经济领域和价值领域的变化最为引人瞩目。经济生活上的重大变革严重影响到了人们的价值观念，使价值观念呈现出前所未有的变迁之势，并使新旧价值观之间产生了激烈的冲突，其中农民价值观的冲突较为明显。由于改革开放对各地区的影响不同，农民价值观更新的程度也就随之不同，主要表现为从东到西逐渐弱化的分布状态。西部边远地区由于地理位置和教育环境等客观因素的影响，现代化程度普遍较低，农民的价值观与现代化发展的步伐对接不够紧密，现代意识弱。针对这一情况，我们要采取措施，积极促进西部地区农民价值观的结构性更新。农民价值观教育的途径应该是多样的，社会、历史、典籍、制度、政策、思想等，都是农民价值观教育的载体和手段。我们要采取多渠道的教育下乡方式不断地向西部农民灌输先进的现代化理念，增强农民的现代化意识，更新农民的价值观。要努力提高西部地区农村的经济条件，加快推进西部农村民主政治建设。同时，要积极鼓励现代青年农民带动传统农民，只有这样才能更快实现农民价值观的整体更新。

价值观念的冲突与变化具有非常重要的意义，它正在以大浪淘沙般的气势改变着我们的社会生活，正在以不可阻挡的力量推动着我们的社会发展，正在潜移默化之中营造着我们的价值世界。我们要抓住这一机遇，适时对农民普及价值观教育，引导农民树立正确的价值观，实现农民价值观的结构性更新。

（二）引导农民认同主流价值观

在社会生活中，不同主体对不同文化、思想和价值观念的接受、认同、信仰不同。由于主体的多样性和社会上文化、思想和价值观念的多样化，不同的利益主体必然按照自己的利益而有所取舍，由此呈现出复杂多样的价值标准。价值标准为人们评价事物的是非曲直提供了尺度，凡是符合价值标准的就是正确的，凡是不符合价值标准的就是错误的。社会的价值标准就像一张大网，不仅把所有的社会事物都网在其中，而且把所有的人也都网在其中，然后加以过滤。在社会转型时期，价值观念的种类异常丰富，各种价值观念如雨后春笋般地涌现出来，其中既有传统的价值观念，也有现代的价值观念；既有本土的价值观念，也有外来的价值观念，整个社会的观念领域成了各类价值观念的陈列室。新的社会形势下，社会的各个方面正在发生变化，出现了多种价值取向，为各种价值观念提供了社会基础，处在这个时期的人们总是希望用新的价值标准来衡量世界，于是各种价值观念又获得了一批支持者。这一点在农民身上表现得尤为明显，不同农民所具有的价值标准越来越呈现出多样化。因此，我们要采取有效的措施来改善这一状况，引导农民认同主流价值观。

个体社会化的过程实际上就是接受价值观教育的过程，个体需要通过价值观教育形成自己的价值观并进而自我认同；社会共同体也需要通过价值观教育使其成员将共同体独特的价值观内化，进而通过这种共同的价值观来塑造和凝聚它的成员，使其成员对共同体产生认同。对此，我们要不断引导广大农民树立起与主流价值导向相吻合的价值观。对于传统农民，要引导他们改变旧的家族观念，接受新生事物，从旧的、不合时宜的价值观中跳出来，确立新的价值观标准；对于新兴富有农民，要继续发扬他们的创新精神，同时也要正确引导他们，防止追求享乐、道德滑坡、畸形消费等非理性行为在这个群体当中继续升级；对于新生代农民，要鼓励他们不断弘扬时代的主流，把现代价值理念真正内化于心，外化于行；对于少数地痞无赖，要进行更多的交流、沟通、教育，引导他们走上正路，理性选择价值标准。

（三）加强农民价值观多角度分析

任何国家、民族和社会都要注重对农民价值观的多角度分析。农民价值观的重要性是和国家整体价值观的重要性联系在一起的。解决好农民价值观问题将有利于当前社会主义新农村建设的健康发展。建设社会主义新农村是构建社会主义和谐社会的重要基础，社会和谐离不开广阔农村的和谐，广阔农村的和谐离不开对农民正确价值观的引导。当前，中国农民的价值观总体上是健康的、正确的，但也存在一些不容忽视的问题。推进社会主义新农村建设，加快农村经济社会发展，将有利于更好地维护农民的合法权益，缓解农村的社会矛盾，减少农村不稳定因素，为构建社会主义和谐社会打下坚实的基础。

在市场经济体制建构中，经济利益取向对农民的影响颇深，我们要引导他们树立正确的利益观。由于人们所进行的一切价值追求都与他们的利益有关，在人类社会的发展进程中，一切价值关系的产生都来源于利益关系，所以价值观与利益观总是密不可分的。利益观是形成价值观的基础和前提，价值观形成后又能对利益观产生重大的影响。在社会主义市场经济条件下，人们的利益关系被重新调整，价值取向呈现出多层次、多样化的趋势。社会整体消费水平的提高也使得农民消费观念发生很大的变化，尤其是对于那些突然富裕起来的农民群体，一些不合时宜的消费观念正在慢慢影响着他们的生活，为此，我们要帮助农民树立正确的消费观，做到合理消费，适度消费，防止一些不良社会现象发生在他们身上。

在社会主义初级阶段，由于存在着各种价值观相互激荡的复杂情况，坚持一元化价值导向，使社会所倡导的核心价值观被更多的社会成员所认同，这无论在理论上还是实践上都是一个长期的、复杂的过程。在这种情况下，既不能无视人们价值取向多样化的存在，也不能放弃价值导向一元化的地位。农民价值观冲突是一个复杂的话题，农民正确价值观的树立也是一个长期的过程，因此，我们要重视这一问题，对不同层次的农民价值取向加以引导、教育和逐步优化、提高，不断采取有力的措施来更好地解决这一问题，从而促进社会主义和谐社会的健康发展。

个案研究篇

第六章　浙江省绍兴市农民生活方式现代化调查研究

浙江省地处中国东南沿海，领中国改革步伐之先。由于该省乡镇企业的异军突起，其农村经济在改革开放中踏上了高速通道，发展迅速。经济的飞速发展带来了农民生活方式的急剧变化，与中国多数地区相比，浙江省农民目前的生活方式更趋现代化。而作为浙江省经济发达地区，以及发展民营经济的典范城市——绍兴市，其农村建设可作为改革开放以后中国农村发展的一个典型。开展自改革开放以来这一地区农民生活方式变迁的研究，可以从一个地区窥见中国农民生活方式的状况，对推进农民生活方式由传统向现代的转变，具有积极的借鉴意义。

一　改革开放前后绍兴市农民生活方式的比较分析

本研究按学术界常用的分类方法，将生活方式分为劳动生活、消费生活、婚姻家庭、社会交往、思想观念五个主要分支系统，并进行分析。从2011年12月至2012年1月期间，项目组选取了绍兴市下属的三个县级市中各一个乡镇进行调研，采取入户与当地农民面对面交流的方式，获取相应的第一手资料。三个乡镇分别分布于越城区D镇、诸暨市H镇和新昌县Q乡。越城区D镇的H村有564户农家，诸暨市H镇的T村仅有34户农家，新昌县Q乡的X村有232户农家。

（一）劳动生活方式

1. 劳动职业

在越城区D镇H村，接受调查的5户农家表示，在改革开放前，他们5户农家均以种地为生，家庭的全部收入基本上来自种地。当时根据政府要求，种植频率为一年三熟，主要安排种植一季麦子、两季水稻，或者一季油菜、两季水稻。种植出来的作物全部上交到生产队，由生产队记工分、发钱，同时根据家庭人口数量及劳力等实际情况分配口粮。诸暨市H镇T村的情况也基本如此。在对新昌县Q乡X村的走访中发现，在改革开放前，这里的农民也均以种地为生，家庭的全部收入基本上来自种地。但由于气候和地理环境与越城区D镇、诸暨市H镇有所不同，在新昌县Q乡X村，当时根据政府要求只需一年两熟，主要安排种植水稻、小麦和玉米。一般是一季水稻与小麦，或者一季水稻与玉米。而诸暨市H镇T村，因附近村子里在改革开放之前办有两家集体的服装厂，所以当时村子里男人基本是种地，女人则有不少去厂子里做工。受访的5户人家中有4家都是这种模式。总体看，在改革开放之前，农民主要是在生产队干活种地，获得相应工分，种地获得的工分基本上是家庭收入的全部来源，种地也是农家主要甚至唯一的职业。

如今农民在劳动职业方面发生了较大变化。越城区D镇H村的农民现在已经基本不再种地，虽然每户人家都有一些地，但主要是租给他人耕种。现在村子里只有50岁以上的人还会种些地，而且也就是种点口粮和蔬菜，一方面，满足自己的日常需要，另一方面，适当在马路市场出售一些，补贴家用。年轻人早已无人再种地，有些依靠本村距离绍兴县轻纺城很近的地理位置优势去经商，有些自己开厂，也有读完大学后在机关、企事业单位工作的，还有一些是在工地做工。村里现在大约还有150亩左右的耕地，由村子租给种植大户种植作物。目前看，种植粮食的很少，大约不到50亩；余下基本上都是种植草莓或花木。这些种植草莓或花木的大户每年按1000元左右一亩的价格给村集体缴纳租金。从实地走访的5户人家来看，他们已经完全不种地，两户人家以经商为主；爷爷辈的老人基本上是在家养老，五六十岁的父辈还在经商，子女一辈基本上都是大学毕业，有的跟父母经商，有的在企事业单位工作。还有3户人家，爷爷辈的老人也都安心养老，五六十岁的父辈和子女一辈都在企事业单位工作。从某种意义而言，实际上，他们已经不是真正意义上的农民了。在诸暨市H镇T村，我们也走访了5户农户。这个村规模较小，仅有34户人家。目前村里依然还是有一些人在种地，但主要都是上年纪的老人。这个村比较普遍的情况是，年纪大的人在家种少量的地，收获的粮食或者蔬菜主要供应自家日常生活需求，壮劳力基本在外工作，有的在建筑工地做工，有的在工厂、公司里工作，同时妇女也基本都去厂里做工。全村有4位年轻人考上了大学，大学毕业后均到机关、企事业单位工作，除了祭祖或过年等特殊时期，已不再回村生活。在新昌县Q乡X村的走访中，我们发现，这个村是3个村中种植作物最多的，现有水田380亩、旱地及非耕地500亩、山林面积4800亩（其中毛竹山1800亩）。目前以种植水稻、花木和毛竹为主。种植经济作物仍是当地村民主要职业之一。但3种作物对农民的作用不同。水稻基本只种植自家所需要的口粮份，小麦和玉米则已不再种植，种粮食已经不是农民谋生的手段。种花木和竹笋才是目前当地农民收入的主要来源之一。基本每户人家都种有一定量的毛竹或花木。同时村里有制冷配件五分厂、水电站两家单位，村里有不少人在这两家单位工作。年轻人则到镇上企业工作的较多。

从劳动职业看，在改革开放前，浙北一带的农民基本上以种地为生，很少从事其他职业。在改革开放后，由于浙北乡镇企业发展极为迅速，很多村子或者周围村子有厂子或者公司，大多数年轻人已经不再以种地为生，从事的职业则五花八门，各行业都有。

2. 劳动条件和劳动环境

从种田的角度看，劳动环境没有太大变化，但劳动工具有所改进。在改革开放前，各村种地基本上是依赖人力。目前越城区D镇H村的种植大户基本已经实现机械化耕种、采摘、收割。H村拥有拖拉机4台，收割机1台。农忙时节，则有专门的收割队带着各式收割机来帮助收割，收割费用为90—100元一亩。自己家里种植一点口粮或蔬菜的农家则往往采用免耕法和抛秧法，人力消耗小，同时配以一定的机械。在诸暨市H镇T村，由于地处山地，因此难以使用大型机械，但现在拖拉机、打稻机、插秧机、收割机都比改革开放前应用的明显广泛一些。使用中往往是一户人家拥有拖拉机，周边几户人家在耕田需要时都请机主帮忙，然后按田地的面积支付一定的费用。费用没有确定的标准，往往看两家人关系的亲疏远近，一般是100元左右一亩。村里也没有收割机，一般在需要时由村民自行向隔壁村农户借用或请专门的收割队来收割，并付给报酬，一般一亩地支付100元左右的费用。新昌县Q乡X村，由于种植粮食作物极少，因此打稻机、插秧机、收割机已不再经常使用。但在种植花木和竹笋中需要使用的拖拉机、植保机械、农用车等较为普遍。总体看，目前在耕种收割中，人力得到了较大程度的解放，劳动强度大幅减轻。

从乡镇企业发展的角度看，在改革开放前，村里的工厂一般设备都很简陋，工作环境、工作条件较差。而现在厂房设施更加完备，像空调、冷气机基本每家工厂的厂房均已配备。有些乡镇企业还有专门的休闲娱乐区域，供农民员工在工作之余进行锻炼或休闲之用。同时，也有不少乡镇企业开始重视厂区环境的建设和文化氛围的营造，村民工作的条件和环境比改革开放前有很大改善。

3. 劳动态度

劳动生活方式其实是一定主体的劳动生活方式。主体的劳动态度是劳动生活方式的基本要素之一。积极的劳动态度，能激发劳动者的劳动热情，进而为劳动生活产生良好的效益。根据调查结果，关于农民在劳动态度上的变化要从两个方面来分析。根据这3个村的走访情况看，一方面，在改革开放前，因为没有其他任何经济来源，家里所有的收入都依赖于田地的收成，所以当时农民种地积极性比较高，一心扑在田地里。另一方面，由于当时几乎人人都吃不饱，身体状况一般，体力不足；且无论怎么卖力，彼此之间差距也难以拉开，付出与收获不对等，因此农民虽然也努力种地，但从主体积极性而言，其劳动态度远不及改革开放之后。改革开放之后，由于浙北经济发达，尤其是乡镇企业蓬勃兴起，“先富起来”的群体也较多，相对而言，种地收益不大，很难获得较高的收入，因此仅从种地的劳动积极性看，目前3个村的农民，其劳动热情远远不如改革开放前。种地基本是为了满足家里日常生活的一些需要，而不再是为了卖作物挣钱。但同时，正因为浙北“先富起来”的农民很多，涌现了一批农民企业家、农民老板，示范效应明显，所以浙北农民普遍比较勤快，热爱劳动，敢闯敢拼，对工作很投入、很敬业。走访中发现，村里自己做生意、开企业的人，每天工作时间都很长，甚至连休息日也没有。即便是在厂里、公司里打工的农民员工，也往往很积极，加班加点，都没有什么意见。大家关注更多的不是工作时间的长短，而是工作收入的多少。深受这种理念的影响下，在走访的 3 个村子里，除了五六十岁以上的老人，很少有人只是待在家里、种点地而已。基本都出去找活干，积极工作，努力挣钱。

总的来说，改革开放前后，浙北农民在劳动生活上的变化比较明显，主要体现在以下三点：一是劳动职业，由单一的务农开始向农工商并存、多元化发展；二是劳动条件、劳动环境，开始逐步改善，现代化趋势明显；三是劳动态度，基本保持一种积极努力的状态，但态度的重心从种地向经商、做工转移。

（二）消费生活方式

农民消费生活方式的具体表现形式多种多样，最主要包括物质消费和精神文化消费两大部分。本研究将这两大部分的消费生活方式具体分散到衣、食、住、行及文化休闲五个点上进行考察分析。其中“休闲”考察的是农民闲暇娱乐、体育锻炼、文化学习等各方面的精神消费内容。

1. 衣

在项目组入户走访时发现，在改革开放前，农民在穿衣方面的开销普遍很少。基本是购买布料后做衣服，直接购买衣服更是少之又少。平均每人每年购买或制作不到一套衣服。1978 年时农民在穿衣方面的开销基本在 10 元左右。一家 5—8 口人，一年花在衣服上的开销 30—40 元，家庭人均衣着消费约占全部生活消费的十分之一。比较常见的现象是，年纪大的孩子穿新衣，穿不上了下面的弟弟或妹妹接着穿，因此年纪小的孩子常常没有新衣服穿。同时，那时农民普遍对于衣服的料子讲究不多，更不用说对品牌的要求了。

目前，在项目组走访的农户中，每户农家每人每年购买的衣服平均在 4 套左右；该方面的开销更是大幅增长，平均每人已达 1000 元左右。同时，农民对服装的面料、品牌甚至搭配都开始有所讲究——尤其是年轻一代。农民衣着消费时装化、配套化、高档化日趋明显。在越城区 D 镇 H 村，走访的 5 户人家均表示，除了老年人对服装品牌没有什么要求，中年人和年轻人的衣服基本都是品牌的，几乎已无人去裁缝店制作。而且这 5 户人家，每户均有耐克、阿迪达斯、李宁、安踏、only、真维斯、七匹狼等一系列国际或国内名牌服装。其中条件最好的两户人家甚至购买了像阿玛尼、Dior 等昂贵的高档时装。从诸暨市 H 镇 T 村、新昌县 Q 乡 X 村的走访情况看，各家都购买了一定量的名牌服装，虽然这两个村无人购买奢侈品类服装，但一般的国内名牌已经普及。农民在购买服装时也常常以购买了名牌服装为自豪——尤其是年轻的一代。同时，虽然每人每户在服装上的开销明显增加，但家庭衣着消费所占全部生活消费的比重却略有下降，为 7%—8%。

2. 食

项目组在入户走访时发现，1978 年前后，农民在食品方面的开销每年人均约为 60 元左右。那时农民家庭消费的食物基本为自己地里所种植的作物，极少量是购买的。当时绍兴市各地均有将食物腌、霉、酱、腊加工的传统，所以对食品的消耗量往往不大。在食品消耗中，主食占了一大半，副食消耗则往往只占 40% 左右。农民在平时很少购买零食点心，家里的零食点心多为自产自制——诸如瓜子、花生、核桃、米饼、虾饼、番薯干、小麻花、姜汁糖、扯白糖，等等。

改革开放后，农民在食品上的消耗量逐年增加，目前在食品上面的人均消费达到 3000 元以上。在越城区 D 镇 H 村，据受访的 5 户农家估算，自家目前一年在饮食上的人均消费肯定超过 3500 元，甚至有 1 户可能超出 4000 元；在诸暨市 H 镇 T 村，5 户农家估算，自家目前一年在饮食上的人均消费约为 3000 多元，最多 1 户也已接近 4000 元。在新昌县 Q 乡 X 村，5 户农家估算，自家目前一年在饮食上的人均消费约为 3100 多元，最多 1 户也估计超过 4000 元。同时，主食已不再是家庭食物消费的主体，大约只占全部食物消费的三分之一左右，副食及其他食品的消费则占了三分之二还强。受访的各家在食品的选购上也开始注重口味、营养、品牌等因素。作为改革开放前难得尝到的鸡、鸭、鱼、肉，目前在走访的 3 个村中都已属于农家日常消费的食物。平时，农民购买点心、零食的数量、质量也都大幅提高，改革开放前在农家很少出现的蛋糕面包、冰淇淋之类，现在都已经是农家的日常饮食之物。

3. 住

根据入户走访了解到的情况，在改革开放前，所调研的3个村、15户农家所居住的房子均系上代留下的，几十年没有新建。村里其他农户基本情况均大致如此。村里有不少房子甚至是清朝后期的建筑。因此除了补补刷刷，农民几乎没有什么开支。在走访中，各家农户都表示，1978年前后，他们家庭在居住方面的消费一年人均不会超过10元，全家也就是几十元的开支。

自改革开放之后，农村逐步兴起了建房热。而且所建房屋的结构和质量不断提高。20世纪80年代，3个村所建新房一般均为楼房，且为砖木结构；而到20世纪90年代后基本均为钢筋混凝土楼房。农村建房，少则3层，多则5层。在越城区D镇H村，改革开放后，人均住房面积不断增加，从1978年前后的不足15平方米，到1990年前后的20—25平方米，再到如今的近50平方米。在诸暨市H镇T村，1978年前后人均住房面积约为10余平方米，至今已约为60余平方米。在新昌县Q乡X村，1978年前后人均住房面积也不足15平方米，至今已到近70平方米。与人均住房面积上升、住房结构不断优化紧密联系的是，农民在居住方面的开销也急剧增加。近几年这3个村新建房的家庭已经很少。根据村民们反馈，近年在越城区D镇H村建房，连建造带装修，一家人需负担25—30万元；在诸暨市H镇T村，这个数值约为20万元；在新昌县Q乡X村也约为20万元。而全部建造、装修完毕，开销最大的农家，在越城区D镇H村达到80万元左右；诸暨市H镇T村达到50万元左右；新昌县Q乡X村也达到了40万元左右。

4. 行

在改革开放前，除非特殊情况——如走亲戚、忙公务，农民较少出村，更少出乡镇，上县城更是极为难得的事情。在走访中，各农户都记不清，以前一年花费了多少钱在外出的交通住宿上，有也是极少，每人每年在出行上的开销不会超过15元。因为当时基本上是当天出门、当天回，很少在外住宿；即便住宿也多是投亲靠友，并不投宿旅馆。交通费用也不昂贵。同时，在购置交通工具上的花销也不多。农民出行往往搭生产队的拖拉机或其他一些便车，没有一户人家购有汽车、摩托车等交通工具。根据走访农户回忆，在越城区 D 镇 H 村，1978 年前后全村仅有 2 辆自行车；在诸暨市 H 镇 T 村，当时全村约有 4 辆自行车；在新昌县 Q 乡 X 村，当时全村约有 3 辆自行车。从整体看，当时农民出行基本都依靠步行。当然，由于绍兴市水系发达，湖泊河流众多，当时绍兴市多地村民出行也常常会搭乘便船。

改革开放以后，农民纷纷外出找工作、做生意，出村、出乡、出镇、出县城成为家常便饭，甚至有不少农家会在合适的时候出门旅游。在越城区 D 镇 H 村，走访的 5 户农家全家都曾到过杭州、上海等地旅游，甚至家里的中年人、年轻人都还到过北京、海南、广东等地做生意或旅游；在诸暨市 H 镇 T 村、新昌县 Q 乡 X 村走访了解到的情况也基本如此。为了便于出行，3 个村都有不少村民购置了轿车。越城区 D 镇 H 村有近 15% 的家庭、近 100 户人家购置了私家汽车，最多的一户人家购有 3 辆汽车；诸暨市 H 镇 T 村有 5 户人家购置了私家汽车，约占全村家庭的近六分之一；新昌县 Q 乡 X 村则有 50 多户人家购置了私家汽车，约占全村家庭的五分之一强。村民所购汽车价格差距非常大，多数价格在 6—15 万之间，极少数家庭购置了 20 万以上的中高档汽车。而自行车、电瓶车、摩托车早已成为农家的普通日常交通工具。据粗略统计，现在农民在出行上的消费明显增加。即便不计算购置交通工具的费用，近年越城区 D 镇 H 村在出行上，每年人均开销已超过 1000 元；诸暨市 H 镇 T 村的这项人均开销约为 500 元；新昌县 Q 乡 X 村的人均开销则约为 700 元。

5. 文化、休闲

在改革开放前，绍兴市各地农民的文化生活比较单调。入户调查发现，在这 3 个村庄，农民在 1978 年前后最常见的娱乐活动就是聊天或者走村串巷地追随电影放映队、宣传队，看电影、看戏剧表演等。平时也几乎没有看书、读报之类的习惯。多数农民文化程度较低，无论是从其个人投入而言，还是从其个人兴趣而言，都缺少开展文化学习的动力。村里也没有什么像样的文化活动场所，难以开展一些群众喜闻乐见的文化娱乐活动。大家在娱乐休闲上的开支都极低。据受访者回忆，1978 年前后，越城区 D 镇 H 村的农民每年在娱乐休闲上的人均开支不超过 5 元，诸暨市 H 镇 T 村和新昌县 Q 乡 X 村的每年人均开支更低，都不会超过 3 元。

现在，农民在休闲方面的积极性、选择度、开销额都有大幅增长。在文化学习方面，农民大多数都会购买一定量的书籍和报刊等丰富业余生活，同时也给自己补充知识；体育锻炼、唱戏跳舞、打牌下棋都是农民常见的休闲娱乐活动。在越城区 D 镇 H 村，该村建有一个室外水泥篮球场、一个健身器械园、一个村民活动中心，村里甚至还有一家规模不大的网吧，此外村里还有个小广场，为村民进行休闲活动提供了良好的场所。村里约有近三分之一的人家都订有一种或多种报刊，走访的 5 户农家中还有 4 位年轻人参加了地方电大的学历教育，正在攻读本科专业。平时天气好的话，村里总会有二十来个人在篮球场打球，也有几十个人在广场跳舞或在村子里散步。晚上在活动中心打牌下棋的人也较多。当然，根据了解到的情况，现在越城区 D 镇 H 村每户农家都购置了电视机，多数人家还有电脑并连接了互联网，农民晚上在家看电视、上网的也很多。诸暨市 H 镇 T 村虽然规模较小，但受诸暨市当地热爱篮球的风俗影响，村中有一个水泥篮球场，还有一个村民活动室，村民平时打篮球和打羽毛球的较多，在村民活动室打牌下棋的也很多。村民订购报刊的人数并不多，仅有四五户人家，但每户人家都购置了一定的图书。诸暨市 H 镇 T 村每户人家也购置了电视机，但配备电脑上网的仅有 4 家，平时晚上打牌、搓麻将或者看电视是当地农民最常见的休闲娱乐生活。新昌县 Q 乡 X 村的情况是，有一个村民活动室和一个小广场，没有篮球场、网吧，每户农家都购置了电视机，约有十分之一的人家配置了上网的电脑。村民晚上打牌、搓麻将、看电视的比较多。订购书报杂志的也不多，大约有 20 余户，几乎每户人家都购置有一定量的书籍。

总体看，浙北农民的消费额度，无论是衣、食、住、行还是文化、休闲方面都有大幅增长。同时不可忽视的是，在农民中也存在盲目攀比或“随大流”等不正确的消费观，致使很多农民深感消费负担较重。

（三）婚姻家庭生活方式

在传统社会里，最基本、最重要的社会关系就是基于婚姻和家庭而建立起来的血缘亲属关系。这种关系决定了传统社会的基本社会结构。伴随着改革开放的发展，农民的婚姻家庭生活方式发生了前所未有的变化。这种变化主要体现在婚嫁模式、婚嫁距离、婚嫁习俗礼仪、婚姻解体情况、家庭结构与规模、家庭观念与家庭关系等几个方面。

1. 婚嫁模式与婚嫁距离

在改革开放前，越城区 D 镇 H 村的婚嫁模式以男娶女嫁为主，入赘是极个别的。婚嫁的距离多数在本镇或周围的几个乡镇，在城区或周围县市的只有极少一部分，超出绍兴市则极为罕见。诸暨市 H 镇 T 村的婚嫁模式也以男娶女嫁为主，仅有 1 户入赘的。同时，由于该村经济不发达，男娶相对困难，本村女子嫁到外村的比较多。从婚嫁距离看，基本在诸暨市的范围之内，多数为 H 镇周围的几个乡镇或诸暨市城关镇。新昌县 Q 乡 X 村婚嫁模式同样以男娶女嫁为主，入赘也仅有极个别几户。婚嫁距离也基本在新昌县范围内，多在 Q 乡周围乡镇或新昌城关镇。

改革开放以后，婚嫁模式与过去差别不大，依旧以男娶女嫁为主，入赘也同样极少。但婚嫁距离发生了较大变化。在越城区 D 镇 H 村，2011 年有 10 户农家有婚嫁之喜，其中男青年 4 位，女青年 6 位。4 位男青年均为娶妻，没有入赘的。其妻子仅有 1 位为本村的；其他 3 位男青年的妻子都是外乡镇的（但 1 位的妻子在越城区内，2 位的妻子是越城区以外的——1 位在绍兴市范围内，还有 1 位是杭州市的）。6 位女青年均为出嫁，也没有招婿上门的。这 6 位女青年仅有 1 人嫁给本村的男青年，其他全部嫁于外村乃至外镇（其中 2 位嫁到其他乡镇，但在越城区内；2 位嫁在越城区外，但在绍兴市范围内；还有 1 位嫁到宁波）。在诸暨市 H 镇 T 村，2011 年仅有 3 户农家有婚嫁之喜，其中男青年 1 位，女青年 2 位。全部为男娶女嫁，没有入赘和招婿的。1 位男青年所娶妻子为外乡镇的，但在诸暨市范围内；2 位女青年均嫁到外乡镇（1 位嫁在诸暨市范围内，1 位则嫁到绍兴市城区）。新昌县 Q 乡 X 村 2011 年有 7 户农家有婚嫁之喜，其中男青年 5 位，女青年 2 位。全部为男娶女嫁，没有入赘和招婿的。5

位男青年所娶妻子均在外村，其中1位在本乡镇范围内；3位为本乡镇以外，但在新昌县范围内；1位在绍兴市范围外，而在浙江省范围内。2位女青年也全部嫁在外村，其中嫁到本乡镇的有1位；嫁到本乡镇外，而在新昌县内的有1位。

2. 婚嫁习俗礼仪

走访的3个村庄，在改革开放之前，都不太讲究传统的婚嫁习俗礼仪，主要原因在于经济条件有限。大致只是由男方找人提亲，并送上一定的彩礼。彩礼一般也不是现金，多为日常生活用品——比如热水壶或毛巾脸盆等。如果女方同意，就会收下彩礼，并由双方家长商量，择期为青年男女举行婚礼。男方无须专门建房或购房，女方也不需准备太多嫁妆。男方将自己家收拾、粉刷一下，请人打造几件家具；女方请人缝制几床被子、褥子，打几只箱子，最后由女方亲友送新娘到新郎家即可。婚礼远远算不上隆重，也就是请本村的亲朋好友到家里聚聚，吃一顿饭，送点喜糖。同时，在改革开放之前，还有一定数量的婚姻是由父母包办的。根据走访的情况看，越城区D镇H村，父母包办婚姻在1978年前后极少，前后四五年大约只有1对新人是由父母包办的婚姻；诸暨市H镇T村和新昌县Q乡X村包办婚姻的数量相对多一点，但总体看也极少。1978年前后的四五年间，诸暨市H镇T村大约仅有两对新人婚姻由父母包办，新昌县Q乡X村大约也仅有两三对新人婚姻由父母包办。

改革开放以后，农民收入逐年提高，生活条件也越来越好，在婚姻礼仪方面，农村的风俗讲究开始越来越多，甚至出现奢靡之风。中华人民共和国成立后逐步废除的一些旧习俗开始慢慢复苏，逐渐流行于现代农家青年人的婚礼之中。目前这3个村的婚姻习俗礼仪基本程序差不多，主要由以下几个程序组成：在双方子女自由恋爱、相互自愿的基础上，基本确定稳定的恋爱关系后，男女青年先后到男、女方家里拜见双方家长。第一次见面，家长会煮糖水鸡蛋、分发红包，在双方家长均基本满意的情况下确定结婚意向。接着由男方找媒人或者亲人代媒向女方提亲，双方家长通过媒人或自行商量订婚和结婚的日子、彩礼。在日子定下来以后，男方将定好的大喜之日写在纸上，专门派人送到女方家，称为“送日子”，同时会一起送去彩礼。目前，彩礼多为现金，额度相差极大。越城区D镇H村多数为 10—16 万元，高的达 50 万元之巨；诸暨市 H 镇 T 村和新昌县 Q 乡 X 村多数为 2 万元左右，高的则有 10—20 万元。“送日子”之后，先是订婚。订婚日，男方去女方家接新娘。去接新娘时，男方要送给女方长辈一定的礼物或现金表示尊重。同时中午由女方在家或在酒店摆酒宴请宾朋和男方来迎亲的客人。午餐后，男方接新娘去男方家。晚上男方家将再摆酒宴，宴请宾朋和送新娘来的女方亲友。订婚后，是正式结婚仪式。结婚日仍由男方去女方家接亲，但这时往往需要一支 6—8 辆轿车组成的车队，并请鼓乐队吹吹打打地去女方家接新娘。中午由女方家宴请，午餐后接新娘去男方家。新娘到男方家后要向男方长辈敬茶并赠送礼物，而男方长辈则会在此时回赠新娘红包。晚上仍由男方大摆酒席，宴请双方宾朋。无论男方还是女方，目前基本都会安排在大酒店摆设酒宴，很少像过去那样在农村新人家里宴请宾朋。而来赴宴的宾朋不仅仅会收到喜糖，而且还会得到新人馈赠的小玩具、小礼品或一些生活用品等。婚礼后，新婚男女一般会到外地旅游，欢度蜜月。在访谈中，各户农家均表示，现在一场婚礼办下来，双方家庭各类花费总和几乎没有在 10 万元以下的。很多农家都表示，现在子女结婚已经成为家庭的一大负担。一般来说，现在父母包办婚姻的情况已经绝迹，近几年 3 个村的年轻人结婚都是在双方自愿的基础上而结合成家的。即便有父母介绍、牵线搭桥，但也都是先让双方子女自己谈，谈得差不多了，双方父母才会协商婚事，最终成婚。受访农家表示，强迫子女根据父母意愿结婚的情况近十年都没有了。

3. 婚姻解体

绍兴市是一座千年古城，民众思想比较传统。在与 3 个村的农家交流中得知，1978 年的前后一两年，这 3 个村的近 900 户农家中，只有越城区 D 镇 H 村有 1 例离婚的事件，其他各家均没有离婚的情况。离婚率极低并不是表明这 3 个村的所有夫妻都很恩爱，而是传统观念深深影响着这里的农民，束缚了男女双方及双方家长的思想。一般来讲，夫妻即便感情破裂，也总会因顾及家族的面子而勉强在一起度日。如果夫妻双方真有意离婚，也会遭到双方家长甚至子女的一致反对，最终都不了了之。

改革开放以后，农民接触外界思想的渠道增多，现代思想迅速普及到绍兴市乡村的角角落落。虽然中年人和老年人依然有较深的传统思想观念，但年轻人普遍接受了现代的婚姻理念。由于感情原因或经济原因而离婚的年轻人越来越多，甚至有结婚不足半年就离婚的个案出现。通过访谈了解到，2011 年越城区 D 镇 H 村因感情不和而离婚的夫妻有 3 对，诸暨市 H 镇 T 村有 1 对，新昌县 Q 乡 X 村也有 1 对。现在离婚也不像以前那么引人注目，虽然仍令人感觉不是什么光彩的事情，但农民对此指手画脚、贬低或看不起离婚者的情况少了许多。无论是村民还是夫妻双方亲友，都比过去相对宽容得多。

4. 家庭的结构与规模

根据入户走访了解的情况，1978 年前后，越城区 D 镇 H 村、诸暨市 H 镇 T 村和新昌县 Q 乡 X 村的家庭规模基本一致。几乎没有那种一个大家族聚居在一个大院子里的情况。3 个村的农民家庭多数属于核心家庭或者直系扩大家庭，联合家庭极少。一般来说，在一个家庭中，一对夫妻赡养双方家长和多个子女。子女长大成人后，一旦结婚，除了一个儿子会与父母辈同住，其他都会分家自立门户。一般一个家庭多为 5—8 人组成。

改革开放以后，农民收入普遍提高，农家的住宿条件逐步得到改善。同时受现代城市居住习惯的影响，农村家庭的结构趋向简单，规模进一步缩小。家庭的结构虽仍以核心家庭或直系扩大家庭为主，联合家庭几乎已经不复存在，但其中核心家庭大幅增加。受访的 3 个村有一半以上是核心家庭。老年人也极少与儿孙辈同住，很多老年人的住房与子女的住房距离较近。子女只要成家基本都会分家独住。同时受计划生育政策及现代社会生育观念影响，目前农家生多胎的有所减少，出现了非常多的独生子女家庭，双农独生户也不少见。因此，近年来，各村户均人口从 1978 年前后的近 4 口下降到 3 口左右，家庭规模进一步缩小。

5. 家庭观念与家庭关系

如前文所述，绍兴市民众的传统意识普遍较强。在改革开放之前，绍兴市农民的家庭观念普遍还是传统观念，主要体现在如下几个方面："男主女从""男主外、女主内"的夫妻关系。农村妇女地位相对较低，在家庭中没有太高的经济地位和太多的发言权，多数农村妇女是家庭主妇；"百善孝为先""父为子纲"的父子母女关系。子女对长辈首先要重孝道，对长辈意志以服从为主；"婆婆为尊"的婆媳关系。婆媳之间，大多要求媳妇尊敬公婆、孝顺公婆，尽量迁就公婆。

改革开放以后，农村妇女走出去的多了，参加工作的多了，农村妇女逐步成了“半边天”。在越城区D镇H村，除了老年人在家安心养老的农家，多数农家的妇女都参加一定量的工作，有自己一定的经济收入来源；诸暨市H镇T村，仅有4户农家的妇女以在家操持家务为主，其他均在厂里或公司里打工挣钱；新昌县Q乡X村，有10余户农家的妇女以在家操持家务为主，其他均在外参加工作。不少妇女收入比男性还多。越城区D镇H村就有4位女老板。所以，女性在家庭中的地位越来越高，说话分量也越来越重。在实地访谈中，受访的15户农家均表示，男女的社会地位、家庭地位应是平等的，夫妻的关系应是平等关系。没有一个人认为，女性地位应比男性低。也有不少人认为，在家庭中不必“男主外、女主内”，并赞同“主外应看谁能力更强、谁更合适”的论点。当然，依然有相当一部分农民认为，“抛头露面”总是男性比女性更合适。从家庭事务决策方面来看，多为男女双方商定，这3个村有15户受访农户均表示，自己家庭的事务多由夫妻双方共同协商决定，没有谁说了算的情况。而家务活也不再是妇女一个人的专利，有15户受访农家的家务活基本都由家庭成员共同承担，甚至男方要多承担一些体力活，有时子女或长辈也会根据自身情况，承担一些力所能及的家务活。妇女从繁重的家务劳动中得到一定程度的解放。

另外，受访农户均表示，现在的子女自身的自主意识、民主意识都很强。父母与子女就他们个人发展问题意见不同时，子女自己做决定的越来越多。不仅父母不可能像过去那样指挥、命令子女的一言一行，相反在多数家庭中，子女对家庭事务的发言权、决定权越来越大。父子母女的关系也逐步趋向平等。而由于目前新人结婚后基本都是自立门户与老人分居，因此婆媳之间的矛盾也相对减少。在访谈中我们发现，在改革开放以前，由于家庭经济条件普遍较差，父母子女又常常同住一屋，婆媳矛盾较为普遍、较为激烈。目前婆媳矛盾淡化多了。越城区D镇H村大约只有不到10户农家，婆媳存在较大矛盾；诸暨市H镇T村只有2户人家，婆媳不睦；在新昌县Q乡X村，这个数值也只有10户左右。现在婆媳之间的矛盾多是由经济原因造成的，或者是媳妇不愿自己的小家庭给予公婆太多财物，或者是公婆不愿意帮助媳妇及其娘家太多财物。

（四）社会交往方式

改革开放以前，面对面的交流是农民进行社会交往的基本形式。而与外地亲友的交流则基本依靠写信，极少有农民采用发电报或打电话的方式与外界进行交流。根据实地走访，在1978年前后，越城区D镇H村约有10人左右发过电报，新昌县Q乡X村发过电报的人数不超过5人。至于电话，当时越城区D镇H村整个村仅在村委会有1部电话，且只能在本镇范围内通话，一般用于公务，农民平时并不使用这部电话机；而诸暨市H镇T村、新昌县Q乡X村的情况也都是如此。

改革开放以后，随着电话、手机、互联网的普及，农民的交往方式有了较大改变。目前在受访的3个村中每户人家都配备了电话或者手机，多数人家已经做到手机人手1部。且联通、移动和电信三大网络以及互联网络均已覆盖。虽然现在村民之间仍会在方便时，经常性地进行面对面的交流；但打电话或打手机已经取代面对面交流和写信，进而成为现下最常见的交往方式，而年轻人选择网络聊天更为普遍。

与交往方式相对应，在改革开放前，绍兴市农民之间的交往范围多以本村或本乡镇的人员为主。虽然也会通过信件与外市甚至外省的亲友交往，但无论次数还是深度都和面对面交流不可比拟。而随着科技进步，电子产品越来越普及，在手机、电话成为农家日常用品之后，农民进行交流的地域限制被彻底打破，现在农民与外乡镇、外省市的人进行语音甚或视频交流已非难事，同样也不再是稀罕事了。

（五）思想观念

人的生活是一种有目的、有意识的活动，无论其本身是否自觉，但实际上都受着某种思想观念的支配。人的一切生活行为习惯，都被人的生活思想观念打上深深的烙印。人的生活方式与其思想观念密不可分，互相影响。本研究将从价值观、信仰习俗、民主意识三个方面，管中窥豹式的择点对改革开放前后农民的思想观念变化做一比较、分析。

1. 价值观

这里的价值观主要是指人们对各种社会实践活动（其中主要是生活方式）评价时所持有的观点。在改革开放之前，农民的价值观比较纯朴。基本表现为：安乡重土的乡土依赖情结，重视地缘和血缘关系的乡情、亲情意识，重男轻女、多子多福、传宗接代的生育观念和宗族意识，崇尚经验、墨守成规、排外排异、求稳怕变得保守传统思想，“不患寡而患不均”的平均主义观念，勤俭持家、辛勤劳作的生存意识，安贫乐道、知足常乐的人生态度，尊老敬贤、艰苦朴素、自强不息的优良品格等。

随着改革开放的深入，农民的价值观也开始逐步转变，但由于传统思想的影响，当代农民价值观主要是一种由传统向现代逐步过渡，传统与现代观念并存的状态。具体来看，一是乡土情结淡化。近几年，由乡村搬到镇上或城里的家庭越来越多。2011 年越城区 D 镇 H 村有 10 余户农家迁出，诸暨市 H 镇 T 村有 3 户农家迁出，新昌县 Q 乡 X 村则有 8 户农家迁出。二是乡情亲情意识淡化。在走访中，受访农户普遍反映，现在邻舍之间、乡亲之间的感情越来越淡，连父母与子女的感情也不如过去密切。子女一般一结婚就与父母分家另过，对父母的关心孝顺也不及过去。三是农民过去保守求稳的理念也有所改变。在绍兴市农村，下海投身商界的农民数不胜数。在越城区 D 镇 H 村，有 100 多户农家在做生意，有 10 余户农家自己开有企业，并有较高的收入；全村年收入在 50 万元以上的农家有五六十户，成为“先富起来”的一批人。新昌县 Q 乡 X 村，也有 10 多户农家在做生意，有七八户农家自己开厂。诸暨市 H 镇 T 村，则有 6 户农家在做生意，有 1 户农家自己开厂，总体上收入颇丰。新昌县 Q 乡 X 村，全村年收入在 50 万元以上的家庭有 10 户左右。诸暨市 H 镇 T 村，全村年收入在 50 万元以上的家庭有 2 户。这种敢闯敢拼、勤劳致富的精神在绍兴市农民中已得到了广泛认可。农民价值观中的趋利意识也不断增强。在回答“生活如何才会感觉幸福”的问题时，15 户受访农家，有 7 户认为是“有权有钱”，5 户认为是“健康长寿”，3 户认为是“子女有出息”。但与此相对，绍兴市农民的生育观念、家庭观念整体尚保守。受访的农家中，越城区 D 镇 H 村 5 户中有 3 户希望子女将来能生男孩，只有 2 户无所谓；新昌县 Q 乡 X 村 5 户中有 4 户希望子女将来能生男孩；诸暨市 H 镇 T 村 5

户都倾向于希望子女将来能生男孩。可见“重男轻女”的思想在绍兴市农村尤其是年纪较大的农民群体中还比较严重。同时所有农户都认为子女应该育有后代，不同意子女不生小孩。

2. 信仰习俗

走访了解到，改革开放之前绍兴市农民中真正有信仰的并不多。往往既对共产主义思想了解不深，谈不上信仰；又受当时社会条件限制和思想宣传影响，没有什么其他信仰可言。日常生活习俗中保留有较浓厚的传统气息，对于清明、中秋、春节等传统节日都非常重视，会举行一些传统的仪式。当然，受经济条件限制，大操大办的几乎没有。

改革开放以后，一方面，农民收入提高，另一方面，几千年传统思想的影响根深蒂固，加上老年人没有太重的生活压力，闲暇时间较多，农民中尤其是老年人开始信仰宗教的人逐步增多，以信仰佛教者居多。旧时的一些传统习俗也开始在农家逐渐兴盛。每年年底、清明、冬至，祭祖、“请菩萨”等活动在绍兴市乡村越来越多。上寺庙进香的人也越来越多。目前绍兴市农村但凡有些名气的寺庙香火都非常旺。据了解，3 个村中都有大量的农民在平时到绍兴市区、杭州灵隐寺、普陀山乃至其他省份拜佛进香。很多家庭捐助过寺庙，祭祖、拜菩萨的开销也越来越大。个别老年人，除了日常生活开销，拜佛的开销竟然成为一年中的主要开销。而且，在访谈中发现，家庭经济条件越好的农家在祭祖拜佛上的开销越大。越城区 D 镇 H 村的老板，曾为寺庙捐款累计达近 10 万元；新昌县 Q 乡 X 村为寺庙捐赠累计最大额也达到七八万元；诸暨市 H 镇 T 村最多则达到 5 万元。对于中国传统节日，绍兴市农村对旧时的习惯风俗保持较好、较完整。如清明节前后扫墓、中秋节的团聚与吃月饼、端午节吃粽子，等等。

3. 民主意识

改革开放之前，绍兴市的农民文化水平普遍较低。当时越城区 D 镇 H 村只有 10 多人具有初中以上文化程度，新昌县 Q 乡 X 村只有四五人具有初中以上文化程度，诸暨市 H 镇 T 村则仅有 2 人具有初中以上文化程度。因此，农民的民主意识不强。加上受传统文化影响，农民的思想意识中保守性、依赖性、狭隘性、散漫性较重。在政治方面表现为，一则对政治缺乏兴趣、缺乏关心，重治穷不重治愚，传统的“世袭制”“出身制”思想牢牢占据农民的头脑；二则总是有依赖"父母官"的意识，甘心被管、被束缚，缺乏主动求新求变、敢于质疑的意识与勇气；三则容易满足，只顾及眼前利益，"小富即安、小富即满"，缺乏大局观和长远看法，只关心小家小事，不关心国家大事；四则习惯自顾自，不积极参与集体活动和组织活动。由此对政治的关心与参与度都不高。

改革开放后，随着农民文化水平的提高以及农民和外界接触的频繁与扩大、深入，农民逐渐意识到，"国家大事与小家小事的利益密切相关"等，农民参与政治、表达诉求的意识与勇气大幅提高。受访的 3 个村现已完全普及义务教育，年轻人中没有一人未达到初中文化程度。除了 60 岁以上的老人，文盲率为零。越城区 D 镇 H 村目前有 1 名越城区人大代表和 3 名乡镇人大代表；诸暨市 H 镇 T 村则有 1 名乡镇人大代表；新昌县 Q 乡 X 村有 1 名新昌县人大代表，2 名乡镇人大代表。现在 3 个村全部实现了村务公开制度，每个村都有村务公开窗。3 个村的村民委员会选举全部采取了无记名投票方式，村民参与率均达到 95% 以上，基本实现了村民自治，农民的民主意识与改革开放前不可同日而语。

二　浙江省绍兴市农民生活方式现代化变迁的动力

（一）经济动力

自改革开放以来，绍兴市农村经济飞速发展。到 2010 年绍兴市实现地区生产总值达到 2795.20 亿元[①]；2010 年绍兴市农村居民年人均纯收入已经突飞猛进到 13651 元。[②] 农村经济总收入、村级集体经济总收入、农民人均纯收入均大幅提高，这种良好的经济态势是推动绍兴市农民生活方式转变的根本动力。

改革开放的过程也是农村工业化的过程。长期以来，占人口绝大多数的农民一直被排斥在工业化之外。随着经济的发展，绍兴市的乡村，乡镇

① 鲁孟河主编：《绍兴年鉴（2011）》，方志出版社 2011 年版，第 16 页。

② 绍兴市统计局：《2010 年绍兴市国民经济和社会发展统计公报》，《绍兴日报》2011 年 2 月 22 日。

企业迅速崛起并得以快速发展。可以说依靠市场崛起的乡镇企业，是绍兴市经济的一大特色。1979—1986 年，绍兴地区乡镇企业产值平均每年递增 46.06%，1982 年突破 10 亿元，1984 年达 20 亿元，1985 年为 40 亿元。至 1986 年，全市乡镇企业产值 64.62 亿元，比 1978 年增加 20.71 倍；利润总额 5.11 亿元，增加 1009 倍；固定资产原值 12.25 亿元，增加 11.85 倍。此后，绍兴市委、市人民政府，根据乡镇企业面临的问题和国家实行治理整顿的政策，提出以科技进步为动力、以内部管理为基础、以提高效益为中心的战略转轨方针，使全市乡镇企业在提高素质的基础上，得到持续、稳定、协调发展。1987—1990 年，实现固定资产投资 18.58 亿元，其中技术设备改造占 69%；460 种产品通过省（部）级以上新产品鉴定；8 家企业升为国家二级企业，136 家企业被评为部级、省级和市级先进企业。[①] 进入 21 世纪，绍兴市众多乡镇企业纷纷转型，目前绍兴市很多大中型企业都是从乡镇企业转变而来。乡镇企业的发展对于转移农村劳动力、提高农村经济水平和农民经济收入，包括改变过去农村妇女缺少稳定经济收入、家庭地位较低等现象都有巨大推动作用。

经济的发展，使现代科学技术得以在绍兴市农村逐步普及。无论是农民种地的农机具，还是农村里工厂的生产机器；无论是数量，还是质量都得到了大幅改善。农民日常生活用品的科技化、先进性也在不断提升。由此使得绍兴市农民人均收入得以不断增长、生活条件得到不断改善，农民闲暇时间也大幅增加，其与外界接触的范围、机会都在增大。农民的思想意识也不像过去那样狭隘守旧，竞争意识、法制意识等现代思想日渐增强。

（二）政治动力

自改革开放以来，中国不断深化政治体制改革，推进了民主化进程，表现在农村民主化建设方面的情况有：1987 年 11 月，《中华人民共和国村民委员会组织法（试行）》通过；1988 年 6 月，民政部开始在全国范围内组织乡村选举；1994 年 2 月，民政部发布部门法规，对村民自治示范活

---

① 任桂全主编：《绍兴市志（卷 12）》，浙江人民出版社 1996 年版，第 883 页。

动的任务及具体措施等进行了详细的规定，提出要建立“民主选举、民主决策、民主管理、民主监督”等四项民主制度；1998 年 11 月 4 日，《中华人民共和国村民委员会组织法》经全国人大常委会第九届第四次、第五次常委会会议审议修改通过，并于公布之日起正式实施，等等。总之，中国农村政治民主化经历了从实践到理论，从理论再到法制，进而付诸实践的多层次交替重合演变。绍兴市是市场经济的先发地区，创造了别具一格的“草根经济”，同时也创造了别具特色的“草根民主”。自改革开放以来，绍兴市随着经济的发展以及人们在经济活动中地位的变化，农民的民主意识、权利意识、责任意识、平等意识、参与意识得以进一步增强。从 1999 年起，绍兴市对村委会班子成员连续四届实行“海推、海选”。目前，绍兴市的 2206 个行政村全部实行了村民自治制度。经过十余年的发展，在实践中形成了绍兴市特色的村民自治新经验，在治理模式上已形成了能人治理和依法治理（乡村典章）相结合模式，农村村民自治得到健康发展，村民民主权利得到切实保障。

在村级行政机构中，村领导的文化水平、领导能力普遍提高。班子建设、制度建设不断完善，村级党政班子的整体执政能力不断增强。在走访中，受访的 3 个村的受访农户对村级党政班子的满意度普遍较高。

改革开放以后，推动绍兴市农民生活方式变迁的政治动力主要是民主化进程。政治动力可分为两种，一个是压力、另一个是动力——即由上而下的行政压力以及政治行为主体追求政治利益的内在动力。结合目前农村经济社会发展的现状，政府采用由上而下的行政压力形成的主导力是当前农村建设发展的主要政治动力；而村民自治是现今中国农民主动谋求自身政治利益最有效的、使用最广泛的方法和途径。

社会主义新农村建设需要强大的领导力量和广泛的社会动员能力的支撑，需要政府所拥有的充足的可分配资源和公共政策权威的支撑。政府是社会主义新农村建设的主导者，其主导力是任何其他力量所无法取代的。当前，相较于城市来说，中国农村发展还显得较为滞后。这种滞后不仅表现为经济发展水平低，农民收入少，增收难度大；而且还表现为基础设施严重不足，教科文卫等社会事业各个方面发展滞后，公共服务体系不健全，村容村貌落后，农民素质参差不齐等方面，可以说是一种整体性的滞后。由于历史与体制原因，农村经济与社会发展的基础较为薄弱，进一步发展经济，推动农民生活方式变革，离不开国家的支持。只有在政府的主导和组织下，引导和调动广大农民的积极性，在改善农村基础设施、加强农村公共产品和服务的供给、大力推动农村社会事业发展的基础上，农民生活方式才能一步步随之发生质的变化。

在村民自治制度逐步落实的过程中，村民参政议政的意识逐步提高。随着中国政治生活越来越开明以及现代媒体、现代科技在乡村的普及，越来越多的农民通过电视、报纸杂志以及网络了解到国内外的政治局势和国内外民众对政治的参与和影响力，他们也逐步认识到自身所具有的政治权利，认识到行使自己的政治权利不仅仅是一种形式，还与自己的生活与利益密切相关。他们开始通过多种途径努力为村镇工作献言献计，努力体现自己的主人翁地位。国家颁布的一系列相关法律、法规也为农民行使自己的政治权利提供了保障，同时也促使农民改变过去完全依赖行政方式解决矛盾和纠纷的习惯，通过诉诸法律来维护农民自身权利，农民的法治意识不断增强。

就绍兴市的实际情况而言，由于绍兴市地处中国东部沿海，观念相对比较开化，对村民自治接受速度快、接受程度深。同时绍兴市各级党委和政府对推进基层民主建设特别是农村基层民主建设和村民自治抱有积极、开明的态度。因此，在这里诞生了中国首部“村民自治特别法”——《石磁村典章》，这部典章由当地村民全体公议、公决而产生，具备较强的可操作性。典章实行后，大到选举村干部，小到砍倒一棵树，都要由村民进行民主决策。此外在绍兴市还诞生了其他村民自治的典型——“八郑规程”“夏履程序”“锦坞经验”“联浦要诀”村级电子政务等，通过这些典章、规程、程序、经验、要诀、方式等的诞生，我们可以感受到绍兴市尤为强大的推动农民生活方式发生变迁的政治动力。

（三）文化动力

自改革开放以来，随着农村经济的快速发展，绍兴市农村文化事业也得到了长足发展。绍兴市目前已有 4 个县（市）创建成为全国和省级文化先进县，有国家一级图书馆 4 个，有 31 个乡镇获得“浙江东海文化明珠”

称号、19个乡镇为市首批“文化示范镇乡”，还有113个村建设成为市级文化特色村。绍兴市的各级政府一直重视农村文化建设，先后出台了一系列扶持农村文化建设的政策文件，如《中共绍兴市委绍兴市人民政府关于建设文化强市的实施意见》《绍兴市2005年至2007年公益性文化设施建设规划》《关于加强推进“新农村文化繁荣工程”的实施意见》《诸暨市关于加快推进农村文化阵地建设工程的实施意见》《嵊州市文化建设发展规划（2004—2010）》等。自2001年以来，绍兴市已在文化基础设施建设上累计投入近20亿元，先后建成了一批标志性的文化设施。绍兴市还积极开展文化、科技、体育“三百特色村”创建活动，使之成为推动村落文化建设重要载体。在积极开展“浙江东海明珠工程”创建工作的同时，结合绍兴市实际于2004年起还开展了“绍兴市文化示范镇（乡）”创建工作，在推进乡镇文化设施建设的同时带动了村级文化设施的建设。绍兴市还以“百场演出进广场、千场戏曲进社区、万场电影进农村”的“百千万工程”为载体，推动文化活动深入农村。与此同时，绍兴市深入开展了以民族民间艺术为主要内容的非物质文化遗产保护工程，全面开展了农村文化资源的普查、抢救与保护工作，据了解，绍兴市已普查了3358个项目，在专家论证的基础上，建立了第一批市级保护名录80项，有10个项目列入第一批国家级非物质文化遗产名录。

绍兴市农民的文化水平比改革开放前有了极大的提高。通过走访调研得知，在走访的3个村中，义务教育已经得到普及，全村除去年龄在60岁以上的老人，文盲率几乎为零。从全绍兴市情况来看，各村目前均已普及九年制义务教育，文盲率在中青年中都已经极低。可以说，改革开放以后，绍兴市从政府到民众对文化的重视程度、参与程度都大大提高了。

具体说来，推动绍兴市农民生活方式变化的文化动力应该包括农民的文化素质（智力因素）、农民的文化认同（精神力量）以及农村文化三大要素。这里的文化认同是指对人们之间或个人同群体之间的共同文化的确认。使用相同的文化符号、遵循共同的文化理念、秉承共有的思维模式和行为规范，是文化认同的依据。认同是文化固有的基本功能，认同可理解为确认并赞同，或者是承认并接受。而文化认同是认同的核心。农民生活方式变革最强大的精神动力，是农民对于改革开放这一理念认同的形成，以及以此为基础的正确而坚定的信仰和价值取向的形成。它通过文化的传导作用内化于农民的思想和心理之中，形成一种理想和信念，并作为一种精神支柱和追求，激发农民的劳动热情、协作意识、奉献精神和创造才能。

三　浙江省绍兴市农民生活方式传统与现代之忧

随着经济社会发展，绍兴市农民生活水平日益提高，生活方式逐步趋向现代化。但由于受两千多年传统思想的深刻影响，农民生活方式在传统与现代之间矛盾重重。这些发展中出现的问题和矛盾主要体现在以下四个方面：

一是经济收入增长与消费意识落后的矛盾。早在2008年绍兴市农民人均年纯收入已突破万元，长期排在全国农村居民人均年纯收入的前列。但农民收入的增加却带来了铺张浪费和不健康消费等社会问题。首先是现在农村铺张浪费问题严重，尤其是在婚丧事宜上。根据走访情况，目前绍兴市农村的婚嫁和丧事普遍大操大办。一般农家婚事开销双方多数在20万元以上，而丧事开销同样多数在10万元以上。这样的风气导致了很多家境并不富裕的农户压力很大，多年辛辛苦苦积攒下来的钱，一次红白喜事就全部被花完，有时还远远不够。除了婚丧嫁娶的开销不断增加，农家人情往来的开销也大幅增加。根据实地走访，越城区D镇H村5户农户每年人情往来的开销最少的达到5000元左右，最多1户达到三四万元之巨；诸暨市H镇T村5户农户每年人情往来的开销最少的为2000元左右，最多的也达1万余元；新昌县Q乡X村5户农户每年人情往来的开销最少的为2000元左右，最多的则达2万余元。这样的红白喜事和人情往来开销，带来不小生活压力和人际关系苦恼。住房消费对农民而言也成了一大负担。农村建房越来越豪华。在走访中我们发现，越城区D镇H村在2000年后新建房子的楼层均在三层以上，面积都在100平方米以上。用于建房的支出，越城区D镇H村约为25万元，诸暨市H镇T村、新昌县Q乡X村约为20万元。因为目前农村子女结婚基本都会分家另过，所以娶媳的男方都要建造一幢新房子，这也成为当地农民的一个沉重负担。

二是生活条件改善与亲情乡情缺失的矛盾。走访发现，农家普遍有“钱是多了，感情却淡了”的感受。一方面，现在年轻农民结婚后多数都分家另过，平时年轻农民夫妇都忙于工作，双休日还会有各种交际活动。父母与子女之间面对面的沟通趋向减少。这种难得一见的情况直接导致两代人之间的亲情趋向淡漠。另一方面，随着农村小洋楼逐步取代旧时的独门宅院，农民与邻居之间的交流也日渐减少。走访中我们发现，现在农村居民之间的交往逐步向城市居民交流的特点发展：交往面扩大，交往程度变浅；与不确定或不熟悉人群交往时间比以前增多，与亲友邻居交往时间反而比以前减少。在这种情况下，农民之间也是朋友多，好朋友少；交往人群多，深入交往者少。

三是生活闲暇时间增加与健康兴趣、爱好尚未形成的矛盾。随着生产力的提高和农村经济的发展，农民生产时间得以缩减，而闲暇时间则比改革开放之前大幅增加。虽然闲暇时间多了，但如何合理利用这些闲暇时间却成为很多农民的难题。由于农民整体文化水平还不是很高，对人生目标的追求也不是很高。由此产生一个社会问题，目前农村中赌博现象比改革开放前明显增加。通过走访我们了解到，绍兴市农村在过年过节时，绝大多数农民都会与亲友或邻居“小搞搞”，赌资几百到上千不等；而各村也都有一些长期参与赌博的人，每周都会到某几个固定地点赌博，赌资上万元的也不少见。虽然走访的 3 个村，目前暂无因赌博家破人亡、妻离子散的悲惨案例发生，但在农民心目中，“赌赌钱也不算什么”的意识却很值得警惕。在与农户访谈中发现，3 个村 15 户农户虽然都认为赌博不好，但却几乎都一致认为，当下农村也没什么好的娱乐活动，“小搞搞”也是无奈乃至不错的选择。由此可见，农村赌博之风必然会盛行。除了赌博，现在农民中嫖娼、吸毒的现象也屡见不鲜。诸暨市 H 镇 T 村和新昌县 Q 乡 X 村都有个别男性有过嫖娼的丑闻，暂无吸毒的情况。越城区 D 镇 H 村则曾有 1 人因吸毒而被强制戒毒、劳动教养，同样也有一些嫖娼的丑闻。总体看，目前农民的闲暇时间增多了，但如何科学合理地利用这些时间却没有得到很好的解决。

四是接触信息量大增与抵御不良信息能力不强的矛盾。随着新媒体时代的发展，农民接触的信息量大幅增加。改革开放之前，广大农民连城里的信息都很少及时知晓，但现在，他们可以迅速了解发生在世界各地的大事。需要指出的是，农民对信息优劣、真伪的区分能力还很弱。在走访中，越城区 D 镇 H 村受访农户提到的一件事例很有代表性。2011 年 3 月 11 日，日本福岛第一核电站 1 号反应堆发生了核泄漏事件。这一事件发生后，当地许多农民多人收到“食盐将受核污染影响，居民应及时抢购食盐”的短信。几乎每户人家都去本村、本镇乃至城区的超市抢购食盐。同时，黄色网站、反动网站等不良网站对农民也存在较大影响。受访农家表示，本村确有一些人，尤其是年轻人存在浏览各种不良网站的现象，个别村民还沉浸其中难以自拔。可见，广大农民还不能很好地辨别信息的真伪与优劣。

第七章　陕西省秦岭山区农民生活方式调查研究

秦岭主要位于陕西省，为东西走向，其南北气候、物产、人种特质、文化习俗都有巨大的差异。这里展现了中国社会尤其是中国农村社会的多样性和复杂性。因此，项目组选择了散落于秦岭山区的村村落落作为考察地点，于2011年1月至2011年6月期间展开调查，力求了解当地农民生活方式的发展变化。

一　秦岭山区农民站在传统生活山巅上“打望”未来

黄玉村也叫“黄峪寺村”，是从“皇峪寺”音转而来的。该村海拔1260米，坐落在秦岭北麓终南山附近的唐代翠微宫遗址上，是四面环山的小村庄。从距离西安市区约30公里的沣峪口进秦岭，逶迤前行约5公里，左侧有一条盘山而上的沙石路，此处叫蒿沟。当地农民又称为大蒿沟。沿着蒿沟盘旋而上，行约6公里便到黄玉村。此村是一个典型的山间台地，从南向北高低错落着三级台地，南曰上营，中曰中营，北曰下营。

如今，包含上营、中营、下营三营的黄玉村，散散落落地居住有70多户农民，全村共290余人。有一家一户孤独地坐落于山崖畔，也有三五农家成群地聚居在稍微平坦的台地间。该村目前长住村庄的人口基本上都是老人和妇孺。我们大约走访了30户人家，发现50岁以上的家庭常住人口占据了走访人口的90%以上，因此村庄显得落寞而静寂。在这个村子，有耕地近500亩，人均耕地可以达到1亩多，大多零散地分布在大大小小的山沟和山间台地上。农作物一年两季，亩产小麦600—800斤，秋收玉米也可以达到700斤左右，基本够一家人吃喝用度。由于是山区，这里所有的田间劳作几乎全部要靠人拉肩扛。全村人均山林20余亩，百年以上的杏树有300多棵，高大的核桃、栗子树以及桃树很多。除了种植粮食和蔬菜之外，还有包括板栗、杏、苹果、柿子以及香菇、木耳等特色山货，加上自家养的猪、鸡等，已经完全可以解决农家自身的日常饮食需求。全村通电，有水源并将自来水连接到每家每户。通往该村的道路是硬土路，宽达5—6米，从十几公里外的210国道起始，顺蒿沟沿山势蜿蜒而上，直通该村，完全可以通行农用车和各种车辆。相比其他山村的羊肠小道来说，从该村到出山的沣峪口，坐车不过半个小时。但是由于道路开辟在山间崖壁上，极易出现塌方情况，遇到下雨天，便不能通行。该村还具备良好的无线通信条件，联通和移动的手机在村子里任何一个地方都可以十分方便地使用，信号良好，通话清晰。当地人与山外沟通联系极为方便。农民闲暇生活单调而寂寞，基本可以用“白天干活，晚上睡觉”来概括。

近年来，该村随着农村经济社会的发展也出现了新的变化。首先，村里的青壮年劳动力几乎全部出外打工，为村民接触外部社会、吸收新鲜知识和信息提供了条件。村民打工多选择在西安或者附近地域，距家较近，他们可以隔三岔五地回家，也有一些打工者早出晚归，天天回家。其次，由于地理条件和人文环境的优越，当地游客和登山“驴友”周末和节假日常造访于此。近年来，留守的村民开始为旅游者提供具有当地特色的饮食、观光、土特产等服务，赚取了相当的收入。最后，当地政府已经出台相关政策，将该村一些不适合人居地区的农村人口迁移到平原地区，并给予相应的补贴和资助。

（一）一位山区老人的生活忧思

70多岁的老辛是2011年我们在黄玉村接触到的第一个受访者。他的家坐落在黄玉村中营最中心的一排农舍西头，斜对面就是原来的小学校（现在已经迁移到山下滦镇）。他家的房子是20世纪生产队饲养牛马的房子，是典型的中国西北地区的一明两暗的人字形大瓦房。为了取暖方便，他家的堂屋与两边的房间在顶部是连通的。一般来说，堂屋是公共活动的地方，而主卧室是户主夫妇居住的地方，次卧室一般是未婚子女的住所。由于他的家庭结构发生了变化，他已经不再是家庭的核心，家庭的主卧室现在由儿子和儿媳妇以及他们的子女居住，另外的次卧室和储藏间被收拾出来，放了6张从旧货市场购置的床，开辟成为家庭旅馆，供过往的客人午休或者夜宿。老人只好在正房旁边另搭建的黑漆漆小屋里安身。

老辛的老伴已经去世，有两个儿子，都已经成家并有了子女。大儿子响应政府号召和安排，已经下山居住了。老辛和小儿子、儿媳妇及孙子、孙女仍然住在山上的老屋里。老辛家里有五亩左右的山地，分散在山坡和沟里，零零碎碎，最大的不过一亩左右，一般种一些小麦和玉米。老辛家里还有30多棵杏树、核桃树以及栗子树，年成好的时候，收获颇丰。过去由于运输问题，这些土特产除了自己享用外，几乎都烂在地里，最多走亲探友时当作礼物来送。小儿子在西安打零工，多的时候每一个月能够挣1000多元，有时可能几个月不挣钱。儿媳妇在家里打理地里的活计以及经营“农家乐”，为每逢周末爬山路来这里的城里人提供具有浓郁乡村风味的面条、炒菜以及酒水等食物，一个月好的话可以挣千把块钱。小夫妻的一儿一女正在上学，女儿上六年级，儿子才上二年级。村里的学校一年前被合并到山下的中心学校，孩子们就要下山，前往距离沣峪口五公里的滦镇学校上学，儿媳妇也要陪伴孩子们在山下租房居住。老辛是一个药农，在号称“秦岭无闲草”的终南山里，采挖中草药是当地人的一项日常劳作。

与老辛的交谈是在他家场院里的一棵百年杏树下进行的，几块石头围成一圈，权当桌椅。他告诉我们，对于山区社会以及生活发展，像他这样的山区老人们甚感困惑和迷茫。

困惑之一。老辛说：他最不能理解的是，偌大的秦岭在人们的你来我往的循环往复中，发生了巨大的变化。年轻的时候，老辛终日在山上采药，一柄药锄，一双草履，他东面最远到过如今河南的伏牛山，西边到过太白山西边的通天河，常常是一出门十天半个月才回来。现在，像他这样的老药农，对那些过去很普通的中草药，比如当归、杜仲、党参、菖蒲、猪苓等，也很难采集到了，而秦岭特有的野生中草药，如桃儿七、凤尾七、手参、太白米、金背杜鹃（俗称金背枇杷）等，更是不易采到，要到很远的深山或者偏僻的沟壑里才能发现。

关于“秦岭无闲草”，经查询后得知，秦岭境内有各类中药材1000多种，素有“天然药谷”之美誉。有关部门对绞股蓝、天麻、党参、猪苓、枣皮等天然药材进行了检测，认为这些药材的有效成分含量居全省之首。久负盛名的天华山秦党以其狮头菊心、肉质甘甜无渣的特有品质，在明清时期就已享誉海内外。而如今诸如天麻、猪苓、茯苓、杜仲、枣皮、秦党、柴胡等中药，由于需求量大增，加之野生药材资源大幅枯萎，已经开始人工栽培，大面积种植。

当老辛说起这些的时候，总是习惯性地痛恨那些人工栽培、大面积种植的山村农民，仿佛他们会将所有野生的中药材全部破坏掉似的。老辛说，现在村子里有几户开始种植中草药，以天麻、茯苓为主，定期有收药的前来采购。但是，由于种植面积不大，一直没有形成产业化规模，只是零星的种一点。说到这些的时候，他总是说：“那些地里种的，怎么会有山里长得好嘛。”

在老辛眼里，自然环境的变化还不止这些。老辛说：虽然这几年国家实施了“退耕还林”的政策并发放了与之配套的财政补贴，山里的农民不再向大山要土地和收成，山越来越绿了，水越来越清了。但是，一些城里人又开始将贪婪的目光投向秦岭大山。最早是村子里的一些人开山采石，将原本绿油油的青山挖的左一块右一块的像癞痢头。后来是越来越多的城里人在村子周围修建别墅和度假山庄。前些年一场暴雨将山沟里的别墅和度假山庄冲了个干净，还死了人。政府开始整顿，采石头的都被阻止了，但是建别墅和度假山庄的越来越多。近年来，村子里的干部多次通知村民，要将近山这块最大的山间台地卖给开发商，建造度假景区和高档社区。老辛想不通的是：“怎么所有的好事情都叫城里人占了”。

让老辛担心的还不只外界的变化，不知道从什么时候开始，村子里的人情世故悄然发生了变化。在现在的村子里，在家的人几乎都是妇孺老弱，家里男人都出山挣钱去了。偶尔在路上见个面也只是匆匆打个招呼，过去悠闲的生活仿佛一夜之间猝然不见了。而且，过去自给自足的生活完全被现代的商品化生活所替代。现在农民也开始念叨起来，什么事情投入小，挣钱多。村子里许多地都是荒着的。即便是荒着，也不会无条件地给别人种。

“那谁还种地啊？不种地吃什么呢？”老辛反反复复地问我们。他告诉我们，像他这样祖祖辈辈都是农民的山里人也开始买粮食吃了。这种情况让他心里十分不安。但是，他说这话的时候也十分矛盾，他觉得，现在不种庄稼了，挣钱却多了。看到村子里其他农民家里经营农家乐开始赚钱，还留在家里照顾两个小孩的儿媳妇也办起了农家乐。每个周末，许多城里人来到这个山村，到了中午，村子里各家各户都坐满了人，等着吃午饭。儿媳妇操持农家乐有些收入，加上老辛卖一些山里产的黄豆、黑豆、野菜、杏子、核桃、板栗等山货收入，一个月下来，家里的纯收入也可以达到1000—2000元。几年下来，老辛家里添置了电冰箱、电视机、煤气灶等耐用消费品以及为客人提供休息的床铺等经营性资产。但是，他还是不踏实，这样的好日子，让他感到村里周围的乡邻都不亲了，不像是一个村子里的人。为了拉客人到自己的家里吃饭，村子里的邻居脸红争吵甚至打架的都有。

困惑之二。老辛说：不知道从什么时候开始，山里人不再围着高山深沟转，纷纷下山去打工，而城里人开始往山里钻。山里的青壮年都进了城，就连老辛的儿子也下了山，家里的几亩地老辛种不过来，就给了别人，这样可以既享受每一年国家的种粮补贴，又可以满足自己的口粮需求。作为农民，这样的情况他觉得划算。而每一天从城里纷至沓来的游客们却让他十分难以理解。这些人可以分为三类：一类是自称锻炼身体的“驴友”——这样的人最多。这些人一般都是从山外的沣峪口、青华山、上王村、白道峪或者子午峪、抱龙峪等不同地方来到村子里，最近也要走两个小时，最远得四个小时。老辛把这些人统称为“吃饱了撑的”。还有一类人让他感到不安——那就是时不时突然光临的赌博者。过去他听说，在冬天农闲的时候，在滦镇的一些偏僻地方，有一些这样的人和事情，但是从来没有见到过。从前年开始，这些人和这样的事情，开始出现，一般是开着轿车或者坐摩托车上来。相比起以上两类人来说，老辛不过是困惑和不安的旁观者而已。但是最后一类人更让他感到害怕，他觉得这些人开始觊觎他自己赖以生存的土地。前些日子，坡下的一家农家将后院的房子租给了一家山外的人家，让老辛觉得，无论从财力还是体力上都根本无法保护自己和自己的“领地”。现今那位承租人也不过是隔三岔五来一趟，住一晚上或者一白天，但是，却拉来许多建筑材料，要改造那几间房子。这让老辛十分害怕。他说：“山下沟里的地方被卖给城里人了，城里人在壕沟口盖起了漂亮的院子和房子，而南边的石峡沟里也有城里人开始盖房子。若是这样的话，要不了多久，山里人的地方就会被城里人占完了，那山里人还怎么过活?”

困惑之三。秦岭山区农村的搬迁，其实是政府主导下的山区农村搬迁避灾工程。而搬迁却成了山区农民的心头大事。其原因极为复杂，从有益的方面说，政府使用财政资金建造宜居村镇，避免因为自然灾害造成人员和财物上的重大损失，是一件好事。但是，由于搬迁政策在落实过程中存在着宣传不到位、工作不落实等问题；加上传统的“故土难离”“在家万般好，出门一时难”等观念的影响，搬迁在秦岭山区农民中也还存在着一些不愿意搬迁、不能够搬迁和不配合搬迁的情况。以黄玉村为例。前几年，村子里开始响应政府的号召，一些村民开始搬到山外的滦镇。在新村里，有规划好的宅基地，却没有可以分配给移民的土地。一些年轻人本来就不愿意种地，可以出外打工。而他们这些老年人的生活就成了问题，打工没有地方接纳他们，养老没有机构帮助他们，想种地又没有土地，包种别人的土地总是有一种“为他人扛长活”的感觉。重要的是，在人地两生的山外，即便是想找人“谝谝闲传”，也是四顾茫然。于是，许多像他一样的老年人又重新回到老村子里，这里最起码是他们熟悉的地方，他们在心理上自认是这里的主人。加上这里有各种各样的果树和山货，只要肯劳作，就可以养活自己。其实，像老辛怀揣这样想法的人主要集中于年龄在50岁以上的农民中间。项目组曾针对这样的问题做过随机调查，大约50岁以上的山区农民，有90%愿意留在自己原来的村子里生活，而其中男性更是几乎所有的人都不愿意下山去生活。当问到为什么不愿意下山的理由时，答案五花八门，有人说：“下山无法生存”“山外不是咱们山里人待的”“老家在山上，下山能够做什么”，还有人说：“出了山死了以后不能够入土为安，要被火葬”等，从中透射出老一代山里人传统的根结观念、土地情节和亲缘心理。老辛眼看着祖祖辈辈居住的黄玉村开始人走地荒了，他不知道自己还能够在这个村子里待多久，也不知道山里的生活还能够有多长，更不知道自己死后还能不能像老伴一样被装殓入棺，入葬到村子后面的公共墓地里。

目前黄玉村所呈现出来的老龄化问题十分明显。这也是中国山区农村老龄化状况的一个缩影。在秦岭山区，七旬左右的老人还需要自我耕作或者劳动来维持自己生活，这种情况比比皆是。我们在西安市长安区北豆角村附近的金仙观附近，走访过一对张姓老夫妻。那是一个极其偶然的相遇，2011 年初春 3 月，寒风凛冽，我们这些年轻人需要戴着防滑冰爪走路，仍依然不时滑倒在山路上，张大爷穿着厚重的棉衣，背负着一袋子超过 50 斤重的粮食，在崎岖的山路上蹒跚而行。一位老人，一袋沉重的粮食，一行深深浅浅残留在一尺多深雪地里的脚印，剪贴成为一幅山区老人顽强而孤单的生活背影。我们与张大爷一起来到他位于山腰的夯土房屋，他的老伴佝偻着身子正在屋子门口劈柴。这是一个只有两位老人的家庭，张大爷已是近 70 岁的老人了，他的老伴也 60 多岁了，他们在这片山地上生活了近半个世纪。三间夯土房屋顶上的小瓦已经风化，又覆盖了一层塑料布遮风避雨。房前屋后的几亩薄田种植一些苞谷或者豆类，几乎成为他们全年的口粮。不足的时候要从相距十里的山下村子里买一些，然后背回自己的小屋。后来我们了解得知，其实张大爷老两口并不是五保户，他们的儿子一家早就下山居住了。因此，他们并不能享受国家对于五保户的有关政策。同时，由于农村低保政策在执行过程中存在一些问题，他们至今也未享受到低保照顾。老两口只有依靠在山里微薄的收入（张大爷采集一些山货。张大娘靠卖“神仙粉”——用山里一种树叶磨浆后，做出的凉粉）来维持生活。

居家养老是中国农村传统的养老方式，一直延续至今但也开始面临困境。首先，这样的养老方式在遭遇经济困难之时，最大的受害者往往就是老人。秦岭山区由于自然条件和社会环境的限制，出现这样的情况较为频繁，程度也较为严重。其次，居家养老是家庭成员之间法定责任的再次分配，常常因此导致家庭成员间养老责任的模糊不清。法律规定，对于老人的赡养义务是在家庭成员之间均等分配，而许多山区农村居家养老责任在家庭成员之间分配不均，常常导致家庭纠纷不断，加上山区农村历来在子女的财产分配和家庭地位上保持传统习俗——比如女儿不可以继承父母的财产，也不可以参与决定家庭财产的分配等，因此，女儿也就不再负担父母的养老责任。最后，近年来山区农村经济社会发展出现了变化，更使得养老方式极其不稳定。由于年轻人外出打工、经商等，他们为自己的生活打拼已经疲惫不堪，根本无暇周到地照顾自己的父母。

居家养老是中华民族的优良传统和美德，也是家庭作为社会基本元素的最重要的功能之一。居家养老不仅可以给予老人物质生活的保障，更重要的是可提供给老人精神层面的抚慰和依靠、感情上的满足和愉悦。因此具有其他养老方式无可比拟的优势，必须继续坚持，不断完善。过去，居家养老所依托的是下一代儿女在完全意义上的血缘纽带连接和道德评价约束。伴随着工业化和城市化的进程，外出打工的大多数青壮年山区农民受城市人生活方式、价值观念的影响，重经济利益、轻血缘关系，维系家庭关系的“孝道”有所淡化。因此，仅仅依靠舆论评价和道德提倡已经无法重建中国农村传统养老观念和文化氛围，需要利用法律和政策的强制力来保护农村居家养老。强调子女赡养老人是中国的法律规定，应利用法律和政策对老年人的合法权利予以保护，并树立依法赡养老人的思想观念和法律意识。当然，在法律和政策强制性的保护过程中，我们依然需要社会舆论和道德约束的柔性机制来解决居家养老的社会性问题。即便子女可以依照法律规定或者政策要求实现对其父母养老过程的基本保证，但仍需要通过感情交流和家庭关怀来实现老年人的心理慰藉和感情满足。此外，在调查中我们可以深刻地体会到，工业化、城市化等现代化发展因素给所有人造成了巨大的社会生存压力和难以弥补的生活幸福感和安全感的缺失。这些因素折射到居家养老过程中，表现出的是儿女难以完全顾及父母生活和感受。这种情况是社会性的。这样的情况在秦岭山区农村具有相当的典型性，因此，政府从公共财政中分离一部分资金，组建一个可以在特殊时期帮助特殊人群——目前是老少边穷的山区农民、今后可能是某一个需要帮助的农民老人——的基金十分必要。

第二次见到老辛，他的生活依旧。只是儿媳妇已经带着两个孩子下山上学去了。老辛孤零零地蹲坐在房前的场院里，看着西下的夕阳，吧嗒吧嗒抽着旱烟，一股股浓重的烟雾升腾到半空，与不时冒出的村子里各家的炊烟一起，飘散开来。

（二）一位青壮年农民家庭的生活状况

2011 年 1 月 16 日，春寒料峭，黄玉村仍被几天前的一场大雪覆盖着，项目组踩着积雪，伴随脚下吱吱哑哑的声音，来到了另一个典型的农民家里。

这个家庭夫妇两人都是山里人。丈夫牛某某是祖祖辈辈都居住在本村的 30 多岁汉子，妻子是秦岭深处的柞水县人，两地相距百余公里，那里的山区更为贫穷。在秦岭山村，由于较为封闭，与外界沟通困难而且渠道单一，传统意义上的山里人最常见的婚姻恋爱方式是通过媒人介绍，多数是某一处的一位女子嫁了另一处的汉子后，再介绍自己家乡的姐妹嫁这个村子里的另外人家。这种情形在黄玉村里并不少见，仅柞水县嫁到该村的女子就有 4 人。

牛家是典型的山区农民，依然种着 6 亩地。夫妻二人结婚 12 年，育有一女一儿，女儿 10 岁，上小学三年级，儿子刚 8 岁，上小学一年级。由于撤校、合校政策已经实施多年，村里原有的小学已经被合并到镇上的小学。为了孩子们能够上学，牛家媳妇在距离村子 20 公里左右的栾镇租了间房子，陪伴孩子们读书。牛家丈夫则在山里的家中操持农务。每逢周末，妻子就带着孩子回到家里，主要是帮助丈夫经营农家乐。其家庭现金收入绝大部分来自餐饮接待和土特产销售。

第一，农田收入。全家 6 亩地，单季收成粮食：6 亩 × 500 斤/亩 = 3000 斤，一年两季，全年为 6000 斤，除去全家每年消耗大约 3000 斤左右，尚有余粮 3000 斤左右。按照市价折合约为 3000 元左右。

第二，农家乐经营收入。此项收入不稳定，但却是成本较低和赚钱最快捷的收入来源。一般来说，平均每周大约接待游客 50 人左右，每人消费为 15—20 元，营业收入为：50 × 20 = 1000 元/周，一年为 20000—30000 元左右（冬天封山 5 个月几乎没有游客）。由于经营成本低（几乎只占到总经营收入的 30% 不到），一年有 10000—20000 元的收入。

第三，山货特产收入。牛家里有 20 多棵杏树、核桃树、板栗树等山货特产树木，每年收入约为 5000 元左右。

第四，打工劳务收入。农闲时节丈夫在附近城镇打零工，年收入可以达到 5000 元左右。

全家年纯收入：23000—33000 元。

牛家最基本的支出和消费情况，也呈现出山区农村最典型的消费特点：一是生产经营性费用。首先是种子化肥农药等费用，每年约需 3000 元左右。其次是农家乐消费类商品占用成本（如娱乐工具、免费提供热水、免费品尝农特产等）约为 1000 元。二是生活必需品消费。包括：吃饭——全家所需的粮食以及各种谷物几乎全为自种，需要购买部分蔬菜、油盐酱醋，大约 800 元/月，年花费约 9000 元。穿衣——每年为孩子和夫妇自己购买两身衣服鞋帽，估计花费在 1000 元左右。住房——房子为结婚时修建，十多年来没有建设费用，修缮费用也比较低廉，约为 600 元/年；山下租房费用为 2400 元/年。交通费用——从山村到镇上的交通费约为 5 元/人，两个孩子买一张票，一周来回一趟，花费 20 元，每年为 1000 元左右；其他交通费和丈夫摩托车加油费用每年为 500 元左右。

全年主要支出 20000—23000 元左右。

这样，牛家每一年扣除日常生活支出后，还可以节余 5000—7000 元左右。这里没有包括诸如孩子教育的贮备、婚丧嫁娶等农村重大事务的人情礼俗支出、重大疾病的储蓄以及遭受重大自然灾害的救灾准备等。可见，即便是一个正值壮年时期的山区农村家庭的收入，并不宽裕，更不要说那些深居深山，家庭成员垂垂老矣的家庭了。

黄玉村的农民一般在冬季到来之际都会选择“猫”在家里。一来要过年了，辛苦了一年的他们希望能够利用传统节日全家欢聚在一起。二来腊月里在外打工不但活不好找，而且吃苦受累。当地的传统是，春节无论如何得赶回家过，这和秦岭南边的山区有些不同。项目组来的时候，牛家全家都在，烧着松树劈柴的炉火正旺，全家一边烤着火，一边看着电视。由于没有有线电视信号，他们主要依靠接收卫星电视信号（在当地俗称“架锅”）。看见我们到来，女主人连忙把我们让到靠近炉子、最暖和的地方，殷勤地问我们想吃什么。而男主人则和自己的父亲站在门外，收拾饭菜准备招待我们。

这种农家乐完全建立在农民家庭生活的基础上。一是接待人数有限。一次最多接待来访者也不超过 20 人，住宿也仅仅只能满足 6 人。二是饭菜原料地道。他们为来访者准备的饭菜，包括鸡、鸭、肉等完全是地道的山里人自养、自种的，无污染、无公害。三是接待标准不统一，一家一个样子。同样一碗面可以是 5 元，也可以是 4 元。同样一份菜可以是 10 元，也可以是 12 元。有些农家，除了饭菜其他都是免费的——比如我们在老辛家，除了吃饭需要付钱以外，可以随意采摘树上的白杏、核桃等山货，只要不带走，能吃多少吃多少，主人绝无怨言。至于多一个菜少一个蛋，农家都不会计较，充分显示了山里人的厚道与淳朴。四是经营情况不稳定，接待人数不固定。由于能够来这里的都是西安市或者临近的市民，很少有外地来访者，所以多数是双休日的休闲来访者，加之近年来山区农民开办农家乐的家庭呈现爆发式增长，因此，经营情况和接待数量极不稳定。在寒冷的冬天，他们对于我们这种踏雪而来的客人极为欢迎，往往是竭尽全力热情招待。

在吃饭时，项目组和牛某某聊起了搬迁问题，希望从他那里了解到山区农民对于离开祖祖辈辈生活的大山的基本看法，也希望知道他们对于外部社会，尤其是飞速发展的城市化的基本态度，更希望详尽地掌握他们对自己以及家庭、子女、老人等未来生活的憧憬和向往。

之所以将黄玉村的搬迁问题提出来，是因为这个村庄的搬迁情况较为例外。在秦岭山区，基于安全和避灾的政府搬迁行为时时都会出现，而基于占据土地或者风景资源的商业化搬迁也会时时发生。靠近西安市等关中平原一带，这种情况就更为严重一些。黄玉村所拥有独特的历史背景和自然风景，是该村被搬迁时的主要考虑因素。一般来说，搬迁所涉及的土地问题是搬迁的核心问题，而对于希望在搬迁中获取最后的土地收益的农民来说，这是作为土地经营者离开土地生产资料时最基本的要求。这里不仅仅包括他们对于土地的物质投入和经营所有权的合理回报，也包括他们对于依附的土地的感情依赖和身份认同。所以，土地征用、房屋搬迁往往会演变成为一个村庄里最为复杂和最难理清头绪的事情。

黄玉村的农民对于谁来征用土地和拆迁房屋并不在意，他们关心的是自己在失去家园的同时，可以获得怎样的经济补偿和如何来安排未来的生活。根据他们对待搬迁的态度，大致可以分为三种人。第一种是像老辛一样的老年人，对于祖祖辈辈生活的村落的自然归属感和老有所依的情感，使他们极力反对搬迁；第二种是像牛某某这样“上有老，下有小”的家庭支柱群体。他们一般年龄在40岁左右，生存负担和生活压力导致他们在搬迁的一次性巨额补偿面前首鼠两端、犹豫不决。按照目前村子里流传的说法，搬迁方一次性补偿失地村民3万元/亩。根据当地村民的土地占有情况，几乎每一位黄玉村籍村民（包括老人和孩子），大约可以一次性获得5万元以上的现金收入，一个家庭还可以享受免费拥有山下一块约一百平方米的土地，作为新住宅的庄基地。按照牛某某家庭的情况，可以获得大约30万元现金，如果在山下盖一所一明两暗、两层的小楼房，基本花费大约20万元，还可以剩余10万元现金。代价是失去了赖以耕种的山上土地和30多棵各种果树。第三种是希望走出大山、过现代化生活的年轻人。他们的生活其实早已脱离了黄玉村这样的山村，从十几岁开始，他们就踏入城市或者附近的乡镇，在城市化生活中摸爬滚打。他们希望尽快搬迁，其目的极其简单和明确，就是需要那一笔可观的现金收入。

在这三种农民群体中，第一种和第三种，他们在家庭和村庄事务中的发言权和影响力较为弱小，因此，第二种农民的态度在很大程度上影响着搬迁决策。而正是他们的犹豫不决，影响了黄玉村这个秦岭山区“风景这边独好”的山间台地村落，整个村庄竟然在10多年以内，没有一家农民盖房，也使得这个翠微山下的村落保持了原有的风貌——这里最早的新建房屋还是十几年的老式建筑。此可谓“失之东隅，收之桑榆”。几乎所有的黄玉村农民都在等待，等待最终决定的那一天。

二　秦岭山区一位传统农民家庭的“昨日今朝”

老薛家位于西安市长安区S村，在这个600多户人家的村子里，姓薛的本家约有十分之一户。薛家也不是村里的望族，家族最荣耀的时候，也仅有一位当了一个小队的队长，也就是现在的村民小组长。不过，这并不妨碍老薛家成为一个农村家庭的典型样本。

（一）秦岭山区传统农民家庭生活的变迁

老薛家是个拥有4代十多口成员的大家庭，其中主要是第二代4个不同的小家庭以及第三代2个小家庭。第一代的老奶奶已经81岁，第四代的重外孙才半岁多。老薛家兄弟4个，父亲多年前已去世，几年前大哥也离世。薛老二在西安市的一所学校工作，有一个女儿已经结婚。其他两个兄弟都生活在村子里，各自分家而过。薛老三在西安市一个景区从事服务工作，育有一儿一女，儿子大学毕业后在南方一家企业工作，女儿在本地打工，儿女都没有成家。薛老四在当地自己做生意，媳妇和两个儿子均出外打工，大儿子是某宾馆的面点师，小儿子可以摆出酒吧里漂亮的果盘。小儿子刚结婚不久，媳妇是来自秦岭大山深处的姑娘。

这是本地一个极为典型的农民家庭。具体到老薛家，家庭生活变迁表现出如下特点：一是家庭收入基本上不再依赖农业生产。目前老薛家已经没有人在村子里专门从事农业生产，这和生活在这个地区的大多数农民基本上相同。他家里绝大部分土地被转包给别人种植。之所以这样做，第一是由于老薛家如今几乎人人在外边有活干，而且都是较为长期和稳固的工作，没有专门从事农业生产的时间和精力；第二是从事农业生产与外出工作或者做生意相比，收入太低，此地亩产小麦仅维持在千余斤，按照现在的粮价，收入也就千元上下；第三是农民思想观念发生了极大变化，他们不满足于温饱的生活状态，追求更快地增加其个人和家庭的收入，以期进一步改善其经济和社会地位。

首先，从收入结构上看，老薛家的所有家庭收入不再依赖农业收入。老奶奶每一个月能领取村里支付的120元养老金。薛老二夫妇是国企工作人员，依靠工资收入；他的女儿女婿以及三个侄子、一个侄女依靠打工收入；薛老三在一个景区打工；薛老四靠每天卖菜赚钱，其媳妇也在家附近打工。从收入水平上看，最低每月收入近千元，最高收入4000元，年收入全在万元以上，远远高于辛辛苦苦耕种土地的收入。从发展趋向上看，随着机械化程度提高，农业耕种劳动强度大为减轻，但是耕种土地不仅效益低，而且几乎没有任何发展机会和可能，只能是年复一年，日复一日地“面朝黄土背朝天”，而出门打工或者个体经营，可以学习技能，发展机会也较多。薛老四的大儿子中学一毕业，就出门打工，到如今已经十多个年头了，不仅从懵懵懂懂的无知少年成为富有社会经验的社会人，而且，还凭借学习到的面点制作技艺走南闯北，先后在新疆维吾尔自治区、西藏自治区、宁夏回族自治区等地五星级酒店工作，薪金越来越高。

其次，随着社会转型和经济发展，家庭婚姻观念发生了巨变。薛老二告诉我们，30 年前他结婚的时候，实实在在经历了较为激烈的思想斗争。他在家排行老二，上面有一个年长 3 岁的哥哥。哥哥一辈子在村子里务农，在他即将结婚的时候，哥哥并没有结婚的意思。他在叙述这段经历的时候，用了一个极为沉重的词——“煎熬”。其中所包含的意思，除了当时他迎娶的对象是西安市城里的姑娘，因此遭到女方家庭较为强烈的反对之外，还包括自己家庭本身出现的极为尴尬的状况。在当时的山区农村，如果一个家庭亲兄弟之间结婚排序出现混乱，往往会受到旁人讥讽，就是俗话讲的“大麦未熟，小麦先熟”。最后，万般无奈，他被迫选择婚礼既不是在村子里举行，也未遵守农村传统的婚礼程序。他在女方娘家将女方家人宴请后，直接将自己媳妇接到了自己单位的一间单人宿舍。然而，这婚姻注定不会被当时村子里的老少爷们所接受，而他的兄弟们也一直将他看作是自己远在城里的兄弟，而不是村里的。可是，2011 年，薛老二的小侄子抢在哥哥之前结婚，同样在城里工作，同样不再和父母在同一屋檐下生活，他却还被认为是村里人，获得了村里人的祝福和尊重，拥有父母为他修建的新宅子。

再次，家庭规模小型化。主要表现为原有的大家庭已经逐渐演化分为一个又一个三口或者四口之家。一方面，国家计划生育政策在广大农村实施。另一方面，伴随着农村经济社会发展，过去因繁重农业生产劳动所需质量和数量上相当多的劳动力需求已经不再存在；此外传宗接代或者养儿防老的传统观念也逐渐开始淡化，供养子女所需费用的大幅增加也使得农民开始重新审视多子多福的传统观念。老薛家的主体目前由四个各自居住、经济独立的小家庭组成，分别是，老母亲、薛老二、薛老三、薛老四。其中，薛老二女儿已经结婚并有了自己的孩子，婆家给购置了房子，三口独自生活；薛老四小儿子已经结婚，并且已经拥有了父母为其出资建设的新房。

最后，经济转型中的契约关系开始出现萌芽但尚未成为主体。在这个依山傍水的村落里，传统的宗族权威、集权统治的时代已经远去了。乡村干部不再拥有绝对的权威；每一个宗族的耄耋老者也不再成为纠纷调解者和重大事务决策者。由经济契约外延出来的各种各样的契约（包括经济的和其他事关切身利益的契约）开始充斥在他们的周围——尽管这样的契约多数还停留在口头约定等状态。老薛家也一样，其所面临的一件大事是老宅子的处置问题。老宅过去是土墙土房，薛老大在世时候与老母亲一起居住。由于他的去世，又没有继承人，其他的三个兄弟对老宅开始各有打算。在外工作的薛老二准备出资将老宅翻盖一下，一来可以改善老母亲的生活条件，更重要的是他打算退休后回来居住。于是他开始和其他两个兄弟商量，中间的过程相当复杂，最后他说服了两个弟弟，条件是老母亲由他来赡养送终。薛老二将房子翻盖成为两层的楼房，一楼是公共区域和母亲的生活空间，二楼完全是他的私人空间，弟弟和侄子们可以在一楼来来往往，非经他同意，是不会上二楼的。这样的默契情况表明，待年迈的母亲去世后，这个院子将完全归他所有。当然，这种约定绝大多数都是口头上的，并不会形成文字或者经过相关人员公证。兄弟之间因此达成一种简单的默契，完成一次家庭活动的约定行为。

总之，这样一个现代秦岭山区中的农村家庭的样本，其中所包含和透露出的信息告诉我们，在社会经济转型的中国，新型农村家庭正在逐步形成。

（二）两代农民不同观念的反复纠结

众所周知，人们会根据自身的观念进行各种活动，什么样的观念决定了什么样的生活方式和行为特点。现代中国农村社会的转型，最为核心的一个问题是价值观念问题。中国农村一直持有传统农耕观念，其风气最浓郁、基础最牢固、影响最广泛，这种基于传统农业和宗法权威基础上的观念，如果没有巨大外力的综合作用，一时一力难以改变；同时，由于传统观念在近30多年经济社会发展过程中被斑驳的各种思潮（包括拜金主义、享乐主义等）冲击得七零八落，思想混乱之下的农民开始无所适从。他们传统的价值选择和行为准则完全被颠覆，又没有建立起新的能够影响他们主体行为的观念体系。“也正因为此，他们的命运与处境也更为尴尬……没有城市户口，没有任何社会保障，城市不是他们的家；而乡村对于他们来说，也是一个遥远的、没有情感的事物，他们在乡村也找不到归属感。”[①] 而且在转变过程中，由于对于新观念的切身感受不同，农民本身在这个问题上的纠结和反复的差异性和复杂性也各不相同，因此，在第二代和第三代山区农民中，观念的转变存在着巨大的差异。

从一般意义上讲，我们将中华人民共和国成立时的农民称之为第一代农民，他们从旧中国过来，经历了土地改革，能够深切体会社会主义制度的优越，生产积极性高涨。他们身上体现了中国传统农民最基本的特质。第二代农民作为第一代农民的子女，他们基本上出生于中华人民共和国成立初期，身上也基本体现了传统农民的特质。这样的特质除了善良忠厚、温良恭俭之外，还有对于社会主导力量和体制的高度认同，他们内心里更容易顺从来自外部的力量，尤其是外部强制力量的指导，而常常忽略自己内心的个人诉求。第三代农民则是伴随着改革开放成长起来，思想观念不断更新——他们融入社会却不依赖社会，他们规避强权但不畏惧强权，他们更注重经济发展和个人空间拓展。

老薛家的三代人可以说是新中国三代农民的一个代表。他父亲是旧社会当地有名的能人，开过粮食作坊，可惜过早去世。母亲是普通的农村妇女，一辈子养儿持家，勤勤恳恳，是中国山区农村妇女的典型代表。薛家四兄弟是典型的第二代农民。而他们的子女身上则体现了第三代农民最基本、最突出的特点。

首先，人生观价值观出现极大的差异。薛老二在 20 岁时走出村子，被招进西安火车站附近的一家羊肉泡馍馆，开始他的城市工作和城市生活。他的脑子里至今依然清晰记得：那时候最大的目的，就是让自己吃饱饭，还能够给家里挣一些活命钱。他告诉我们：当时他在村子里是一个壮劳力，但是，一天累死累活也不过 8 个工分。因为父亲去世早，为了养家糊口，他拼命地寻找能够改善家庭经济境遇的办法，几乎所有村子里需要出外劳作的重体力活他都尝试过。他被村里派出去修造十几公里外的徐家庄水库，一个人拉着几百公斤的架子车上陡坡。还去过山里的石砭峪水库工作，那些建造大坝所需要的石料都是他们一块一块从山里开采并搬运下

① 梁鸿：《中国在梁庄》，江苏人民出版社 2010 年版，第 29 页。

来。那时候，这个水库是西安市附近终南山里最大的水库，也是西安市民主要的饮用水来源。现在想起那时候的生活，他不住地摇头，不知道当时是如何挺过来的。但苦痛中也往往有自豪和快乐。他说：最得意的是修水库，虽然辛苦，但一天有 2 块钱的收入。由于是村里公派的工作，到他的手中也就仅仅有 2 毛钱，其他都被村子里作为集体收入而“没收”了——相应的给予他每天 8 个工分，年底再重新分配收入。但是即便是 2 毛钱也是当时很大一笔收入，他可以好好地犒劳一下自己干瘪的肚皮。他常常花 8 分钱买 4 两油泼面，吃个痛快！

后来，在薛老二 20 岁的时候，他争取到一个机会，获取了那一年全队唯一一个进城当工人的指标。又非常幸运地被招进了那个城里最繁华地段——西安火车站附近的一家大集体饮食餐馆，成为一名厨师。从一个农村壮劳力转变成为城里人，并在城里娶妻生女，完成了这一代农民最为典型的身份转换。而薛老大终身未娶，不事农业，依靠打零工和长短途贩运为生，是典型的流民型农民，赚钱多的时候，花天酒地，而情况不好的时候，经常上顿不接下顿，在他病亡后，没有妻子儿女，也基本上没有财产。薛老三高中毕业，在四兄弟中文化水平最高，在当时的农村算是个知识分子，但却缺少在农村生存所需的强壮劳力和果敢决断力，结婚后育有一儿一女，妻子出走，年过不惑的他只有自己独自在外打工。所住房屋还是结婚时家里给修建的，在该村子里显得较为破旧和没落。不过，薛老四秉承了自己年少时的理想和价值取向，含辛茹苦地将儿子培养成为一名大学生——也是该家族里唯一一名大学本科毕业生，现在南方一家企业工作。而薛老四则是典型的本分村民，初中毕业后参军，退伍后回家务农，以经营土地为本。改革开放以后，头脑灵活的他，依靠走村串户到四乡八村卖菜，现在已经有了自己固定的客户和经营区域，钱不少赚，活不太累，还自由自在。曾经一起当兵的战友请他出去打工，许诺月工资 2000 元，被他拒绝。他和媳妇育有两儿，目前已经为小儿子盖房娶妻。以薛家四兄弟为例的第二代农民，计划经济时代里的体制性烙印十分明显，对于那个年代生活的体会也最为真切。因此，他们人生观的形成与改变都与社会发展同步或者稍显滞后。而他们的后代与他们相比则具备以下特点：一是文化素质较高，对社会的认识有自己相对独立的见解。二是接受经济社会发展中的新事物、新知识、新技能较快，具有适应较快节奏和较激烈变革的基本心理素质和能力。三是接受信息和综合利用信息的能力较强，不再仅仅围绕熟人社会和亲朋好友之间的信任关系，而是更多地利用自身独立能力完成生存发展。四是家庭观念与父辈截然不同，主张小家庭生活和个性化婚姻。

价值观的差异带来了社会融入行为的巨大差异。一位农民的个人发展机会和路径在工业化、市场化和城市化的推动下会呈现出多元化，农民实现个人成功的机会空前扩大，可供选择的路径显著增加，人们不再共同瞄着某一个方向谋求自身发展。因此，包括社会融入的目标和人生成功的标志、财富拥有和使用的标准、人际关系的亲疏、家庭婚姻的和谐、社会影响力的大小以及伦理道德的评价等，在两代农民身上都表现出强烈的自身特点和鲜明的时代特征。此处择四个要点展开讨论。

第一，社会融入的目标和人生成功的标志。对薛家来说，可以分为这样几种情况：薛家四兄弟的共同目标在于通过不同的路径，实现脱离农业生产和农村环境的目标。在四兄弟中，薛老二最为成功，他通过招工顺利成为城里人和公家人，获得了本村和家族范围里最为成功的乡村评价。薛老三试图通过自身的努力学习，完成通过高考来成功融入城市的人生目标，可惜由于当年这条道路竞争极为激烈，使得他折翅而归，黯然回家务农。而薛老四则希望通过当兵实现跳出农门的人生目标，却不幸也只能回到村子里。薛老大的情况是中国农村社会里一种独特的状态，我们姑且称他们为农村社会组织中的灰色势力。这一类型农民几乎存在于秦岭山区的每一个乡村，甚至有时候还能够左右乡村事务的走向，从而影响和扭曲乡村基本价值取向。在秦岭山区的一些乡村，当地人称呼他们为“闲人”（方言：“闲”读作“han”）。由此，我们清晰地看到，第二代农民中的绝大多数人都是需要通过体制融入和组织安排来完成自身的城市化和社会化的过程。这是计划经济体制下的基本社会特点。在那个年代里，我们习惯地称之为“跳农门”。而是否能够完成这样的关键“一跳”，决定了他们一生的轨迹。对于他们来说，人生改变的机会稍纵即逝。而他们的子侄们，却不再有这样的遗憾。他们进入城市的机会相对多得多，可以自由地选择。相比较他们的父辈来说，他们的人生经历可谓丰富精彩。比如薛老二的女儿，大专毕业以后，几乎差一点赶上统一分配的末班车，最终自主选择的结果也使得她的社会阅历成倍增长。她当过小学英语老师和音乐老师，还自己办过英语培训班，干过推销，拉过广告，当过出纳和文员，后来成为一家公司的管理人员。而她的堂弟堂妹也各有千秋。有一位在酒店当厨师，走南闯北，先后去过北京、上海、广州、拉萨、银川等市，与活了 80 多岁仅仅去过西安市的奶奶相比，他见多识广，俨然是成功人士。

第二，财富拥有和使用的标准。“天下熙熙，皆为利来；天下攘攘，皆为利往。”对于财富的渴望和追逐是每一个现代社会人的需要。在山区农村，首先是生存需要。在此问题上，两代农民的高度认同决定了他们在追逐财富的过程中充满了激情。同时，由于在如何最大化取得财富的过程中的思维分歧，也使得他们在处理社会、家庭、财富等问题的取舍时更为复杂和纠结。我们看到，第二代农民一般采取就近打工赚钱的方式来赢取财富。这种方式不仅仅是因为实际上的便利——比如距离家比较近，省去租房等费用，更为重要的是心理层面——他们觉得在家门口可以更有底气，更踏实，遇事有熟人照料帮忙。第三代农民往往喜欢追逐经济发达地域或者财富集中行业。他们不怕路途遥远，不怕人地两生，大多依仗自己的勇气或者强健的身体和技能闯荡各地。他们唯一的目标就是赚钱，不会考虑家庭远近或者其他心理层面的问题。他们自信自己够强大，而且能不断地强化自己的赚钱技能和社会交往能力。我们在调查中可以清晰地发现这种区别。一般来说，年龄在 40—60 岁的秦岭山区农民出外打工，他们自身的基本特点是：年龄偏大、体力偏差、技能偏低、人际偏熟。他们的工作要求也具有鲜明的特点：偏体力、低技能、近地缘。至于工资的高低并不能成为他们是否接受工作的首要条件。而对于二三十岁的第三代农民来说，他们对于工作的概念与第二代农民有着极为明显的不同。即便是仅凭劳动力出门打工的少男少女们，也会寻找改善自己人生轨迹、提升自己生活品质的机会。从根源上说，他们已经不再把自己的根脉留在村子里，而是希望自己来到城市、留在城市，成为真正的现代都市人。为此，他们接受城市的一切新生事物，甚至比有些城里人还要快地接受时尚的东西。他们愿意为此付出自己几乎所有能够承受的代价。

第三，人际关系的亲疏。面对现代化的浪潮，第二代农民无论从思想上还是行为上都表现出极大的不适——即便是曾经因为身份变化而巨大受益的薛老二也无法适应。他们所表现出来的旧的传统心态和新的现代观念之间的那种矛盾，使得他们在现实生活中的行为就像笼子里的鸟儿，既向往外边世界的自由，又无法完全摆脱牢笼的束缚。记得薛老二给我们讲过一件事情——关于他大哥薛老大的葬礼。按照传统观念，他大哥薛老大的葬礼主要由父母来处理，如果父母没有能力处理，就由他们兄弟三个分担，但是主意还是由父母来决定。因为父亲过世早，母亲年迈，薛老大的事自然就落在他们哥仨头上。但是，兄弟三人并没有达成默契，各自心里十分清楚，谁来主持就意味着谁要多花钱，还可能落埋怨。因此，由于丧事没有家人主持，薛老大的朋友们竟然要出面处理。这严重违背了传统意义上的家庭观念和乡约民俗，甚至由此会遭到村里人的耻笑。于是，薛老二坐不住了，他开始主持薛老大的葬礼，事无巨细，全部由他来安排。首先是全盘推翻此前由薛老大朋友们制定的葬礼从简的方针，开始较为隆重地安排薛老大的安葬活动。大操大办换来了村子里人们饭后茶余的啧啧称赞。后来，项目组曾经问过薛老二：如果当时不这样办的话，会怎么样？他脱口而出地说：那老薛家就不要在村子里混了，村里人会十分看不起他们家。他说这话的时候，是咬着牙说的，明显看出对两个弟弟的不满和埋怨。他还说：我自己倒无所谓，一年才回村子里几次，但母亲和两个弟弟还在村里，我是为他们这样做的。其实这样的例子还有很多，比如，村子里谁家孩子结婚、谁家盖房上梁、谁家孙子满月等人情往来，薛老二都会在母亲和弟弟的人情随礼之外，再送一份礼物。薛老二不想这样，但必须这样。这种矛盾的心理让薛老二常常会痛恨村里的事务，痛恨自己的弟弟。但事到临头，为了维护自己大家庭在村子里的面子，他还是不得不这样来做。

但是，薛老二的子侄们完全没有这样沉重的心理负担。他们对于传统的人情世故和约定俗成的乡规礼俗嗤之以鼻，往往是用最简单的办法和最省时、省力的方式来处理类似问题。有时候，还会形成口头上或者实际的契约，来分配处理家庭事务过程中的承担与责任。薛老三儿子上学的时候，是老薛家在村子里最为风光的时刻，如果按照老薛家上一辈人的思维习惯，一定会大大地操办一下，以示荣耀。但是，孩子不这么想，他并不认为自己的努力和成功与家庭有多么大的关系，同时，他所面临的学费和未来生活的压力，使他选择了将家人赠予的奖励现金用来和同学们游玩和消费，之后又为自己办理了高等教育助学贷款。每当提起此事，给了侄子 1000 元的薛老二不仅十分不解，而且感到丝丝不快——虽然他知道侄子这样做，一定有他的道理。

第四，家庭婚姻的和谐。在农村社会生活中，适龄男女不结婚或者不生孩子，会遭到大多数人的耻笑和误解。因此，在这样的环境中，婚姻绝不简单的只是个人生活态度问题，而是事关农民家庭以至于家族地位是否稳固、荣耀的重大问题。

在传统的山村农民婚姻中充斥着熟人社会的因素，从而决定了他们的婚姻往往夹杂着千丝万缕的社会联系，而“父母之命，媒妁之言”，多少有一些先结婚、后恋爱的意味。进入新时代，第三代农民基本已经接受了现代婚姻观念。他们拥有更多的现代交往机会和手段，可以让他们在婚恋道路上一见钟情或者千里传书。相对于他们的父辈来说，他们的婚恋更加注重情感交流和物质交换，基本不再顾及家庭的发展和村里人的评价。

老薛家第二代婚姻是典型的老式婚姻观念的产物。薛老二经过介绍与自己的同事结婚，薛老三和薛老四都是这样。他们结婚的年龄都在 20—24 岁之间。而下一代的婚姻则完全没有了“父母之命，媒妁之言”，他们的结婚年龄也随心所欲。薛老四的两个儿子，老大已经 28 岁，闯荡社会的经历让他有过许多段感情，但当 26 岁的弟弟结婚时，他依然孑然一身，但这并不妨碍他真心地祝福弟弟。这种情况在今天的山村依然被笑称为“大麦未熟，小麦先熟”，但此时的笑言与老一辈时候，其含义已经完全不同。同样，随着观念的改变，两代人对于婚姻以及婚内性关系的认识也截然不同。第二代农民为了维系家庭关系和家族名誉所付出的感情代价相当巨大。在结婚前，他们可以隐忍自己的婚姻意愿，服从家庭对于自己婚姻的安排。在结婚后，对于婚内配偶的性忠诚程度显然是坚决和坚定的。同时，在出现婚姻危机时，他们首先需要考虑的是家庭和熟人社会的错综复杂的关系，而恰恰不是自己的感受。而第三代农民的婚姻观念则有很大不同，一旦感情出现破裂，他们宁肯选择分手或者离婚。

项目组在调查期间，刚好赶上薛老四小儿子的订婚和结婚，项目组记录了这个完整的过程，希望由此揭示秦岭山区两代农民婚姻观念的细节。

薛老四小儿子自己在打工时结识了现在的媳妇，她家位于秦岭山区最深处的柞水县一个山村，两家的婚事是一个极其艰难和充满戏剧性的过程。薛老四不仅要面对儿子为自己婚事的设计，而且要基本满足女方家庭对于出嫁女儿的物质和精神需求。这一过程纷繁复杂。2011 年 1 月 11 日，薛老四小儿子订婚的时刻终于到来了。直到 10 日的最后时刻，女方才被说服将条件放宽。从薛老四家先后用小面包车往女方家拉去两车的订婚礼品——包括香烟、酒和各式各样的糕点等，品类之丰富、数量之庞大，以至于帮忙的朋友笑问薛老四，女方家是否要在当地开商店。这里还不包括给予女方的礼金和为新媳妇购买的个人物品。到了 3 月，结婚规模更加庞大，环节更加复杂，礼数更为讲究。即便是最后一刻，女方还是将事先商量好的、女方在西安市等待迎娶的方案，改变成为男方派车队翻越白雪皑皑的秦岭，到女方家里去接新娘子。尽管车队在翻越冰封的秦岭山区时，稍有不慎，就有可能出事。但在这一过程中，女方都是在使用强硬的口吻和绝不商量的态度来与薛老四家周旋。当然，等到新娘子坐上轿车后，之前委曲求全的男方开始扬眉吐气了。终于可以按照家乡的风俗和自己的想法完成薛老四小儿子的婚礼，薛老四开始为自己的亲朋好友和乡亲邻居大摆宴筵，他此时的心情就是要“当一回家，做一回主”。

考察婚礼过程，不是为了了解他们之间的争执有多么激烈，而是要透过充满传统与现代观念纷争的结婚过程，看到其中新的婚姻观念和关系的出现。新婚夫妇不会在婚礼的细枝末节上纠缠，主要是因为他们不是婚礼的出资者，他们需要享受的是结婚而不是婚礼。同时，当他们结婚后，他们几乎不会在村子里长住，于是也就不会刻意在乎村子里的人如何评价他们。而双方父母则需要得到名义上的祝福，他们更多地关注四邻八舍会怎么评价他们儿女的婚礼。

（三）后传统时代农民的城市情结与乡村守望

通过对于老薛家这个秦岭山区农民家庭几代人生活的了解，我们至少可以思考以下几个问题。一是基于城乡二元结构格局下的城市向往；二是农民身份如何改变以及基本国民待遇如何获得；三是未来的山区农村的存续和发展问题。

关于第一点和第二点。城乡二元结构问题主要是由于户籍制度及其依照这种制度设计的基本国民待遇和社会公共资源分配的城乡差别。在老薛家这种山区农村家庭中，集中表现为以薛老二为主的脱离农业生产和农村生活的城市人，与以薛老三、薛老四为代表的农民之间，存在明显的社会生活和基本国民待遇差异。自从薛老二进入城市后，尽管当时他所从事的餐饮行业在城市生活中的地位并不突出，但是，他最终成了旱涝保收的城市工人阶层，脱离了“面朝黄土背朝天”的农民生活。其所享受的基本国民待遇也发生了翻天覆地的变化——能够享受稳定的工资、安定的工作环境、优质教育资源、福利化住房，等等，这些都是他在农村的兄弟所不能享受的。在薛老二和他的兄弟之间，总是横亘着一个难以解开的心结，那就是：他是城里人，而他的兄弟是乡下人。这不是由于他们个人恩怨结下的，而是由于各自的身份自然形成的。他们的老母亲总是将薛老二给她的零花钱，补贴给老三或者老四以及他们的孩子们。说起为什么这样做的时候，她总是表示：薛老二是公家人，有公家管着呢。其他两个孩子是农民，没有人管。在一位 80 多岁的老人眼里，城市和乡村的差距其实就是“有人管”和“没有人管”的区别。

对于城市生活的向往，其实就是对于体制保障下的福利待遇的向往。这样的情况基本上可以分为两类。一类是，起始于 20 世纪 80 年代的大量农村青壮年劳动力向经济发达地区的转移，是在工业化、城市化基础上最后一次对于农业资源——劳动力的索取。在东南方城市，特别是经济特区工业化飞速发展的背景下，大量农民尤其是中西部贫困地区农民南下打工，成为“打工仔”和“打工妹”，也就是人们常说的“农民工”。而且，这一情况伴随着城市化的发展，其在数量和范围上不断扩大。大量农业人口涌入城市，寻找个人发展机遇以及最终变为城市人。我们说，传统体制下进入城市的窗口和渠道过于狭窄，只有高考、招工等，而且伴随着经济社会的发展，这样的窗口和渠道也会发生变化——比如体制性的招工不再进行，大学毕业生就业安排逐步市场化，等等，而出外打工，依靠自身拥有的劳动力优势进入城市是他们最现实的，也是最便捷、成本最低的选择。老薛家的第三代农民子弟，除了一位上大学之外，基本上都是走了这样一条道路。目前，老薛家尽管还有人住在村子里，但是，他们与农业生产和传统农民生活已渐行渐远，家里已无人从事农业生产，日常吃穿用品基本靠购买。即便是仔细寻找他们农村生活的痕迹，也只有尚未完全褪去的乡音和在日常生活习惯中多少残留着的农民生活的影子。此外，我们还发现，体制因素的影响还在一定程度上制约着他们的生活，他们下一代的孩子在城市里的学校上学需要缴纳更多的额外费用，他们无法像城市低收入居民一样，能够享受更为优越的生活保障以及各种补助，他们的养老、医疗等方面的政策性保障还比较薄弱，等等。

对于城市生活的向往，还在于追求国民基本人格的尊重和社会生活的归属感。薛老二自然或者不自然地在他的兄弟面前表现出一些强势做派，其实就是他潜意识里优越感的具体表现。这种优越感除了他为这个大家庭做出了更多的奉献外，主要是他的城里人的心理状态。乡村农民近乎天然的自卑感是与基本国民待遇的差异化同时存在并成正比的。也就是说，越是贫困地区，农民的基本国民待遇与城市居民差别就越大，由此而来的优越感和自卑感的差值也就越大。当然，农民希望改变这种国民待遇不均的愿望就越强烈。他们希望进入城市，融入城市社会，享受城市生活的想法就越迫切。我们在秦岭山区农村调查中，发现了一个较为普遍的现象。一般情况下，居住在城市附近山区的农民出门打工多半是半工半农或者亦工亦农，他们不会长期在一个地方或者单位工作，转换工作的频率较高。像老薛家的两个侄子，几乎年年转换工作地点和工作单位；而距离城市越远或者较为贫困的农民，其进城打工的愿望越强烈，工作持久、全心全意、任劳任怨。这反映了他们为了生存对城市依赖感的强弱。

对于城市生活的向往，更在于追求一种心理满足感和归属感。对于一座自己服务或者建设了若干年的城市，那些为之奉献青春和汗水的农民工，他们可以获得的仅仅是微薄的薪金。由此，他们发誓要成为真正的城市人，为此，他们需要比其他人付出更多的努力。

关于第三点。目前，大城市所造成的人口过度集中、贫富分化加剧等弊端开始显现。而农村出现的土地大面积荒芜、劳动力潜在短缺等状况也明显起来。为了解决这样的问题，国家要求“工业反哺农业”“城市反哺农村”，并出台了一系列强农、惠农、富农政策和具体措施。只有这些系统的制度设计发挥作用才能够解决“三农”的根本性问题。

老薛家所在的村庄，正处于一个国家级工业园区的边缘地带。他的两个弟弟十分希望政府或者其他部门征用他们的土地，那样，他们就可以一次性获得一笔不菲的现金收入。更重要的是，他们可以像他们的二哥一样，成为自己心中羡慕了一辈子的城里人。对于只有土地和劳动力的农民来说，这样的政策红利是多数农民都向往和不愿意错过的。他们的子女——第三代农民依然态度坚决地在进入城市的道路上艰难跋涉。在他们的物质生活得到相对满足后，他们对于城市的热闹辉煌极为崇拜；对于城市的教育、就业等机会极其向往；对于城市拥有的平等、自由、愉悦和规范极其崇敬……他们相信，消灭农村——尤其是山区那些贫困的农村，是实现社会均衡发展和人人平等的最佳选择。但是，薛老二不这么想，即将退休的他翻盖了家里的老宅，还在院子里为自己开辟一块菜园子，种一些黄瓜、韭菜之类的蔬菜。厌倦了城市生活的他，开始向往“采菊东篱下，悠然见南山”的田园生活。

那么，存续在中国广大地域的农村是否真的可以消失呢？毋庸置疑，这种社会结构的存在既不因为某一阶层人们的向往和追求而变化，更不会因为生产力的发展而消亡。因此，作为社会结构的重要组成部分，建设一个“生产发展、生活宽裕、乡风文明、村容整洁、管理民主”的社会主义新农村是中国农村社会发展的总体思路和基本方向。

三　秦岭山区因灾搬迁农民的生活现状调查

从 2010 年到 2020 年的十年时间，陕西省将要完成规模巨大的“陕南地区移民搬迁安置”工程。该工程涉及搬迁居民 240 万人，其规模将远超三峡移民的 150 万人。这些居民将按照城镇安置、移民新村安置、小村并大村安置和自主分散安置的方式，进行集中或分散的住宅建设。根据不同情况，每户居民将获得一定的财政补助。其中，城镇安置的三口之家必须保证拥有 70 平方米建筑面积的居住条件。《陕南地区移民搬迁安置总体规划（2011—2020 年）》中写道：“陕南地区移民搬迁安置核定共需 1109. 4 亿元，主要包括移民建房投资需 772. 2 亿元，基础设施投资需 140. 9 亿元，公共服务及其他投资需 159.4 亿元，自主迁移投资需 12.1 亿元和土地整治投资需 24.8 亿元五个部分。”资金筹集“主要通过省级财政扶持、地方配套、中央财政统筹、项目支持、对口支援和群众自筹等六部分筹措”。

（一）三位搬迁新村村民生活状况的考察

秦岭山峦高耸，峡谷深邃，河流湍急，气候多变，是典型的“云来一阵雨，风去万山鸣”的地区，山洪、泥石流等自然灾害多发、高发。居住在秦岭山区的农民经常遭受自然灾害的无情侵袭，安全一直是山区农民最大的心愿，也是当地政府守土的首责。据介绍，2011 年陕南地区共搬迁商洛、安康和汉中三市的 6 万户农家，共 24 万人。其中，重点搬迁受地质灾害和洪涝灾害威胁的农家以及贫困（特困）户和偏远山地的群众。24 万人将分为地质灾害避险移民搬迁、洪涝灾害避险移民搬迁、扶贫移民搬迁和生态移民搬迁 4 种类型。在相对安全的国道沿线，可以发现一些与其他村庄不同的新村庄——移民安置新村。这些移民新村的共同特点是村社面貌焕然一新，房屋建设规划整齐，村社基础设施完善，单体房屋结构新颖，村容村貌优美整洁，常使人眼前一亮。

这些移民都是从高山峡谷深处迁移出来。他们离开世世代代居住的大山深处，来到新居住地，面对新环境。他们的生活感受如何呢?

有关资料显示：陕西省宁陕县江口回族镇地处秦岭南麓中段、洵河中上游，是该省仅有的 3 个回族乡镇之一。全镇辖 9 个自然村，34 个村民小组，2573 户，9086 人（回族有 636 户，2371 人）。有耕地 5221 亩，森林覆盖率达到 73%，是古子午林荫道的必经之路和重要驿站，210 国道纵贯全镇 37 公里。“果、药、养”是该镇独具特色的主导产业，“果”以板栗、核桃、野生猕猴桃为主，“药”以天麻和猪苓人工栽培为主，“养”以养猪、养羊为主。[①]

江口镇回族移民安置村名叫新庄村，是一个只有 52 户人家的全移民新村。2002 年，由于百年不遇的特大洪水袭击，地处秦岭腹地的宁陕县的

---

① 宁陕县委县政府：《宁陕县江口镇》，http：//www.ningshan.gov.cn/2009/Dep_ index。

民房400余户共1500余间被冲毁，24人死亡，174人失踪，损失惨重。另外几个处于深山老村里的散居村落也完全被洪水冲毁。洪灾过后，由地方政府主持、爱德基金会援助，在距离210国道几十米的高坎上修建了如今的新庄村，并配套了水、电、路、厕等基础设施。

村子规划有三排，每排有十几户房屋。正午时分，阳光洒在水泥路上，偌大的村庄几乎没有人，显得十分安静。几家农家乐的招牌已经十分陈旧，可见生意并不太好。我们来到一家张姓村民家里，她正端着一簸箕刚刚采摘的新鲜金银花，准备出去晾晒。见我们造访，连忙热情地招呼我们在沙发上坐下。这是一座两室一厅的房子，房屋里有沙发、电视机、电冰箱、电风扇、摩托车等，还养着几盆鲜艳的花儿。张家夫妻共生育一儿一女。丈夫出外打工，一般要几个月才会回来。儿子前年从西安市的一所重点大学毕业，在镇上林管所工作，月收入3000元。女儿正上高中。这房子就是2002年洪灾过后由政府帮助建造的，共有60多平方米，当时一共花费了2万多元，爱德基金会援助了5000元，政府补助了5000元，自己还花了1万多。说起搬下高山的感受，她告诉我们，最初下山的时候，感觉房子是新的，路也是平整的，不会再为刮风下雨发愁了。但是，由于山下没有地可以耕种，就失去了农民最基本的生活寄托，每天从早到晚不知道自己该干些什么。而且，家里日常生活所需的米、面、油、菜都得从小贩子那里购买，十分不习惯。后来政府给每户2分自留地，可以种植一些蔬菜，才有点事情干。现在的家庭收入主要依靠儿子工资、丈夫打工收入，一年有四五万元。不过，他发愁儿子结婚以后，家里的收入就会减少一大部分。那时候，家里的开销倒还好办，节衣缩食罢了，可是女儿的学费该如何筹集呢？她表示，不管多么困难，也要供女儿上大学，这样才能够离开山区，到镇上或者城里生活。正说话间，家里来了一位隆姓村民，他告诉我们，他们这个年龄的农民，外出打工年龄偏大，工作不好找，实在没有什么活计做了，就又回到了原来的山上去，栽种了几十亩板栗和核桃。经过询问，我们才知道，一般搬迁后，村民原有的山林，依然归他们所有。可是山高水长，路途艰难，加之野猪、黑熊等野生动物的侵扰，原来的土地已经不适合耕种，也就很少有人再回去种植和养护。我们在村子里也发现了一些新变化，一是家家拥有电视机、摩托车、电动车、家具等耐用消费品，而且比较起城市家庭来毫不逊色。在张家，这些耐用消费品明显是新购置的。而在村里，电话、电脑、网络等现代信息社会消费品也开始出现，个别村民已经率先享受了便捷的通信所带来的好处。我们在许多移民新村都可以看到一些大的通讯公司的巨幅广告。我们作了一个简单调查，发现村子里家家有移动电话——不过多数由家里出门打工或者做生意的人使用，而网络则只有个别人家开通使用。移民新村的村民对于子女学习的重视程度更高。调查显示，他们更愿意为子女上学付出自己的积蓄，即便是借贷或者背负较为沉重的经济负担也毫不吝惜。

从张家出来的时候，我们突然发现，原本冷清的村口，有十几位村民在扎堆说话。看见我们，一位正在一针一线纳鞋垫的妇女笑着说：纳一双鞋垫要四五天，才卖 20 多元，连本钱都不够，实在不能作为增收创富的手段。只是由于确实没有什么事干，才纳着鞋垫“岔心慌”。可见，没有土地耕种的农民不但失去了原有的经济来源，而且在心理上也很寂寞。

一路上，我们一直在思考一个问题，秦岭深山的搬迁避灾是一次人类与自然环境的碰撞与妥协，是人类对于自然重新认识和合理避让的主动性撤离。让自然更自然、让人类更安全是这种搬迁的原动力。但是农民离开属于自己的土地、山林后，由此产生的基本生产生活方式改变、收入来源改变，以及为适应新环境而产生的茫然无措以及心理烦躁等也需要妥善解决。目前，我们能够看到的多是政府和援建单位解决了他们的基本生存安全问题，却很少见谁来调整他们心理方面的以及人际关系方面的问题。

饶丰镇光明村一共有 3 个村民小组，184 户人家，684 人。过去是一个典型的“羊拉屎”的村子，左一户右一户散落在山沟里。这里距离县城 14 公里，210 国道穿村而过，交通比较方便。从 2007 年开始，村子里开始以移民搬迁、减灾安居工程、灾后重建项目为抓手，努力改善居住环境。截至目前共投入资金 750 万元，搬迁贫困户和灾民户 52 户共 216 人，民居改造 45 户。投资 36 万元建设了村社服务中心、卫生室和文体广场。还投资 49 万元完成了村口绿化治理，硬化村社道路共 2100 平方米，完成村社道路硬化共 7.5 公里。还补贴村民，完成了居住房屋的安全饮水、沼气、电话、网络等基础设施。作为“一村一品”产业示范村，村子现有桑田 410 亩，2009 年共养蚕 420 张，发展食用菌 5 万袋。实现农民人均纯收入 4710 元，比 2008 年增长 1537 元。[①]

村服务中心，飘扬着一面国旗，在此处我们遇到了村民张某某，他是一位十分健谈的 31 岁小伙子，已婚并生育了一儿一女。他的媳妇是山阳县的，10 多年前，在外地打工时两个人在一起工作并相识，后来相恋结婚。他告诉我们：村子里的新农村房屋建设一共有三期工程。第一期主要针对移民搬迁的农民，他们原来的房屋在洪灾中基本全部被毁，是从山顶、山沟里搬出来。第二期主要针对民居改造的农民。主要是那些房屋破旧，需要改善居住条件的农民。他指着不远处正在破山平地的挖掘机说，那里是第三批的，也是民居改造，刚刚开始清理地基，他家就赶上这一批的房子建设。房子由村子里委托外边的设计公司统一设计，都是两层四间带天台的楼房，厨卫齐全，连沼气池都一次性建设好了。说到他未来的房子，他很兴奋，那种憧憬的状态很感染人。建房工程都是由集体统一完成，村子里每一户补贴 1 万元钱，其他的按照工程进度由村民逐批支付。村民可以监督建房施工全过程，并有权提出自己的意见和建议。在光明村，我们可以看到一个有组织、按程序、有监督、公开化的山区村民委员会。该村的建设目标具体而又公开透明，张贴在村服务中心门前的布告栏里，供村民随时监督。我们看到：饶丰镇镇长李晓明是该村联系点领导。在公告栏里，我们还看到一个关于上访的公告，内容包括上访接访人名单以及手机电话、接访受理范围、上访人权利义务以及点名接访工作流程。这个公告使得我们对于山区农村的上访问题有了一个新的认识。过去的转访、截访等被广大农民所诟病的工作方式已经被新型接访工作方式所替代，这极大地缩短和便捷了农民的上访。为了检验这些工作是否仅仅是表面文章，我们尝试着拨通了一位当地镇政府部门领导的电话，核实的结果是电话通了，是他本人，而且很耐心地听完了我们的叙述。当了解我们的意图后，他笑着说：农民向他反映情况是经常的事儿，他会根据有关反映内容和工作程序，协调有关部门了解和答复，如果农民不满意，还可以向上一级主管机关或领导反映。此外，该村还建有养老院，目前有 30 位老人入住，享受着惬意的老年生活。村卫生室按照标准建设，我们看到了计

---

① 引自“光明村村务公开栏”相关内容。

划生育以及优惠政策宣传、新农合报销政策、健康教育专栏等展板。

张某某带着我们来到他家。他的家位于距离村服务中心近一公里的山沟里，紧靠着大山，门前沿着小河是 3 米多宽的村道。房子是红砖灰瓦，建造不过十来年，在山里还算是好房子。他家里 3 间房子主要由父母和他一家 4 口共 6 人居住。屋子里摆满了五色石头，除了一台老旧的电视机，几乎没有什么电器。他告诉我们，等新房子盖好后，他要购置一应俱全的家电、家具以及其他生活耐用消费品。他家有 4 亩多水田，种植了水稻，粮食够自己吃，还年年有余。家里还养蚕，由他的父母照看。村子里已经形成桑蚕养殖的专业化产业链，每一年从蚕种提供到茧子收购都不需要农民自己操心。而他从几十里的山上采集五色石，经过打磨抛光后卖给路过的游客，一块石头好的卖上几千元，差的一二百元。他正准备在村服务中心开一个专卖五色石的小店。他告诉我们，目前他家收入人均年 6000 元左右，主要是卖奇石、养蚕以及袋装食用菌，粮食收成基本保证一家的口粮和喂鸡喂猪的需要。

宁强县燕子砭镇东丽村，是一个 2008 年汶川大地震造成巨大损失后依靠天津市援助而建立的移民新村。2008 年汶川大地震，地处汉中市宁强县燕子砭镇龙门山断裂带滑坡地段上的庙子岭村，灾情严重，该村 141 户 572 人和相邻的木槽沟村五、七组受地质灾害威胁的 25 户 124 人，房屋大多被震塌，村民居住无着落。由天津市东丽区投资 2000 多万元援建的庙子岭村安置工程于 2008 年 9 月 5 日动工，2009 年 5 月 8 日开始入住。安置点占地 83 亩，共分 A、B、C 三个区域，建筑面积 14000 平方米，建房 166 套。为了感谢天津市东丽区的援助，遂将村名更名为东丽村。房屋结构仿照城市楼房建筑结构施工，第一批分为两室一厅一卫一厨（面积 73.9 平方米）和三室一厅一卫一厨（面积 108 平方米）两种，预留了二层的楼梯，后续的还盖有两层的楼房。修建房子的资金来自三个方面：一是基础设施建设。由政府投资和天津市东丽区援建，主要投入于基础建设方面。该镇政府提供的资料显示：水、电、路等基础设施建设由天津市援建，总投资约 2000 万元。二是建房费用。采取国家补助和群众自筹的方式。在东丽村，房子建设费用大致可以分为 7 万元、8 万元和 11 万元三种情况，政府给予每一户的建房补助是 2 万元钱，可以申请信用合作社贷款

3 万元，其他费用由农民自己承担。三是配套建设及其费用。河堤工程投资 301 万元，由宁强县某公司承建。排供水、道路、绿化、村级活动场所等配套设施，由相关责任部门承建，不需要农民掏钱。

我们看到，在秦巴山下、嘉陵江畔，一排排整齐划一的青瓦房，在青山绿水间格外醒目。这些房子，卧室、客厅、厨房、卫生间，独立成间，生活设施一应俱全。但是，村子里十分安静，除了几只在河边漫步的鸡狗以外，几乎看不见什么人。我们随机敲开一户农家的房门，60 多岁的罗老太太告诉我们，村子里的年轻人都出外打工了，上海市、广州市、西安市、汉中市的都有，只有老弱妇孺留守家中。由于收入渠道单一，出外打工是该村村民的主要收入来源。据了解，东丽村青壮年劳动力近 350 人，外出务工者有 280 人之多，有一些农民干脆拖家带口一起外出了。由于没有专业技术和技能，他们中的大多数只能靠在工地上干苦力来挣取低廉的收入，全村农民年平均收入人均不到 4000 元。

我们在东丽村了解到，几乎所有避灾搬迁移民所能够遇到的问题这里都出现了。

一是后搬迁时期的生活无着落，收入无增长。当地政府在安排移民农民的生活时采取的是“异地居住、原地耕种”的短期过渡原则以及劳动力输出、特色产业开发等长期扶持原则，在具体实施过程中往往出现一些新问题——比如“异地居住、原地耕种”的优点是避免了灾害对于农民居住安全的威胁，但是，目前实施的连片建设、集中安置格局也造成了农民距离原有耕种的土地路途遥远的困难。在东丽村，原属于庙子岭村的土地距离现住地就有十几公里的山路，后来，一些村民干脆又搬回到了山上居住。62 岁的周玉莲就在半山上搭建了柴房，一个人住。而周某某和他聋哑的妻子，虽然儿子在东丽村有房，但他不愿去住，他们希望耕种原有的土地来获得收益，并对于山下生活中处处需要现金的窘状极为难以适应。对此，当地政府和村委会也开始采取一些措施，实施农民土地增收等项目。从 2009 年秋天开始，该镇获取了该县林业局 2270 亩的核桃园产业项目资助，苗木免费发放，并已于 2010 年 3 月栽到山上。预计该园盛产期可产核桃 300 吨以上，年收入 500 余万元，全村户均收入 2 万余元。2012 年阳（平关）青（木川）段 108 国道通车，将促进旅游产业的蓬勃发展，村子里还拓展开发食用菌项目、旅游餐饮服务以及手工艺品等来实现村民的增收致富。

二是有贷款还款压力。汶川地震造成了整个宁强县 2 万多户农家房屋受灾，由此面临沉重的灾后农村建房压力。东丽村村民世代以务农为生，移民搬迁时虽然国家每户补助 2 万元，每户可贷款 3 万元，但其余的钱要自己想办法。现在家家户户都有贷款，据调查，整个东丽村目前还有半数以上的村民未还清利息，有的甚至连一次也未还款过，3 万本金更是把人压弯了腰。村民对信用合作社每年催收贷款采取的策略只有拖，拖一天算一天。为了延缓村民还款压力，今年年初，该村村委公告通知：对已经结清利息的汶川地震重建贷款者，若不能按期归还本金，从 2011 年元月后信用社开始为其办理展期业务，可再展期 1—2 年，利率仍按原定利率 6. 3‰执行。因欠利息不能展期的贷款者，利率由 6. 3‰上调为 15‰。对于年人均收入不足 4000 元的村民来说，经济负担可想而知。有少数贫困村民认为，房屋建设规格太高，成本过大，超出了他们的负担能力。这就引起一个新农村建设最基本的问题——新农村建设与农村大多数农民基本生活现状应基本匹配、适度超前。所谓基本匹配是在不影响农民现有基本生活的基础上建设新农村，要求政府主导下的新农村建设应采取差异化政策而不是一刀切式的政策，更不能以牺牲农民基本生活的代价来换取领导满意的“形象工程”或者“政绩工程”。

（二）秦岭山区农村后搬迁时代农民生活的思考

农民的搬迁之路，就是实现“宜居”“富裕”“幸福”三大目标之路。宜居的重点是完成硬件设施的建设，包括选址建房、水电网路建设等基础设施的建设。从宜居到富裕，需要建立健全农村基层组织、协调乡邻关系、实施产业带动等。从富裕到幸福是建设新型农村和培育新型农民的工作。

第一，既要宜居，又要有产业支撑。这次规模宏大的搬迁行动，是陕西省“调结构、转方式、促发展”的总体思路上的一项综合性工程。包括使山区农民远离地质灾害、保护生态环境、扶贫开发以及城镇化和新农村建设等。因此，大量建设保证山区农民安全的新村庄是首要任务。《陕南地区移民搬迁安置工作实施办法（暂行）》要求："搬迁群众中的特困户由政府免费提供住房，集中安置按照60平方米、80平方米和100平方米三种建房面积，由搬迁户按照不同的户型分别负担1万元、2.5万元、4万元。"新村庄的房屋，其结构以砖混为主。建房补助和基础设施补助标准，参照国家制定的汶川地震灾后重建的相关政策，结合陕南地区经济发展水平和物价上涨这一因素，确定由政府给每个搬迁户补助建房资金3万元；对搬迁户中家庭条件较差的"三无户、特困户"，由政府补助建房资金4万元。基础设施建设的补助资金按照3万元确定补助。此举为陕南秦岭山区农民"搬得出、住得起"提供了政策依据。

此外，还需要探索农民增收致富的新路子，防止农民搬迁后返贫而发生返乡现象。2011年4月陕西省相关媒体报道：山区搬迁农民搬出大山后出现了一些不适应的现象，包括故土难离、花销过大、难以适应、没有归属感等问题。例如：佛坪县岳坝乡大古坪村三官庙小组15户人家，村里不通公路、电力、通讯，进出物资全靠马驮。2007年，大熊猫保护区与当地政府共同出资，每人1.5万元补贴，整体搬迁出山。4年后，出了山的农民又有3户回到了大山里，重新开始过去的生活，占到出山村民的五分之一。发生这一情况的原因就是没有地种，无法适应城镇生活，心理不适应等。[①] 因此，建设与搬迁相互配套的农民增收致富产业，实现搬迁农民的落地生根，就成为搬迁工作的重点。

山区农民的传统收入主要依靠土地（山地、林地等）收入和劳动力输出收入。搬迁农民在迁出地一般都承包有几亩土地，勉强保证粮食和其他生活必需品的自给自足。而迁入地由于地少人多等因素，一般不具备再次分配土地的条件。因此，简单的"人搬走，房拆掉"式搬迁，无法解决农民对于原有土地和生活的留恋，导致他们重新回到大山里生活。只有找到与土地流转方式等因素对接的土地解决方案，才能够让农民"搬得出、留得住"。另外，还有一个需要考虑的因素，劳动力的收益。除青壮年劳动力和技术劳动力可以外出工作以外，搬迁农民大多数是既不年轻，也没有什么技术的中老年劳动力。因此，他们的劳动力安置和收益保证问题的解

---

① 《关注：搬迁又返乡的农民》，《华商报》2011年4月28日（A27）。

决，需要社会和政府在建立健全保障机制的同时，努力加大农村特色产业的投资建设规模，形成适合吸附这些劳动力的长效机制。我们在西安市长安区一个叫水湫池村的山区搬迁村落中就看到了这样的结合。2005 年以前，水湫池村是位于秦岭深处的一个小山村，原先在山上时约有 18 户人家、140 人，散散落落地分布在 10 多公里长的秦岭峪道里。因为当地政府实施了移民搬迁的扶贫政策，水湫池村大部分村民搬到了山外，在太乙宫镇街道西约两公里的地方，建设了新水湫池村。新水湫池村的农民房屋，总共盖了 9 排 60 多户；有专门供全村人饮用的自来水水塔；自来水和电力全部入户；村里街道全部硬化。每一户宅基地面积都是 2.8 分，独门独院，主房一般都是三室一厅，门房分左右两间，做厨房或住人用。居住条件和生活便利为村民津津乐道，更为重要的是，现在水湫池村附近的翠华山旅游公司吸附了该村大部分搬迁出来的剩余劳动力，使得该村劳动力在无土地可以耕种的情况下，有了新的生活收入来源和致富通道。

通过对位于秦岭腹地陕西省安康市旬阳县 28 个乡镇 626 户已搬迁进镇农民的问卷调查分析可知：农民进镇后，家庭经济收入成倍增长，收入结构发生了显著变化；家庭资产成倍扩大，进镇农民的生活质量显著提升如表 7－1 所示。

表 7－1　　**旬阳县农民进镇前后家庭收入状况比较**

（单位：万元）

项目	总收入	粮食收入（万公斤）	其他农牧业收入	各类农业补助	工商业收入	工资收入	劳务收入	其他收入
进镇前	879	61	83.6	35.7	54.3	67.1	294	129
进镇后	2444.2	24.1	47.9	31.03	854.26	214.3	652.1	261.3
变化比较（±%）	278.1	－60	－43	－13	15.7 倍	320	221.8	202.5

从表 7－1 可以看出：农民在搬迁后，家庭总收入平均增长 2.781 倍。在总收入结构中，农民家庭收入状况由搬迁前以劳务收入和其他农牧业收入为主，转变为搬迁后以工商业收入、劳务收入、工资性收入为主。粮食

收入和农牧业收入大幅减少，工商业收入增长 15.7 倍，工资性收入增长 3.2 倍，劳务收入增长 2 倍。87% 的进镇农民继续享受国家对农民的退耕还林和粮食直补等政策。呈现出以其他收入为主导，以农业收入为补充的多元收入结构。[①] 事实证明，移民搬迁是改变秦岭山区农民生存困境和生活境遇的有效途径。

第二，培育“有文化，懂技术，会经营”的新型山区农民。前面说过，政府投资并带动社会投资来建设特色产业，增强其吸附作用，可以解决一部分搬迁后无地农民的增收问题。但是，由于搬迁农民的数量较多且文化素质参差不齐，完全依靠这些产业来解决所有搬迁农民的增收问题显然十分困难。因此，农民增收问题的根本解决之道还需要探索强化农民自身素质、提高创业创富能力的新路。也就是说，要教育农民使他们有知识文化，懂专业技术，会市场经营。打造新型农民的前提就是要让农民接受应有的文化教育和专业技术培训，并使他们逐步了解和熟练运用市场经济条件下的市场规律和交易规则。农业部 2003 年颁布的《2003—2010 年全国新型农民科技培训规划》指出：“目前，我国农民平均受教育年限不足 7 年，农村劳动力中，小学文化程度和文盲半文盲占 40.31%，初中文化程度占 48.07%，高中以上文化程度仅占 11.62%，系统接受农业职业教育的农村劳动力不到 5%。据国家统计局统计和有关调查显示，农民的收入水平与其科技文化素质呈明显的正相关。我国农村劳动者科技文化素质不高，不仅直接影响着农民的经济收入，也严重制约着农业劳动效率的提高，影响了国民经济和社会的可持续发展。”为此农业部提出，要实施“绿色证书工程”“跨世纪青年农民科技培训工程”“新型农民创业培植工程”“农村富余劳动力转移就业培训工程”和“农业远程培训工程”这五大工程，建立健全农民科技教育培训体系，全面推进新型农民科技培训工作。农业部、劳动和社会保障部、教育部、科技部、建设部、财政部还联合制定了《2003—2010 年全国农民工培训规划》。陕西省依据规划要求也颁发了具体实施意见，要求针对农民实施引导性培训、职业技能培训、创业培训。只有在国家政策和财政支持覆盖广大搬迁农民的基础上，辅之以

① 邓邦才：《旬阳县农民进镇情况调查与政策建议》，《陕西发展和改革》2010 年第 5 期。

农民自身不断地学习和进步，才能够完成广大搬迁农民从愚昧到文明、从贫困到富裕、从心理纠结到心情舒畅的根本转变。

第三，要营造和谐氛围，使得秦岭山区的搬迁农民平滑融入新生活。农村的主体是农民，任何力量都替代不了农民在农村中的主体地位。因此，依据秦岭山区农村文化传统和风俗民情，在转变农民思想观念、心理素质等方面所要做的努力还很多。一是要使不同文化传统背景的移民和谐共存。陈良学对陕南地区人口进行了随机抽样调查，定居在秦巴山区的各省移民家族有 307 家[①]，有湖南移民、湖北移民、麻城移民、广东移民、福建移民、江西移民、安徽移民、江浙移民、晋豫移民、川黔移民等。其中有不少是客家人。陕南地区人口来源复杂，社会生活结构和乡村公共关系也相互交织。因此，许多深山的农民——尤其是客家人，出于保护宗族团体的意愿，并不希望搬出大山。一些农民对于走出深山还怀有畏惧甚至抵触情绪，还有一些离开深山的农民，又重新回到大山深处。这些问题需要具体分析、仔细探究、积极探索，力求相对圆满解决。二是移民搬迁的物质准备和观念转变，还需要我们包容差异化，接纳合理个体诉求，区别对待一部分农民在移民搬迁中出现的收入减少、劳动积极性下降、贫富差距拉大以及由此产生的生活困难和精神空虚的状况。资料显示，90% 以上山区农民享受了国家搬迁政策的优惠，并成为他们安居创业的新起点。但是，有些村民出现了债务压力，对原有居住地难以割舍，因病、因故返贫等现象。这些基层管理所面对的难题，在有些搬迁村中依然存在，个别地方还相当严重。一些地方出现为了杜绝这种情况发生，强制拆除老房子，对于农民原有家庭财产和土地果木等随意处置，显然违背了政府搬迁的初衷。因此，包容差异化，探索符合当地具体情况的搬迁农民原有资产流转处置的新路子，不再“一刀切”式地用行政命令来解决具体问题，已经成为一个十分重要的问题。

---

① 陈良学：《明清川陕大移民》，中国文联出版社 2009 年版，第 97 页。

第八章　河南省获嘉县农民休闲生活方式调查研究

获嘉县位于河南省新乡市西南部，地处中原，总面积473平方公里，辖8镇3乡，219个行政村，有43万人。获嘉县气候适宜，土壤肥沃，种植的农作物主要有小麦、玉米、水稻和高粱等，是河南省重要的产粮区。一直以来，全县乡乡、村村有建筑企业，施工区域遍及全中国，1995年，获嘉县曾被河南省政府命名为“建筑之乡”，每年有上万人在全国各地从事建筑业。另外获嘉县的陈庄，其花卉产业已有300多年历史。2000年，获嘉县又被称为“中国花卉之乡”，年年往全省以及全国输送花卉。

本次调查共选择了8个自然村，分别是西张巨村、西小吴村、邢韩村、徐营北街村、望高楼侯堤村、蒋村、高庙村和宣阳驿东街村，项目组于2010年1月至2010年3月期间，共发放问卷300份，回收293份，其中有效问卷为283份，问卷回收率为97.7%，有效率为94.3%。在有效问卷中，女性农民的数量为136人，男性农民数量为147人。30岁以下共107人，占37.8%；31—40岁共68人，占24.0%；41岁以上共108人，占38.2%。文盲占6.4%；小学文化占26.9%；初中文化占51.9%；高中文化占12.7%；大专文化占2.1%。

一　河南省获嘉县农民休闲生活方式现状

休闲生活方式是人们在一定的社会条件下，利用闲暇时间从事休闲活动，以实现修养身心的总体形式。本研究主要从休闲时间、休闲内容和休闲心态三个方面考察河南省获嘉县农民休闲生活方式。

（一）农民休闲活动的时间

休闲时间是保证人们休闲生活的基本条件，是人们从事各种休闲活动的时间载体。自改革开放以来，随着中国农村经济以及农民生活水平的大幅提升，农民劳动和休闲活动不仅在地点上空间上分开，而且劳动时间和休闲时间之间也有了明显的界线。

1. 农民休闲时间的季节性差异

在调查中发现，农民休闲时间存在一定的规律性，休闲时间的季节性特征表现十分明显。农民的休闲生活在很大程度上仍然受到农业生产节律的影响，比如在冬春季支出的休闲时间就较多。随着农业机械化的发展，农忙时间大大缩短，农忙季节几乎全天都要忙农活的天数开始减少。农民生产时间减少，就可以有更多的时间来从事非农产业。尤其是农村青年，他们在农闲时大多在外打工，或在第二产业、第三产业兼职。外出务工的青年农民多半在农忙的时候和春节期间才能回家，农忙时休闲时间少，因而节庆习俗期间就成为青年农民休闲的最佳时期。

2. 农民对休闲时间宽裕度的主观感受

调查发现，当问到“您感觉您的休闲时间够用么?”这一问题时，认为休闲时间偏少的农民所占的比例明显大于认为休闲时间偏多的比例。当被问及“如果您感觉自己的休闲时间不够用，您认为主要原因是什么?”这一问题时，感觉休闲时间较少者，主要是因为家务劳动时间以及时间利用率低的原因；而感觉休闲时间太少者，主要是由于生产经营时间过长以及相应的恢复体力精力的时间想要较长所致。

农民休闲时间的长短也受到当地工业化、城镇化程度的影响。农民到工厂打工，生活时间也由农业时间转变为工业时间，并开始有了固定的节假日或休息时间。这样农民休闲时间的占有水平也就逐渐向城市居民看齐。除此以外，农民休闲时间还受到家庭规模、结构和物质生活水平的影响。家庭负担重，生产经营时间就会较长，休闲时间就会较短。物质生活水平较高的家庭，休闲娱乐时间相对多一些。

3. 不同农民群体的休闲时间

不同农民群体的休闲时间，其量的最大差异体现在不同年龄段之间。51 岁以上年龄组的休闲时间最长，平均为 90.58 天。其次是 41 岁至 50 岁年龄组，平均为 77.44 天。休闲时间最短的是 31 岁至 40 岁的年龄组，平均为 70.06 天。30 岁以下的年龄组的休闲时间总量平均为 70.98 天。（如图 8－1 所示）在 51 岁以上年龄组中，休闲时间主要受到职业类型的影响，兼业者的休闲时间要大大少于非兼业者，兼业者的休闲时间平均为 87.78 天，非兼业者的休闲时间平均为 126.25 天。由于每日的时间总量是固定的，所以各类时间之间存在着此消彼长的关系，生产劳动时间和休闲时间之间的相互作用尤其显著。

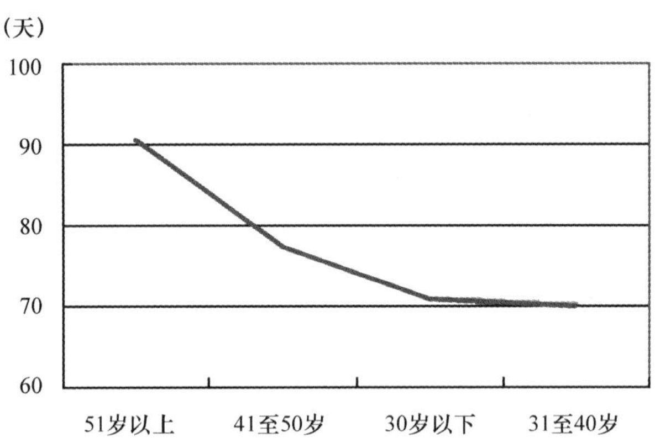

图 8－1 不同年龄段的农民休闲时间曲线

从性别角度看，大部分女性农民除了要进行生产劳动之外，还要进行必要的家务劳动。在同年龄组的纯农业经营者中，男性的休闲时间要多于女性。家务劳动时间长和家务劳动的阶段性（至少一日三餐就使女性的家务分段进行），不仅分割了农村女性的时间安排，还使她们感到很难放松。在调查中发现，结婚后的年轻女性和未婚的年轻女性，两者休闲时间差异明显。许多女性婚后大都闲置在家，而未婚的年轻女性则在外务工的比较多，多从事服务业，休闲时间相对少于已婚女性，前者的休闲时间约为 81.97 天，后者为 65.55 天。因此，兼营农业的女性休闲时间要少于没有兼业的女性，而以农业为主要职业的女性休闲时间要多于以非农业为主要职业的女性的休闲时间。

（二）农民休闲活动的内容

1. 农民休闲活动的主要类型

田翠琴根据农民休闲活动的实际内容，将农民的休闲活动分为社交型、消遣型、学习型和闲待型 4 种类型。串门与邻居聊天、走亲访友等属于社交型的活动；看电视、听广播、逛街赶集、搓麻将、打牌下棋等属于消遣型的活动；读书、看报等属于学习型的休闲活动；而休息，什么也不干就是闲待型的休闲活动。在调查中，不难看出，农民主要以消遣型活动为主，它占农民休闲活动总量的一半以上。在农民的休闲活动中，选择看电视（消遣型）、串门聊天（社交型）这两类活动的比较多，其次还有闲待什么也不干（闲待型）。研究还发现，农民比较喜欢的节目为新闻、电视剧、《今日说法》、戏曲以及文艺性节目，主要也是以消遣型为主，一些与学习、农业生产有关的节目如《农广天地》《致富之路》等农业科技性节目涉及的较少。一些老一辈的农民都比较喜欢本土的戏曲节目，年纪轻的农民则更倾向于如《快乐大本营》之类的娱乐性节目和体育类节目。

聊天既是农民休闲生活内容的主要方式之一，也是他们沟通感情、传播信息的主要方式之一。夏天，农民喜欢聚在阴凉地儿打扑克、话家常；冬天则会在空地点一堆儿火，一群人围坐着，边做手工活儿边聊天儿。农民“聊天”主要是闲聊，其中“没有什么具体内容”的人占 51. 49%，加上包括谈论“邻里的新鲜事”和“各家的生活琐事”这样的话题者，合计达 87. 38%，超过所有聊天人数的近半数。除闲谈外，农民最关心的就是“子女教育问题”。在谈论的内容方面，男女之间存在着一些差异，农村女性的串门聊天或户外交谈，除较多的谈论“子女教育问题”外，多属于“闲谈”型，其中“没有具体内容”和谈论“邻里的新鲜事”都比男性农民高。年龄也影响着农民的聊天内容，年轻人的“没有什么具体内容”和“邻里的新鲜事”的两项比例比较高，中年人谈论“子女教育问题”的比例较高，老年人谈论“村子里的大事”的比例要比中青年高。另外，受教育程度的高低也是一个重要指标，随着农民接受教育程度的逐渐提高，农民更关心国家大事，他们在闲谈中就能获得一些经济、政治、文化等方面的信息，这些信息有助于他们正确处理在家庭生活、劳动工作中遇到的问题，能使他们的精神生活和物质生活达到双赢。

农民休闲生活单调和低俗的问题，在一定程度上与农民所掌握的休闲技能有关。农民对休闲时间的计划、安排和使用，对休闲生活内容的把握，都与农民相应的修养和技能有关。但是本次调查发现（如表8－1所示），农民掌握最多的前五项休闲技能分别是会打麻将扑克、会唱歌唱戏、会下棋、会扭秧歌跳舞、会编织裁剪，比例分别为63.60%、22.26%、19.43%、13.07%、10.95%。其他休闲技能的选择比例均低于5%，会乐器、会绘画、会武术的所占的比例更低，合计共达8.48%。可见，农民所掌握的休闲技能较少，休闲的文化品位也偏低。

表8－1　**农民的休闲技能**

类　别	比例（%）
会乐器	2.12
会绘画	3.18
爱唱歌唱戏	22.26
会武术	3.18
会打麻将打扑克	63.60
会扭秧歌跳舞	13.07
会编织裁剪	10.95
会下棋	19.43
会剪纸等民间手艺	2.47
其他	4.95

2. 农民休闲活动的主要空间

农民休闲活动的主要空间大致可以划分为户内和户外两个部分。户内和户外的休闲活动必须保持适当的比例结构，才能有益于人的身心健康。①

① 田翠琴、齐心：《农民闲暇》，社会科学文献出版社2005年版，第156页。

户内休闲的空间有限，所以容易走向单调、贫乏，因而丰富、多样的户外休闲活动就成了农民休闲的发展趋势。

从调查中可以发现，农民休闲活动的一些项目，如聊天、打牌搓麻将、看电视甚至是其他的社交活动都是在家里进行的，不是在自己家里就是在别人家里。而一些户外休闲活动，比如体育锻炼、外出旅游在农民中的普及率较低，农民户外休闲的时间相应的就比较少。造成这一现象的原因，除了经济因素和农民缺乏休闲活动的意识，更主要的是休闲场所和设施配给不完善。在调查中，反映“缺乏活动场所”和“缺乏休闲活动设施”是参与休闲活动主要障碍的农民的比例也相当高，分别占63.60%和50.53%（如表8－2所示）。

表8－2　**妨碍农民参加户外休闲活动的主要原因（选前三项）**

类　别	原因之一	原因之二	原因之三	比例（%）
没有空闲时间	25.44	18.73	14.49	58.66
经济条件不允许	10.25	15.55	29.32	55.12
地点远，交通不方便	10.60	12.72	12.72	36.04
缺乏活动场所	26.86	17.31	19.43	63.60
缺乏休闲活动设施	16.25	24.03	10.25	50.53
不想浪费时间，想多干点活	10.60	11.31	13.43	35.34
其他	0	0.35	0.35	0.71

在调查的8个村庄中，多数没有读书看报、看电影看戏、体育活动、消遣娱乐、社交活动的场所。徐营北街、宣阳驿东街、高庙和望高楼侯堤4个村有小型的农贸集会，每5天举行一次；仅徐营北街村、宣阳驿东街村两个村有网吧，均是私人经营；徐营北街村、望高楼侯堤村、宣阳驿东街村和西小吴村4个村有台球场，露天型，规模较小；蒋村和徐营镇两村镇各有1个基督教堂；西张巨村、西小吴村、徐营、宣阳驿和高庙村均有庙宇，但很少举行庙会。以前西张巨村的庙会倒是一年一次，近几年没人组织也就搁置下来。邢韩村公共设施较少，因为地靠徐营镇，赶集、逛街均在镇上进行。另外8个村均没有图书室、文化站。各村不仅休闲场地

少，农民对休闲设施和场地的评价也不高。西小吴、望高楼侯堤、邢韩、宣阳驿东街和徐营北街等村子有戏台，但这些戏台长年不用，反而成了晾晒粮食的好地方。农村红白事看戏、看电影大多在自己家门前空地临时搭建戏台。各村学校倒是有一些体育设施，但农民却甚少使用。因而，农民的休闲活动多在家里进行，自家庭院倒成了休闲的首选空间，家庭式休闲成为中国农民休闲的主要形式。

3. 农民休闲活动的主要伙伴

在休闲活动中，人际性因素是人们参与休闲活动的重要因素。休闲活动大都涉及人与人之间的相互关系和相互作用。比如说，你想去打羽毛球、篮球、乒乓球，可是却找不到人同你一起活动，许多休闲活动都是需要几个人一起进行。所以在休闲活动中，需要克服各种人际交往的障碍。

农民主要是与家人以及邻居、朋友、亲戚一起开展休闲活动。按性别来说，女性的娱乐活动伙伴多是家人、邻居；而男性的娱乐活动伙伴除了邻居外，还有同事、朋友，甚至是单独活动。如果按年龄来分，年龄越长，其娱乐活动伙伴范围越窄，往往限于家人、邻居以及朋友等；年龄越低，其娱乐活动伙伴除了上述这些，还有同学、同事以及其他群体。从调查中不难看出，年轻人更喜欢与朋友、同学、同事一起娱乐，中年人更倾向于邻居、家人一起娱乐，老年人则更喜欢与家人一起娱乐或独自娱乐。

由于受到农民自身素质和农村现实条件的限制，农民几乎不开展学习活动和体育活动。文化程度越高的农民进行学习活动的时间就越多，但是往往是独自学习，几乎没有伙伴一起学习。文化程度低的人，倒是与伙伴共同学习的机会较多。农村体育设施缺乏，农民大多不进行体育活动，用他们的话说就是："干农活儿就相当于锻炼了。"影响农民体育运动伙伴的主要因素是年龄。年龄越大，参加体育运动机会越少，体育活动的伙伴多半是家人或邻居。年龄越低，独自运动的时间要多一些，有时也和家人、朋友以及同学等一起参加体育运动。

农民的社交活动不多，交往对象首先是邻居，其次是朋友和亲戚。女性和中老年人的交往对象多为邻居、亲戚；男性和青年人的交往对象除了邻居，还有就是朋友、同学、同事等。

（三）农民休闲的心态

1. 农民对休闲生活的满意度

在调查中，当被问到“您觉得自己家庭的休闲生活内容丰富吗?”很多人都选择了“一般”和“不太丰富”（如表8－3所示）。但是在访谈中发现，不少农民对自己休闲生活状态表示比较满意。在他们多数人看来，“不满意又能怎么样?”“不满意也没有办法啊!”这些都反映出农民的休闲心态。可以说，一方面，农民渴望休闲生活质量的提高，另一方面，却迫于农村现实环境而只能妥协。

在调查的8个村庄中，只有小学和中学的校园里有一些体育活动的场地与设施，村子里基本上没有体育活动的场所与设施。另外，多数村子没有固定的看戏、看电影的场所，农民看戏、看电影，要么是在村委会的院子里，要么是在庙宇前或别的空闲地上临时搭建。农民休闲生活的空间狭窄，已经成为制约农民休闲活动发展的主要原因。

表8－3　**农民对休闲生活内容的满意度**

类　型	比例（%）
很丰富	2.12
比较丰富	6.17
一般	46.29
不太丰富	38.17
很单调	6.17

2. 农民的休闲价值观

在经济主导的社会里，人们的生活必然以工作为中心，休闲处于从属的次要地位。在传统的农业社会中，休闲只是少数人的特权，对于多数农民来说，休闲则常常被视为“懒散”，甚至是无赖的象征，常被人们所不齿。

对于中国农民来说，工作与休闲哪个重要？哪个是生活的核心？研究表明，“先生产，后生活”“先治坡，后治窝”的“生产中心论”是20世纪80年代以前中国农民生活的典型写照。自改革开放以来，农民对待工作和休闲的态度，以及工作与休闲在农民生活中所扮演的角色，逐渐发生了变化。调查发现，在“工作与休闲哪个更重要”的选择中，选择“休闲比工作重要”的人占7.42%，选择“休闲与工作一样重要”的人占26.50%。选择“工作比休闲重要”的人占53.01%，而持“无所谓”态度的人占13.07%。由此可见，在对待“工作”与“休闲”的态度上，“工作重于休闲”是当前多数农民的生活价值观。

这种“挣钱第一、休闲第二”的休闲观决定了农民不太可能积极主动地选择休闲（如表8－4所示）。

表8－4 **农民对休闲的观点**

类　型	比例（%）
休闲时间太多会影响挣钱	24.73
休闲既浪费钱又消耗体力	42.4
多参加休闲活动可以强身健体	26.86
不能没有休闲，总干活没意思	28.98
休闲时间可有可无，影响不大	15.9
找不到活儿干，才闲着消遣	24.38

虽然农民的休闲意识在整体上还比较淡漠，但是这并不代表农民不渴望休闲。农民对休闲还是很渴望的（如表8－5所示）。在调查中发现，农民对于“多建文化娱乐和体育活动场所”“想看到高质量的电视、电影和戏曲节目”“多建图书馆和阅览室”和“多举办各类球类、棋类的比赛或农民运动会”的呼声比较高，分别占66.78%、50.88%、27.92%、27.56%。女性则比较偏重于“多建图书馆和阅览室”和“想看到高质量的电视、电影和戏曲节目”，男性则多选择“多举办各类球类、棋类的比赛或农民运动会”和“多建文化娱乐和体育活动场所”。青年农民则喜欢多“组织旅游活动”等。

表 8－5　　农民对丰富文化生活的建议和要求

建议和要求	频数	百分比（%）
多建图书馆和阅览室	79	27.92
多建文化娱乐和体育活动场所	189	66.78
多举办科技、文艺讲座	44	15.55
想看到高质量的电视、电影和戏曲节目	144	50.88
多举办各类球类、棋类的比赛或农民运动会	78	27.56
组织旅游活动	56	19.79
其他	10	3.53

二　河南省获嘉县农民休闲生活方式的特征

研究表明，城市居民在休闲时间、休闲场所和休闲方式等方面与农民有着很大的不同。从休闲时间看，城市居民的休闲生活时间要比农村居民有规律的多。城市居民有固定的工作时间、休息日和节假日，休闲时间可以完全和工作时间分离。从休闲场所看，城市居民的选择可谓多样化，除了家里或居住地附近的休闲场所——如社区活动中心、街边公园，还可以有更专业的 KTV、俱乐部、游乐场等多种选择。城市居民除了看电视、看电影、逛街和上网，近几年更趋向于体育健身等活动，例如节假日结伴爬山等越来越成为城市居民休闲新宠。不难看出，城市居民休闲科学化、文明化、健康化的程度正在日渐提高。相对而言，农村居民的休闲生活，无论是休闲时间、休闲场所还是休闲内容都要落后和保守。

（一）农民休闲时间季节性明显、相对集中

农业生产的季节性，导致了农民休闲时间配置亦具有明显的季节性特征。相对来说，农民冬季的劳动时间最短，休闲时间最长。

农民的休闲时间还具有一定的乡土性。休闲时间安排的随意性以及休闲时间界限的模糊性等特征依然存在。农民“半休闲”的现象比较普遍，如农民往往边看电视边做家务、经营商店的农民在没顾客时或做家务，或看电视、聊天等。农民的休闲时间不仅受到季节因素的影响，还受到当地

的工业化和城镇化程度、家庭结构、物质条件以及农民个人特征——如年龄、性别等众多因素的影响。

另外，随着非农就业的扩大，加上电视机的普及、网络的兴起等现代因素的影响，农民的休闲时间也开始具有某种共时性的特征。特别是新生代农民，他们大多从事非农产业，职业分化促进了外出务工农民的生活时间配置的季节性特征弱化。但他们整体休闲的时段性还是比较明显的。一些节假日例如春节、国庆节等，仍是农民休闲比较集中的时间，由此也说明了农民休闲时间的结构性单调。

（二）农民休闲活动内容比较单调、质量偏低

在冬季，农民三五成群地蹲在朝阳的墙角，或者围在火堆周边，漫无目的地闲聊……这种极具农村特色的现象在中国北方的农村随处可见。这也正说明了多数农民休闲活动的水平不高。在调查中发现：男性农民多选择搓麻将、打扑克等，女性农民则多选择聊天、逛街、赶集等。

休闲设施是进行休闲和社会交往的平台。目前农村休闲设施落后，篮球场、乒乓球馆等体育娱乐场所严重匮乏，图书馆、文化站等学习场所也极少。农民休闲活动的空间多以自己生存的空间为主，如自己家里、邻居家里、街头巷尾空地等。农民休闲活动空间狭小，村以外的休闲空间利用率又偏低，只有在逢年过节或有重大事件时才有可能利用村以外的空间。

另外，农民的社会交往对象往往为邻居、朋友等，这也是农民休闲活动的主要伙伴。农民休闲活动的类型和活动空间注定了农民选择休闲活动伙伴的范围较小，虽然不一定每次交往的都是同样的人，但通常变化不大。

农民休闲活动水平低、农村休闲设施短缺以及农民交往对象范围小等，影响了农民休闲活动内容的质量和开放性。当然农民关于休闲的价值观也是影响农民休闲的不可或缺的重要因素。

（三）农民休闲的态度是无奈、主动性差

休闲首先是一种心态、一种体验。任何活动，只要是自由选择的，并

为个人在进行这一活动的过程中能谋得自由这样一种感受的，都属于休闲的范围。[①] 不同的人因为个人的经历和生活背景不同，对休闲活动也会有不同的体验，不同的休闲体验则会表现出不同的休闲心态。

不同年龄段的农民对休闲时间会有不同的感受。中年农民因为自身的负担较重，他们对休闲时间的紧张感要高于老年农民和青年农民。职业的分化也使得农民对休闲时间产生不同的感受，非农职业者要比纯农职业者更觉得休闲时间紧张。此外，农民对于休闲活动场所的修建和使用抱无所谓态度。在采访中，有农民说："有没有这些场所对自己影响不大，有电视就行了。"甚至还有人说："村里建这些场所还得我们自己掏钱，没有也挺满意的。"

农民收入低、职业分化不彻底、农村基础设施落后，这些现实条件都迫使农民"无奈的空闲"和"无奈"的满意于目前的休闲条件。"无奈的空闲"是由于农民的这一身份特点所致，而"无奈"的满意则是农民休闲心态的一个比较典型的特征，它反映了农民的休闲心态与休闲生活的矛盾性和复杂性。由工作到休闲，人类的认识经历了一个相当漫长的过程。在以经济建设为中心的当下，人们的生活多以工作为中心，农民亦然。虽然农民认为"生活中不能没有休闲"，但同样认为"工作重于休闲"，农民常常不会主动选择休闲。可见，在农民的意识里，"休闲"还是一种"奢侈的享受"，在其生活中还处于次要地位。

从农民休闲活动内容和心态上不难看出，农民休闲的主动性差，积极性不高，休闲消费在农民的消费总量中占有的比重较低。农民只有在满足了物质等其他消费后，才会进行这种"剩余消费"。目前主动进行休闲消费并没有引起农民积极地关注。

（四）农民休闲生活方式呈现现代化趋向

农民的职业分化在很大程度上影响了农民生活时间的结构，农民所从事的职业不同，生活时间的结构性特征就不同，休闲时间的结构性特征同样也会发生改变。农民职业分化还带来农民收入的不同。不同职业收入不

---

① ［法］罗歇·苏著：《休闲》，姜依群译，商务印书馆1996年版，第3页。

同，使得农民用于休闲生活的物质基础就不尽相同，相应的休闲层次也就不同。农民职业分化还使得农民的就业空间扩大，不再只是局限于一个小小的村落之中，农民生活方式的封闭性和地域性因此被打破，农民的休闲生活也就相应产生新的变化。

一些农民从农村进入城镇，置身于现代都市文明之中，开始受到各种新观念和新生活方式的冲击。在耳濡目染中，农民自己的价值观念和生活方式也发生了相应的转变。正是因为这种流动，使得农民能够在城市中短期、长期工作，尝试另一种全新的生活方式，并使他们的物质生活和精神生活上都发生了新的变化。

电视在广大农村普及后，看电视成为农民日常生活中最常见的休闲方式。电视节目丰富了农民日常休闲活动的内容，它是农民获得新知识、新观念，培养新的生活方式的重要途径。电视、网络等传播媒介为农民带来了大量的信息，使农民接触到了新的事物、形成了新的观念。

三　提升农民休闲生活质量的几点思考

（一）繁荣农村经济，为农民休闲提供更大的自由

休闲时间和休闲自由是农民开展休闲活动的必要前提。只有提高了农业的生产效率，使农民获得了休闲时间和提升了休闲自由的基础上，农民才能充分享受到休闲的乐趣。科学化和机械化是现代农业的发展方向，现代农业的不断发展，一方面，使农民所需要的必要劳动时间变少，休闲时间增多，生产休闲时间均衡化，农民可以合理地安排自己休闲生活。另一方面，改变了农民的生产方式和生活方式，使农民在安排什么时候进行休闲活动方面有了更大的自由度。

一是要增加农民的土地收入。要发展现代农业，推进农业产业化，建立贸工农一体化的经营体制。农业生产不能只局限于单纯的生产领域，或只局限于狭隘的地区内。农业布局要区域化、农业生产要专业化、农业经营要产业化。在革新农业经营体制的同时，还要合理化地整合农业的产业化经营等，用专业合作替代社区合作，实现贸工农一体化的农业经营新体

制，即“行业协会+龙头企业+专业合作社+专业农户”的模式。[①] 应该说，发展现代农业、发展高效农业是顺应世界农业的发展潮流，也是解决中国农业现状的途径。

二是合理转移农村剩余劳动力。农村剩余劳动力问题是一个重要的战略问题，不仅直接关系到几亿农民的就业问题和发展问题，也关系到农村和农业的现代化，更关系到社会稳定、社会公平、社会公正与社会和谐。中国虽然是农业大国，但是农民人均占有耕地有限，积累了大量富余劳动力。农民农闲时甚至一年四季在外打工，由于城市的吸纳能力和农民所掌握的技能都比较有限，往往造成农村仍有大量劳动力滞留。因此，合理地转移农村剩余劳动力，为农民谋求新的经济来源也是构建和谐农村的重要组成部分。

统筹城乡发展、促进城乡一体化建设是转移农村剩余劳动力的有效渠道。经验表明，工业化与城镇化的同步发展，对于创造更多的就业机会是十分重要的。小城镇是农村工业化的重要载体，也是转移农村劳动力的重要阵地。农民就近转入小城镇就业，既可以降低农村剩余劳动力转移的成本和就业风险，又可以避免大中城市的吸纳压力等诸多问题。应加快建立和完善城乡劳动者平等的就业制度，逐步消除针对农民工进城就业的歧视性规定和不合理的限制，不断地拓展合理转移农村剩余劳动力的新渠道和新方式，促进劳动力跨城乡、跨地区，合理自由地流动。

转移农村剩余劳动力，不仅有利于农村的社会稳定，也有利于农民的收入增加，更改善了农民的经济条件和物质生活水平。农民的自由流动必然会带动家庭生活方式的转变，合理化的工作时间可以为农民提供更多的休闲和娱乐时间，城市、城镇的休闲娱乐场所可以给农民提供更好的休闲空间，使农民可以有更好的条件来享受生活和参加更多的休闲活动。

（二）加强科学文化教育，提升农民的休闲品位

美国著名休闲学者约翰·凯利说过：“在休闲中，学习比一时的享受

① 秦庆武、许锦英等：《中国“三农”问题的困境与出路》，山东人民出版社2004年版，第305页。

重要得多。”[①] 娱乐刺激和消磨时光是休闲的最低层次需求，而发展兴趣、培养创造力、完成自我价值的实现是休闲的最终目的。农民休闲需要有一定的技能做支撑，农民的受教育程度、知识文化背景都影响着农民休闲的层次——认识文字的可以通过读书看报等方式进行学习型休闲，而文盲却无法享受到这一休闲乐趣。教育在提高农民休闲技能方面存在着不可小觑的作用，学习科学文化知识还能够影响农民的价值观以及休闲观。英格尔斯认为：“在发展中国家，学校在培植和加强人的现代性的态度、价值观和行为方面，是最强有力的方式之一。”[②]

首先，加强农村基础教育。各级党委和政府应该加大对农村基础教育的投资力度和扶持力度，确保农村九年义务教育经费的充足，并且要进一步改善农村基础教育的硬件、软件条件，使农村教育走上良性发展的道路。农村基础教育要与农村社会经济实际紧密结合，发挥基础教育的资源优势，贴近农村实际，加大对农村学生涉农知识、技能的教育力度。有条件的地方还可以开设一些乐器、棋类等科目，培养农村学生不同的兴趣爱好，为其开展休闲活动提供更好的技能基础。

其次，加快发展农村职业技术教育和成人教育。农村职业教育和成人教育是针对全体农民的，其有利于提高农民的素质，培育新型农民。在当代农村，新型农业技术的推广、农业机械化程度的提高、农业专业化的增强等，都对农民的知识水平、生产技能以及休闲技能提出了更高的要求，农民已经不能按照以前传统的生产方式和生活方式来生产和生活，而是需要新的知识和技能来推进传统生产、生活方式的现代化。无论是哪种教育形式，都要以实用技术作为切入点。当前农民首要关注的还是如何致富问题，以农业、工业、商业实用技术以及经济管理技术等内容作为教育与培训的切入点，可以使农民不但具有创业意识，而且更具有创业能力，可以提高其生存和发展的能力。

最后，渗透休闲于教育之中。于光远先生曾说：“玩是人生的基本需

---

① ［美］约翰·凯利著：《走向自由——休闲社会学新论》，赵冉译，云南人民出版社2000年版，第78页。

② ［美］英格尔斯著：《人的现代化》，殷陆君编译，四川人民出版社1985年版，第101—102页。

要之一。要有玩的文化，要研究玩的学术，要掌握玩的技术，要发展玩的艺术。”[①] 休闲教育可以帮助人们培养休闲技能和休闲能力。而当前农村的基础条件不可能纯粹开展休闲教育，因此就要不断地将休闲教育渗透到农村教育之中，将其当作农村教育的重要因素，尤其要针对青少年、老人，逐步培养他们健康的生活观和休闲观。农村休闲教育的具体目标主要有：发展农民自身的兴趣和爱好，发挥农民的创造力，提高农民参加社会各项活动的机会，促进农民身心健康，培养农民的归属感，提供农民拥有和城市居民平等的发展机会，提高农民对农村生活的满足感，丰富农民的精神生活。休闲教育的内容，按照不同的角度可以分为不同的种类，有促进健康生活的身体娱乐方面的、有加强社会参与和表达友谊方面的、有需要智力的或体力方面的等。通过各种各样形式的休闲教育活动都可以达到休闲的目的，实现放松、休息和学习的意义——比如人们可以通过阅读、听音乐、做运动、参加各种娱乐活动，来达到休闲的目的。[②] 休闲教育能够使农民在休闲中重新认识自己的兴趣、爱好，重新确立自己的人生观和价值观。休闲教育要注重分类施教，使农民能够学习休闲、积极休闲、善于休闲、充分休闲、高效休闲。

（三）加大农村休闲文化建设，以丰富农民文化生活

首先，应努力向农村提供与城市一样的公共文化产品。当前，中国县级以下的文化部门对文化站大多缺少有效的管理，农村公共文化产品和服务供给不平衡问题还非常严重。县级、乡镇文化站的职能发挥的力度不够，广大农民的文化生活相对贫乏。在一些偏远或落后地区，甚至腐朽思想蔓延不止，愚昧迷信活动频频抬头，赌博斗殴等社会丑恶现象沉渣泛起。政府应担当起农村公共文化产品的供给和服务的主要责任，自觉地将核心公共文化产品的提供和服务纳入到农村社会总体发展规划之中，逐步改变“重经济，轻文化”的传统观念和做法。在农村主体文化建设中，党和政府应充分发挥他们的引导、规范和服务功能，引领农村文化产品服务

---

① 于光远：《玩是人生的根本需要之一》，《教书育人》2009 年第 2 期。

② 马惠娣：《和谐社会呼唤休闲教育》，《科学时报》2005 年 3 月 24 日。

市场文明、健康地发展。此外，应充分调动市场力量和其他社会力量来辅助政府，提供一些非核心公共文化产品服务和准公共文化产品服务，以此来弥补政府供给的不足。

中国各地风俗习惯和传统文化背景的差异较大，因此，无论是政府还是企业都必须因地制宜，应依据当地的风土人情，打造符合当地农民群众需要的文化服务。文艺表演团体的办团方式要灵活多样、要富有特色和地方风格，以此来赢得市场，吸引广大农民群众，争取在取得良好的社会效益和经济效益的同时，也能为农民群众提供良好的文化休闲服务。

其次，应努力拓展农民休闲活动的空间。农村公共休闲娱乐空间不仅是农民休闲娱乐的场所，也是农民社会交往的平台。农村公共休闲娱乐空间的建设，对于满足农民个体休闲需求和推进农村社会和谐具有重要意义。高质量、现代化的休闲生活需要建筑在丰富的、有创造性的、有文化品位的、现代化的休闲娱乐空间之上。

从总体上看，中国农民的休闲生活基本上还是以消遣活动为主，大量的休闲时间被看电视、打牌和闲待闲聊等消遣活动所消耗。针对这一情况，各级党委和政府要在新农村建设的总体规划中，体现出农村公共娱乐休闲空间建设的目标和任务，要有切实可行的实现机制。目前全国大多数市县都建立了电视转播台，“村村通电视”也基本上得以实现，报纸、杂志已经大量进入了农村社区和普通农家。值得一提的是，在经济条件较好的村镇，还建立了村镇文化中心——包括运动场、文化站、图书报刊阅览室等，这样能使农民的求知、审美、娱乐、体育等多方面的要求得到满足。在此基础之上，还要开发挖掘农村特有和固有的休闲资源和休闲环境，把农村中很多极具地域特色与民俗风味的独特艺术加以改革创新和推广。同时要保护和利用农村特有的历史人文景观和自然景观，发展乡村旅游，进一步丰富农民的文化生活。

第九章　新生代农民工生活方式现代化研究

随着工业化、城镇化和农业现代化的进一步发展，越来越多的新生代农民工已经从乡村进入城市。在城市文化尤其是消费文化的强烈刺激下，他们日益追求较高水平的物质享受和精神享受，其生活方式也随之日趋现代化。在人类历史的发展过程中，任何组织、民族和国家，都会在历史积淀、精神特质和社会实践基础上，形成符合群体文化基因与价值观念的生活方式，并以此延续和表征该群体的存在和发展[①]——只是在不同的历史时期和发展阶段，其实现程度有所不同。由于生活方式涉及人们的衣食住行、休息娱乐、人际交往等各个方面，并且具有无限的丰富性、广泛的大众性、较强的现实性和合理的价值性，因而它也就可以成为推动新生代农民工顺利融入城市的一个突破口和着力点。从生活方式现代化的视角来分析新生代农民工的城市融入问题，能帮助我们更好地认识和解决他们在进城之后所面临的各种新情况、新问题、新矛盾，进而推动他们顺利融入城市生活。这么做，既有利于新生代农民工的成长、成才，又有利于保持其所在城市的和谐稳定，因而具有重要的现实意义。

---

① 史向军、易鹏：《论构建具有文化软实力的当代中国生活方式》，《毛泽东邓小平理论研究》2013 年第 11 期。

一 生活方式现代化在促进新生代农民工融入城市中的独特作用

当前，新生代农民工之所以从农村来到城市，除了打工挣钱之外，另一个非常重要的目的就是为了像城里人一样过上现代化生活。从这个意义上讲，生活方式的现代化可以加快新生代农民工融入城市的进程。现实表明，新生代农民工在融入城市时，其生活方式的现代化可以产生四个独特作用。

（一）有助于增强新生代农民工的现代意识

现代意识是与传统观念相比较而言的，它是推动人们的生活方式趋向现代化的一种内在精神力量。一般而言，现代化的社会塑造了人的现代意识，而深受现代意识影响的现代化的人也推动了社会现代化进程。现代化发展的规律要求社会生产的主体、建设的主体——人，应与现代化进程相协调，并具备与之相适应的现代意识。[①] 中国博大精深的传统文化，一方面，是中华民族的重要凝聚力量之源，足以使全体中国人为之荣耀和自豪；另一方面，其中一些不合时宜的思想观念与思维方式仍深刻地影响着中国人的日常行为和生活方式，其中农民受影响的时间最长、程度最深。也正是因为如此，长期以来农民在某种程度上被认为是思想最保守、观念最传统的群体代表。与老一代农民工相比，新生代农民工受教育程度较高，其接受现代化的观念要快一些，但其现代意识与城市居民相比还有一定距离。在进城之后，新生代农民工生活方式的现代化既是其追求人生理想的一种现实表达，又强化了其对城市生活、市民意识、公民意识等现代性观念的认同，直接或间接地增强了其现代意识。这反过来又会进一步激发新生代农民工追求现代化生活方式的动力，促使其慢慢养成科学、文明、健康的生活方式，从而有助于加快他们融入城市的步伐。

① 张亚伟：《领导干部要注重培养现代意识》，《领导科学》2003 年第 21 期。

（二）有助于形成新生代农民工与市民在价值取向上的共识

历史与现实反复证明，人与人之间的良好关系构建，开始于两个主要的源头：一个是本能的喜爱，另一个是共同的目标。[①] 因此，符合这两个条件的真、善、美便成为人类的永恒追求，而在社会转型期间，人们对真、善、美则有着更加强烈的渴望——无论其是新生代农民工还是城市市民——因为每个人都渴望过上一种稳定、和谐和安宁的幸福生活。如今，随着社会文明的进一步发展，新生代农民工想做城里人的内心诉求日益得到包括城市居民在内的更多人的认同。从这个意义上讲，在融入城市的过程中，新生代农民工生活方式的现代化，既是其人生的一种价值取向，又是实现其人生价值的一种手段。就目前现实而言，绝大多数新生代农民工都希望能在其务工城市长期稳定生活，并日益坚定这种信念。为此，新生代农民工会在更大程度上力求使自己的生活方式现代化，以期进一步加大融入城市的力度，以早日成为真正的城市市民。

（三）有助于缩短新生代农民工与城市居民之间的心理距离

在融入城市的过程中，许多新生代农民工感觉到，他们难以被城市居民认同，更加谈不上被其信任。许多事实表明，一些城市居民之所以用某种轻视乃至厌恶的眼光看待新生代农民工，主要是因为新生代农民工与其具有一种完全不同的生活方式。通过观察发现，在建筑工地上干活的新生代农民工干活时穿的工作服看起来很脏，但是在下班后，如果出去逛街或娱乐，他们大多情况下会洗澡后，换件干净衣服才出去，他们穿着的款式和花色也越来越新潮，在穿着上几乎已经看不出农村与城市的差别。针对这个问题，我们在访谈一位 1989 年出生的新生代农民工时，他说道："平时挺注意穿着的，毕竟是年轻人嘛，不能搞得脏兮兮的，让人家看不起。本来城里人看我们的眼神就挺怪的。" 日常着装本是最为普通的生活行为，但在新生代农民工中却被赋予了不同的象征意义。他们对个人形象的塑造融合了社会认同这个成分，为了改变"城里人看他们的眼神"，使自己看起来

① ［英］柏特兰·罗素：《社会改造原理》，张师竹译，上海人民出版社 1986 年版，第 16 页。

“不要太土”，他们自觉调整着装，努力融入社会集体认同中。新生代农民工追求一种现代化的生活方式，久而久之就会与城市居民的生活方式趋同。在进城之后，与城市居民的近距离接触、发达的大众传媒可以让新生代农民工更迅捷地接受现代文明的熏陶，形成多元的价值观与开放式的新思维，进而成为城市文明和城市生活方式的向往者、接受者和传播者。这一切均会进一步弱化新生代农民工与城市居民之间在生活方式上的反差，从而大大缩小了其与城市居民之间的心理距离，彼此之间的心理隔阂也会因之慢慢消融。

（四）有助于帮助新生代农民工找到城市归属感

寻求归属、实现自我的价值以及建立具有重要意义的社会关系，这是所有人的本能。随着经济社会条件的逐步改善，中国城乡居民都渴盼在自己居住的区域，通过某种形式而与周围的人们建立起一种更为融洽、和睦的人际关系，以使自己在居住环境得到改善的同时，也能同步提升精神生活的质量。因此，精神归属问题已经成为个人社会化的重大问题。在城市自身的发展过程中，已有越来越多的城市居民深刻而又真切地感受到，新生代农民工对城市发展具有不可替代的作用。可以说，新生代农民工通过自身的努力与付出，已经赢得了越来越多的城市居民的好感与赞扬，这为他们融入城市奠定了好的社会基础，也为其寻求城市精神归属找到了一条绿色通道。因此，新生代农民工在城市融入过程中，努力使自己的生活方式现代化，既体现了其人生追求，也体现了其为寻找精神归属所做的努力。这种追求和努力在向城市居民证明新生代农民工的良好的精神风貌的同时，又向城市居民宣告其“以城市为家”的奋斗理念，进而加速了城市接纳新生代农民工的步伐，使其精神归属也有了相应的理想之所。

二　新生代农民工在追求现代化生活方式中的不良倾向

与老一代农民工相比，新生代农民工对其家乡的乡土认同正在逐步减弱，对其家乡世代相传的风俗习惯和文化传统也开始变得不适应或不认同，相反，他们开始尝试认同城市居民的社会文明和城市文明并努力追求一种现代化的生活方式。然而，由于各种主客观因素的影响和作用，新生代农民工在追求生活方式现代化的过程中，普遍存在一些不良倾向，并严重阻碍了其顺利融入城市的进程。

（一）以金钱为衡量生活水平的唯一标准

随着市场经济的进一步发展，拜金主义开始抬头并盛行。在现实生活中，大部分新生代农民工还处于精神、人格塑造的关键阶段，其世界观和人生观、价值观尚未定型。在拜金主义的负面影响下，一些新生代农民工把金钱作为衡量生活水平的唯一标准，在平时的生活工作中开始过分强调物质利益，并且越来越趋向功利化。他们在为人处世、就业择业、婚恋交友、教育子女等方面奉行金钱至上的准则，并将其视为衡量自身的生活和工作的成败标准。这种畸形的生活观念与人的全面发展观念相背离，剥夺了人的本质的丰富性，把人降低为金钱的奴隶，其所导致的结果是：在思想上认为“钱是万能的”；在行动上“一切向钱看齐”，甚至不择手段去获取金钱，有的还铤而走险，走上了违法犯罪的道路。对此，广大新生代农民工应当坚决予以抵制和摈弃，否则会后患无穷。

（二）入不敷出的畸形消费方式

与老一代农民工相比，新生代农民工挣钱消费的意识更为强烈。有相当多的新生代农民工是独生子女，他们进城务工的目的不再是为了养家糊口，其头脑中的节俭意识较为淡薄。一些新生代农民工非常注重和满足个人的物质需求和欲望，个人消费支出快速增加，对耐用消费品、奢侈品的要求不亚于城市居民。他们中的一些人过度消费，出现了不少的“月光族”。他们常常既没有帮助家人也没有积攒储蓄。有些人还滋长了攀比心理，花钱时大手大脚甚至负债累累——这样的消费方式应当引起新生代农民工的注意和警惕。

（三）自我中心的不良交往方式

受现实条件的制约，新生代农民工在人际交往上遇到了一些难题——如交际圈狭小、交朋友和找对象困难等，并逐步形成了以自我为中心的不良交往方式，由此制约了他们融入城市的进程。这一交往方式主要表现在三个方面：一是以自己的个人感受为主，不主动与别人交往，其交往对象大多局限于自己认识的熟人——如亲友、同乡、同事等，而与城市居民的交往则非常少。我们在走访中发现，大多数农民工会在老乡之间建立自己稳定的交往圈子，与老乡聊天也是经常的事。他们甚至认为，跟老乡聊天是每天要做的，甚至跟老乡聊天比给家里打电话还重要。有农民工给我们讲道："打电话太花钱，基本上每周打一次，大概就是介绍一下自己的情况，问问家里的情况，不能敞开聊。与老乡就不同，每天接触，生活中发生的'芝麻大的小事'都可以拿来谈论。"二是以自己的个人目的为主，交往对象往往只有那些对自己有帮助的人，其功利色彩相当明显。三是以个人的主观世界为主，更喜欢在虚拟的世界即网络中寻找交往的对象。这种不良交往方式的局限性与危害性显而易见：由于大多数新生代农民工的价值观尚未定型，一旦进入一个陌生的环境，其自我控制能力和道德规范的约束力会迅速下降，甚至会在放任的状态中迷失自己。其实，新生代农民工想更好地融入城市，就必须要适应新的交往环境，转变交往的观念，扩大交往的对象，充实交往的内容，尤其是要增加与城市居民等异质群体的交往频率等。

（四）沉溺娱乐的休闲生活方式

在现代社会中，娱乐活动已经成为人们日常生活中的一个重要组成部分。实践表明，适当的娱乐不仅可以放松人的心情、排遣人内心的一些紧张与压力，而且还可以提高人的工作效率和生活情趣。也就是说，娱乐活动在人的生活中应该有一个适当的地位，它必须与人们的辛勤工作紧密连接在一起才有价值。在紧张劳作之余，稍事休憩、放松一下自己，然后再工作、再劳动，这样的休闲才更有意义。然而，在现实生活中，少数新生代农民工颠倒了工作与休闲的地位，除了满足自己的感官快乐之外就无所事事。一旦新生代农民工养成了沉溺于娱乐的坏习惯，既不利于其身心健康，还会形成贪图享受、好逸恶劳的心理，久而久之则使其丧失追求美好生活的愿望和动力。这就是我们通常所说的"玩物丧志"。

三　努力形成科学、文明、健康的现代生活方式

现实表明，科学、文明、健康的生活方式既可以使人保持身体健康又可以充实精神生活。对于新生代农民工来说，生活方式的现代化既可以增加其与城市居民之间的相互信任，又可以加快其融入城市的进程。因此，新生代农民工在进城之后，只有形成科学、文明、健康的生活方式，才能早日融入城市当中并过上幸福生活。当前，新生代农民工在追求生活方式现代化的过程中应当有重点地从以下四个方面加以努力。

（一）培养合理的消费生活方式

据统计2013年新生代农民工在外务工的月生活消费支出人均为939元，比老一代农民工高19.3%；其人均寄回、带回老家的现金为12802元，比老一代农民工少29.6%。[①] 由此可以看出，新生代农民工收入普遍得到提高，其消费意愿和能力大为增强，消费观念和行为日趋多样化，其消费生活方式日趋现代化。他们中的绝大多数不再满足和停留于基本生存的需要上，而是不断扩大在饮食、服装、电子产品、人际交往、娱乐等方面的支出。对此，我们应当客观看待：一方面，新生代农民工不断调整其消费结构、增加消费支出有利于更好地适应城市生活，另一方面，过度的消费支出会增加经济负担、影响其整体生活质量。

与此同时，文化生活贫乏、文化消费不足、文化需求不能得到基本满足已经成为影响新生代农民工生活质量的重要因素。[②] 精神空虚、情感孤独已成为新生代农民工融入城市的一个主要困惑，进而影响其成长、成才。我们在调查中发现，读书、看报的习惯在农民工中很少看到。他们中的绝大多数人认为，读书看报是城市人做的事，要想获得信息或知识，上

---

① 国家统计局：《2013年全国农民工监测调查报告》，http://www.stats.gov.cn/tjsj/zxfb/201405/t20140512_551585.html。

② 董碧水：《新生代农民工精神文化生活孤岛化》，《中国青年报》2012年1月18日（05）。

网或看电视就够了。他们更重视工作的经验，认为工作经验的积累更能直接带动工资增长。学者建议，在实现生活方式现代化的过程中，新生代农民工应当在注重物质生活的同时更加注重精神生活，除了看电视、上网之外，应多读一些好书、多看看报纸、杂志等。这样做，既有助于度过无聊时光又能充实精神生活，从而不断提高自己的生活品位。需要指出的是，尽管当前在客观上新生代农民工充实精神生活的条件和机会有限，但随着社会的发展，国家已开始重视其精神文化需求并采取了一系列措施弥补这一不足。如组织了形式多样的文体活动，建了文化广场、体育场、公园、文化活动室、图书馆等休闲娱乐的文体设施场所。新生代农民工可以从中感受文明，提升自我，改变那种片面追求物质享受的生活方式，大力养成既注重物质生活又注重精神生活的现代生活方式，为融入城市提供强大的精神支撑。

（二）形成健康的交往生活方式

在融入城市过程中，一些新生代农民工感觉到自己被城市居民所排斥，认为城市居民不接纳他们，甚至对此耿耿于怀。这非常不利于其融入城市，甚至久而久之会产生一种仇视城市居民的心态。这一现象应当引起相关部门的重视。当前一些城市居民之所以不愿接纳新生代农民工的原因主要有两个：一是少数媒体对新生代农民工的负面报道大大降低了其在公众心中的形象；二是有些人认为新生代农民工保守落后、素质低下。不过，随着社会文明的进步——如近年来媒体对新生代农民工的正面报道日益增多，对其持宽容态度的城市居民人数也随之增多。但尽管如此，由于各种主客观因素（尤其是一些思想观念上的偏见）的影响，在一些城市居民心中，新生代农民工的外在形象依旧不佳。

为此，在融入城市过程中，新生代农民工要养成健康的交往生活方式，努力做到“三要”。一要注重个人的外在形象。在人际交往过程中，个人的外在形象十分重要，大部分人对别人的看法和印象主要是根据别人的外部行为而形成。对于一些城市居民来说，新生代农民工给其印象就是一个“土”字——这一看法有其片面性，因为新生代农民工与其父辈相比更为注重自己的个人形象——对此，新生代农民工应该以平和的心态看待这一现象，同时更加注重个人的行为修养和内在素质以提升其外在形象。通过日复一日、年复一年的努力，新生代农民工一定能够成为内在素质高、外在形象好的公民。二要尊重城市居民的生活方式。一个人的日常生活方式一旦养成之后，就会难以改变，有的人甚至还希望得到别人的尊重并按其习惯行事。由于工作和生活的需要，随着相关政策的出台，新生代农民工与城市居民打交道的场合与机会越来越多。为此，新生代农民工应当学习和讲求一些为人处世的方式与方法，在追求自己独特生活方式的同时尊重城市居民的生活方式。三要主动和城市居民交往。一项针对新生代农民工"最不能接受的城里人行为"的调查显示，有两种城市居民的行为，会令他们不满。首先是"看不起农民工"，其次是"对人不热情""生活太浪费""对人戒心重"①。新生代农民工对这些言行非常不理解，但在当下却也无力去改变这一现状。要想避免这一局面，新生代农民工要打开自己封闭的心扉、用友善的姿态和心态主动同其身边的城市居民进行接触、交往。同时，城市居民也应以开放、现代、包容的心态接纳他们，帮助他们自觉主动融入城市生活，适应现代文明。只要方式方法得体，农民工与城市居民之间是完全可以相互理解和尊重的。

（三）养成良好的休闲生活方式

随着生活条件的逐步改善，新生代农民工用于休闲娱乐的支出也在增加，并且呈现出不断上升趋势。与老一代农民工的"打工是为了养家糊口"这一观念相比，新生代农民工的打工观念已经发生了很大的变化，即他们中有越来越多的人认为养家糊口不再是其打工的唯一目的，而是为了"过上和城里人一样的美好生活"。在这一思想的支配下，越来越多的新生代农民工进一步坚定了"工作就是工作，生活就是生活"的认知，因而也更加愿意自由支配自己的闲暇时间（尤其是假日）。尽管当前多数新生代农民工的闲暇时间有限（要加班），但是这一趋势正在逐步发生变化，属于他们的闲暇时间将会越来越多。这是因为：一是加班这一做法日益得不到新生代农民工的认同甚至是抵触。二是在大力实施"依法治国"的背景

---

① 刘声：《做城里人已成为新生代农民工的憧憬》，《中国青年报》2011 年 12 月 9 日（03）。

下，企业强迫工人加班的做法难以为继。三是在“企业招工难”成为普遍现象的情况下，新生代农民工会将企业提供闲暇时间的多少作为其去留的重要依据。由此可见，随着新生代农民工素质的普遍提高，他们在融入城市过程中将会更加注重追求富有个性的、合乎个人兴趣的休闲生活方式。

事实上，新生代农民工的休闲活动也是他们适应城市生活的一种重要方式，并且能够提高其城市融入度。但就现实而言，由于受自身综合素质和经济条件的制约，绝大多数新生代农民工的休闲活动的内容偏少、层次较低，其休闲方式也较为片面和单调，缺乏娱乐性、趣味性和内涵性。他们除了看电视、听音乐、逛街（购物）、与熟人聊天之外，就是用手机聊天或去网吧上网，有时去娱乐场所（像酒吧、迪厅、溜冰场等），甚至只是吃饭、喝酒或者睡觉、休息。这些休闲只是消遣型、娱乐型的活动。由于缺乏生活意义和文化内涵的精神支撑，这些休闲活动必然会消磨新生代农民工的进取精神和奋斗意志。久而久之，新生代农民工的内心深处就会在其奋斗期望和生活现实之间产生一种巨大的差距，从而削弱其总体生活的满意度。对此，广大新生代农民工应该予以警惕。

（四）构建“突出成才导向”的学习型生活方式

这里的学习型生活方式，是指新生代农民工加强学习，并以此来做为自己的生活方式中的重要组成部分。与老一代农民工相比，新生代农民工的文化素质有了明显提高，但在整体上仍与城市居民有很大差距。其中，他们参加职业教育和技能培训的比例也较低。当前，在决定新生代农民工工资水平的各种因素当中，其工作经历和工作经验起着更加重要的作用。在我们走访中得知，多数人刚出来打工时，只能做最累、挣钱最少的“小工”或“杂工”，经过几年工作积累和实践摸索后，他们逐步或正在向“技术工”转换。他们在工作中所需要的各种技能及其积累，主要是通过学习和操作来慢慢实现的。对此，多数新生代农民工也愿意通过学习来进一步提高自己的职业技能和职业竞争能力，以增强就业能力，进而增加工作收入。

由于各种各样的主客观因素的影响（如不愿意或不舍得花钱、花时间、花精力，或者有畏难情绪等），他们中的很多人并没有树立终身学习的观念，即使有了也难以践行，即不把学习及其相关消费放在优先考虑的位置，依旧我行我素地重视享受、轻视发展，只顾眼前不顾长远。因此，新生代农民工应该把学习作为一种生活方式，在保证适当娱乐休闲的前提条件下，尽可能多地参加一些相关的职业教育和技能培训，以弥补自身的文化和教育缺陷，不断提升就业的综合素质和能力，并力争使自己成为有用人才。久而久之，新生代农民工的整体素质将会有一个质的飞跃，找到更大的发展空间、更高的发展平台，从而更好地使自己融入城市生活。

总之，新生代农民工对社会运行、城市建设做出了巨大贡献。让他们融入城市生活是不可阻挡的历史趋势。随着社会管理的加强、创新与完善，那些横亘在新生代农民工与城市居民之间的种种障碍也会随之消融。而新生代农民工，应以合乎理性的方法去实现自身生活方式的现代化——即其生活方式须符合人的本性及其地位，符合传统文化和现代文明的要求。只有追求科学、文明、健康的现代化生活方式，新生代农民工方能逐步使自身具备作为城市市民所应有的各种现代意识、素质与能力，才能早日融入城市的日常生活及其文化社会环境之中。[①]

---

① 陈文龙、史向军：《城市融入中新生代农民工生活方式现代化刍议》，《河北工业大学学报（社会科学版）》2015 年第 1 期。

结　语

本书对改革开放以来中国农民生活方式现代化变革状况进行了比较全面系统的研究。通过前面的考察和分析，我们可以得出如下基本结论。

第一，“三农”问题是中国社会主义现代化建设的重中之重，其核心是农民富裕问题，根本是让农民过上“美好生活”，实现农民生活方式的现代化。

党的十一届三中全会吹响了中国改革开放的号角，中国的社会生活重心开始从“以阶级斗争为纲”转移到了社会主义现代化建设上来。邓小平指出：“社会主义制度优越性的根本表现，就是能够允许社会生产力以旧社会没有的速度迅速发展，使人民不断增长的物质文化生活需要能够逐步得到满足。归根结底要表现在社会生产力的发展上，人民物质文化生活的改善上。”① 随着改革由农村至城市，中国特色社会主义现代化建设全方位展开，使人民群众的物质文化生活得到了极大的改善，人民生活由温饱水平提升至小康水平。进入全面建成小康社会的关键时期后，人民对美好生活的需要日益广泛，不仅体现在物质文化生活方面，而且体现在民主、法治、公平、正义、安全、环境等方面。党的十八大以来，中国特色社会主义现代化建设事业，在经济建设、政治建设、文化建设、社会建设、生态文明建设方面取得了历史性成就，人民生活达到更加富裕的小康生活水平。

中国社会主义现代化发展战略的实现最终落实在人民生活方式的现代

---

① 《邓小平文选（第2卷）》，人民出版社1994年版，第128页。

化变革中。可以说，农民生活方式现代化与中国社会主义现代化进程是同步的，也是有阶段的过程。大体上是：20 世纪 90 年代初，中国现代化战略第一步目标实现，农民传统的与小生产相适应的生活方式开始发生变化；20 世纪末，中国现代化战略第二步目标实现，农民计划经济体制下的生活方式有了较大的改变，现代化生活方式成为许多农民追求的自觉行动；进入 21 世纪，在实现中国现代化战略的第一个百年目标——全面建成小康的进程中，农民生活方式现代化全面推进。

第二，改革开放是一场新的伟大革命，引发了中国农民生产方式和生活方式的急剧变革。我们重点考察了改革开放以来农民的劳动生活方式、消费生活方式、闲暇生活方式、婚姻家庭生活方式、价值观念的变革。

调查和研究显示，农民生活方式的方方面面都在变化，虽然步调不同，趋向是一致的，那就是现代化。农民劳动生活方式以人力、畜力作业为主转向以机械作业为主，劳动条件显著改善，劳动强度大大降低，劳动时间逐步减少，劳动就业方式多元化，劳动收入逐步开始以非农性工资收入为主；农民消费生活方式由生存型向享受型转变，消费方式不断多样化，网络消费渐渐兴起；农民的闲暇时间增多，闲暇取向由数量型向质量型转变，闲暇行为由消遣型向发展型转变；农民的婚姻家庭生活代际差异明显，婚姻由不完全自主型向自主型转变，妇女在家庭中的地位趋于平等，家庭婚育观念由传统型向现代型转变，大多数人摒弃了“养儿防老”的理念，家庭居住方式由几世同堂向两代同堂型转变；农民现代新价值观破茧而出，生活观念趋于求新，个体性价值导向凸显，继续社会化诉求增强。

农民生活方式呈现的现代化趋向，源于中国共产党推动的改革，改革是农民生活方式现代化的强大动力。自始于农村的改革以来，中国经济建设取得了重大成就、民主法治建设迈出了重大步伐、思想文化建设取得了重大进展，农民生活方式现代化因此获得了强大的经济动力、政治动力、文化动力。

第三，中国倡导的农民现代化生活方式，是“科学、文明、健康”的生活方式。在构建“科学、文明、健康”的生活方式中，应推进生活方式传统与现代的整合。

在奔向更加富裕的小康生活的现代化征程中，对于大多数中国农民来说，人们不再“将就”着生活，开始“讲究”着生活，开始有了更多、更高、更多样的生活需求。人们开始选择“怎样生活”得更好，由此，“以什么样的方式生活”问题必然提到了日程。中国仍处于并将长期处于社会主义初级阶段，人口多，人均经济总量还不是很高，资源环境面临巨大压力。在中国，一个时期以来，物欲主义、金钱主义、消费主义和享乐主义盛行，美食、豪宅、名牌、豪车等单纯的物质享受，成为一部分人衡量生活好坏的标准，这种生活风气由城市渐至农村。从某种意义上来说，农民生活方式现代化，既不是追求西方式的生活，也不是完全向城市生活方式看齐——不能以能源和资源的过度消耗为代价来换取人们生活方式的“伪现代化”。这就需要实现传统生活智慧与当代人类创造的文明成果二者的辩证融合。传统生活方式是在中国传统文化影响下形成的生活样态，现代生活方式则是人类进入工业文明以后形成的、与现代的经济和社会发展相适应的生活方式。二者不是二元对立的关系，而是继承和发展的关系。推动生活方式的传统与现代整合，是为了人的“物质—精神综合价值”的实现。因此要采取扬弃的态度，对传统生活方式“取其精华、去其糟粕”，使其由封闭走向开放、一元走向多元，注重其和谐性、乐生性、互助性等特性资源的挖掘。同时，在此过程中，应努力在生活方式国际化与民族化的结合中找到“契合点”，整合现代生活方式的实质内核，实现生活方式的创造与转换。“中华文化提供了一种有效的生活方式，提供了一种富有历史感与独具特点的世界观与哲学观，一种人文价值与思路，一种独特的与精致的语言文字、文学艺术、工艺设计、文化瑰宝，一种乐生的、务实的、注重此岸性的生活态度与生活质量。”① 注重生命价值和意义的关怀，生生之德、勤劳俭朴、和而不同、厚生利用、天人合一等传统文化，为我们倡导的“科学、文明、健康”的生活方式提供了一种克服现代性某些负面弊端的有益思路，要从传统文化中萃取有益于现代人身心健康发展的生活理念和精神元素。在借鉴当代人类创造的文明成果，促进生活方式现代化方面，要通过学习和引进西方先进科学技术，不断增强自主创新能力，

① 王蒙：《中华传统文化与软实力》，《新重庆》2012 年第 1 期。

为人的文化活动的实施与生活层次的提升打牢基础。同时，深刻反思当代西方发达资本主义国家诸如精神消费的快餐化、过度享乐消费等生活方式的弊病和陷阱，通过人的观念、素质、能力的提升，获得具有主体调适能力的达到身心健康的生活方式。

第四，生活方式现代化是一种理性行为选择，需要进行社会引导和进行生活教育来实现。

在中国社会主义现代化进程中，必须尊重农民的自主权。改革开放以来，我国农村实行家庭联产承包责任制、乡镇企业的异军突起，都是农民自己创造的。虽然农民的整体素质还有待进一步提升，但农民也是理性的，也同样应该具有自己的生产、生活方式的自主权，我们必须尊重农民的生活需求和感受。

当前，中国农民受教育水平在总体上仍低于城市居民，根本问题是中国农民中受过高中以上教育者占比太低，不能满足农民享有更好教育的期盼，从而束缚了农民的现代化发展。从农民的思想道德素质看，随着社会主义市场经济的发展，农民的思想观念、思维方式正在发生历史性的变化，他们中很多人已经成为市场经济的弄潮儿。但千百年来形成的旧的传统和陋习在农民身上留下的烙印，不可能在短时期扫荡无存，农民生活方式的选择在传统与现代之间左右为难，个别农民盲目攀比消费，个别农村封建迷信、非法宗教活动蔓延，赌博偷盗成风，农民由过去没有条件过“好生活”，到如今不知如何选择“好生活”——出现了生活方式选择的困惑。这就需要开展社会引导和进行生活教育，一是通过各类学校教育提高农民的科学文化素质；二是应将培育和践行社会主义核心价值观与引导农民形成科学文明健康的生活方式结合起来，将社会主义核心价值观教育融入农民生活方式的养成之中，使得科学文明健康的生活方式最终成为农民的理性行为选择。

第五，农民生活方式现代化以及其承载的生活价值观已经成为透视中国社会发展程度的微观视角。中国社会主义现代化建设，包含经济、政治、文化、社会、生态文明各项建设，统筹推进“五位一体”总体布局，将为农民生活方式现代化提供良好的物质基础、制度保障和社会氛围。

在经济上，应根据知识经济时代的变化着力转变经济发展方式，坚持绿色发展，坚持科技创新促发展，不断提高经济增长的质量和效益，实现物质生活充裕且坚定厚实，不仅满足人们在食品、住房、医疗等基本的日常生活需要，而且要开发休闲教育，挖掘、发展人们教育、旅游、游乐等生活文化资源。在政治上，应坚持党对农村工作的绝对指导，不失时机地推动农村治理体系和治理能力现代化的改革，使农民政治生活充满活力，更加平等有序、自由开放，破除当前一些农村党员干部的特权意识及其衍生的腐朽的生活方式，通过完善法治等进一步凸显社会公平正义，使法治成为一种公民自觉的生活方式。在文化上，要不断提升文化生产力，构建全社会公平合理的教育资源的分配机制，以“中国梦”与社会主义核心价值观凝聚乡村农民的价值观和理想信念，改善文化民生，促使农民群众的文化生活丰富多彩。在社会建设上，从政策和制度上保护农村社会的贫困群体，避免社会生活资源分配严重不公、分布极不平等的现象，逐渐消除人与人之间的隔阂与歧视，使人人都过上有尊严的生活。在生态文明建设上，直面当代中国农村生态环境恶化，以及生活方式在城乡之间、不同群体和地区的不平衡性发展的局面，把生态文明建设的理念、原则、目标等深刻融入和全面贯穿到我国经济、政治、文化、社会建设的各方面和全过程，引导社会自觉践行绿色生活方式，在人与自然的共生中，形成人与自然和谐相处的生态格局。

中国共产党十九大做出了实施乡村振兴战略的重大决策，其“产业兴旺、生态宜居、乡风文明、治理有效、生活富裕”的总要求，内含着农民生活方式现代化目标。随着乡村振兴战略的实施，农民的收入水平、农村基础设施、农业的产业化以及农村的乡风文明和社会治理水平将显著提升，“科学、文明、健康”的生活方式必将成为越来越多农民的自觉追求。

本书不仅对改革开放以来农民生活方式从传统到现代的变革进行了系统梳理，而且以项目组成员实地个案调研为例，对农民生活方式现代化若干问题进行了较有针对性的讨论，提出了一些新见解，对推动这一领域更深入的讨论有一定的积极作用。但是，中国农村数量庞大，农村状况复杂，由于全面深入调查不足，受第一手资料、研究者学识所限，尚有许多问题未涉及，如少数民族农民生活方式现代化状况、不同区域农民生活方式现代化的比较研究、如何构建农民绿色生活方式等方面尚需进一步研究。

主要参考文献

一 著作

1.《马克思恩格斯文集（第1卷）》，人民出版社2009年版。

2.《马克思恩格斯文集（第2卷）》，人民出版社2009年版。

3.《马克思恩格斯文集（第3卷）》，人民出版社2009年版。

4. 马克思：《资本论（第1卷）》，人民出版社2004年第2版。

5.《毛泽东选集（第4卷）》，人民出版社1991版。

6.《邓小平文选（第2卷）》，人民出版社1994年版。

7. 中共中央宣传部：《习近平总书记系列重要讲话读本》，学习出版社、人民出版社2014年版。

8. 李君如主编：《社会主义和谐社会论》，人民出版社2006年版。

9. 罗荣渠：《现代化新论——世界与中国的现代化进程（增订本）》，商务印书馆2004年版。

10. ［美］凡勃伦著：《有闲阶级论》，蔡受百译，商务印书馆1964年版。

11. ［美］托夫勒著：《未来的震荡》，任小明译，四川人民出版社1985年版。

12. ［美］托夫勒著：《第三次浪潮》，朱志焱等译，新华出版社1996年版。

13. ［美］约翰·奈斯比特著：《大趋势——改变我们生活的十个新方向》，梅艳译，中国社会科学出版1984年版。

14. ［苏］维什涅夫斯基主编：《社会主义生活方式》，史宪忠等译，南京大学出版社 1988 年版。
15. 《十一届三中全会以来重要文献选读（下）》，人民出版社 1987 年版。
16. 王玉波、王辉、潘允康：《生活方式》，人民出版社 1986 年版。
17. 王伟光：《社会生活方式论》，江苏人民出版社 1988 年版。
18. 王雅林：《生活方式概论》，黑龙江人民出版社 1989 年版。
19. 王玉波：《大樊笼·小樊笼——中国传统生活方式》，中国新闻出版社 1989 年版。
20. 罗萍编著：《生活方式学概论》，甘肃科学技术出版社 1989 年版。
21. 王雅林：《繁难的超越》，黑龙江人民出版社 1995 年版。
22. 王雅林：《人类生活方式的前景》，中国社会科学出版社 1997 年版。
23. 宋涛等著：《传统裂变与现代超越》，民族出版社 2006 年版。
24. 田翠琴、齐心：《农民闲暇》，社会科学文献出版社 2005 年版。
25. 《十四大以来重要文献选编（中）》，人民出版社 1997 年版。
26. 《中华人民共和国第十届全国人民代表大会第四次会议文件汇编》，人民出版社 2006 年版。
27. 国家统计局编：《中国统计年鉴 1984》，中国统计出版社 1984 年版。
28. 国家统计局编：《中国统计年鉴 2014》，中国统计出版社 2014 年版。
29. 国家统计局编：《中国统计年鉴 2016》，中国统计出版社 2016 年版。
30. 严新明：《生存与发展——中国农民发展的社会时空分析》，社会科学文献出版社 2005 年版。
31. 邹进泰、张爱虎编著：《激荡百年：大国农业》，中国法制出版社 2013 年版。
32. 国务院发展研究中心农村经济研究部课题组：《中国特色农业现代化道路研究》，中国发展出版社 2012 年版。
33. 张岂之主编：《中国历史（晚清民国卷）》，高等教育出版社 2001 年版。
34. 费孝通：《江村经济——中国农民的生活》，商务印书馆 2001 年版。
35. 孙健：《中国经济通史》中卷（1840 年—1949 年），中国人民大学出版社 2000 年版。

36. 本书编委会编：《中华人民共和国国史全鉴·第二卷（1954—1959）》，团结出版社1996年版。
37. 中共中央文献研究室编：《建国以来重要文献选编（第15册）》，中央文献出版社2011年版。
38. 中国大百科全书总编辑委员会：《中国大百科全书（农业Ⅰ）》，中国大百科全书出版社1990年版。
39. 中国农业年鉴编辑委员会：《中国农业年鉴》，中国农业出版社2013年版。
40. 高丙中编：《现代化与民族生活方式的变迁》，天津人民出版社1997年版。
41. ［美］英格尔斯著：《人的现代化》，殷陆君编译，四川人民出版社1985年版。
42. ［匈牙利］阿格妮丝·赫勒著：《日常生活》，衣俊卿译，重庆出版社1990年版。
43. ［美］史蒂文·瓦格著：《社会变迁（第5版）》，王晓黎等译，北京大学出版社2007年版。
44. 衣俊卿：《现代化与日常生活批判——人自身现代化的文化透视》，黑龙江教育出版社1994年版。
45. 鲁孟河主编：《绍兴年鉴（2011）》，方志出版社2011年版。
46. 任桂全主编：《绍兴市志（卷12）》，浙江人民出版社1996年版。
47. 梁鸿：《中国在梁庄》，江苏人民出版社2010年版。
48. 陈良学：《明清川陕大移民》，中国文联出版社2009年版。
49. ［法］罗歇·苏著：《休闲》，姜依群译，商务印书馆1996年版。
50. 秦庆武、许锦英等著：《中国"三农"问题的困境与出路》，山东人民出版社2004年版。
51. ［美］约翰·凯利著：《走向自由——休闲社会学新论》，赵冉译，云南人民出版社2000年版。
52. ［英］柏特兰·罗素著：《社会改造原理》，张师竹译，上海人民出版社1986年版。
53. 费孝通：《乡土中国》，中华书局2013年版。

54. 曹锦清：《黄河边的中国》，上海文艺出版社 2000 年版。
55. 戴星翼：《节俭的发展》，复旦大学出出版社 2010 年版。
56. 贺雪峰：《乡村的前途》，山东人民出版社 2007 年版。
57. 中国现代化战略研究课题组：《中国现代化报告（2003）——现代化理论、进程与展望》，北京大学出版社 2003 年版。
58. ［美］约瑟夫·斯蒂格利茨等著：《对我们生活的误测——为什么 GDP 增长不等于社会进步》，阮江平等译，新华出版社 2014 年版。
59. ［爱尔兰］瑞雪·墨菲著：《农民工改变中国农村》，黄涛、王静译，浙江人民出版社 2009 年版。
60. 王宁：《消费社会学》，社会科学文献出版社 2001 年版。
61. 罗钢、王中忱主编：《消费文化读本》，中国社会科学出版社 2003 年版。
62. ［英］本·海默尔著：《日常生活与文化理论导论》，周志宏译，商务印书馆 2008 年版。

二　期刊、报纸

1. 于光远：《社会主义建设与生活方式、价值观和人的成长》，《中国社会科学》1981 年第 4 期。
2. 杜任之：《谈谈生活方式》，《社会》，1982 年第 1 期。
3. 王雅林：《马克思“生活的生产”理论预设的当代意义——关于社会发展理论框架的新建构》，《学术交流》2005 年第 7 期。
4. 徐勇：《马克思恩格斯关于生活方式问题的基本思想探讨》，《马克思主义研究》1986 年第 3 期。
5. 高丙中：《西方生活方式研究的理论发展叙略》，《社会学研究》1998 年第 3 期。
6. 王玉波：《要重视“生活方式”的研究》，《国内哲学动态》1984 年第 5 期。
7. 王亚林：《变革中的生活方式：继承和借鉴问题》，《社会学研究》1986 年第 1 期。
8. 青连斌：《建立社会主义生活方式指标体系的方法论问题》，《社会学研究》1988 年第 4 期。
9. 青连斌：《再论生活方式指标体系的建立及其应用》，《社会科学研究》1989 年第 2 期。
10. 姚洪胜：《我国农村改革中的农民生活方式研究》，《吉林大学社会科学学报》1985 年第 4 期。
11. 蒙晨：《广西南宁市永宁村农民生活方式的变化》，《社会学研究》1986 年第 6 期。
12. 马惠娣：《“八个零”：折射中国农民工休闲生活境况之忧》，《毛泽东邓小平理论研究》2010 年第 12 期。
13. 沈文捷、风笑天：《城里的农村媳妇：农村女性婚姻移民的城市适应》，《湖南师范大学学报（社科版）》2013 年第 2 期。
14. 杨甫旺：《云南彝族婚姻家庭生活方式的变迁——永仁县谢腊村彝族生活方式变迁研究》，《学术探索》2007 年第 5 期。
15. 买天：《全国农业产业化组织总数达 38.6 万个》，《农民日报》2016 年 7 月 26 日（01）。
16. 董碧水：《“淘宝”悄然改变农村消费模式》，《中国青年报》2014 年 11 月 20 日（06）。
17. 王思语、罗提：《双 11 全球化　海外商家首次参战》，《华西都市报》2014 年 10 月 14 日（a17）。
18. 张璐晶：《来自民间的经济内生动力》，《中国经济周刊》2014 年第 11 期。
19. 刘俊彦：《消费主义思潮与青少年思想道德建设》，《中国青年政治学院学报》2006 年第 1 期。
20. 史向军、陈文龙：《选择与引导：农民消费生活方式现代化调查与思考——以安徽省太湖县 T 村为例》，《理论导刊》2014 年第 4 期。
21. 于光远、马惠娣：《关于“闲暇”与“休闲”两个概念的对话录》，《自然辩证法研究》2006 年第 9 期。
22. 王雅林：《闲暇生活方式与个性发展》，《青年研究》1985 年第 1 期。
23. 冯建军、万亚平：《闲暇及闲暇教育》，《教育研究》2000 年第 9 期。
24. 朱启臻：《闲暇时间，农民在干啥？》，《社会》1996 年第 12 期。

25. 陆学艺：《农村要进行第二次改革 进一步破除计划经济体制对农民的束缚》，《中国农村经济》2003 年第 1 期。
26. 王玲玲：《大众传播对现代休闲理念的影响与作用》，《浙江社会科学》2005 年第 4 期。
27. 柯炳生、陈华宁：《对培养新型农民的思考》，《中国党政干部论坛》2006 年第 4 期。
28. 马惠娣：《21 世纪与休闲经济、休闲产业、休闲文化》，《自然辩证法研究》2001 年第 1 期。
29. 丽华：《游走在伦理和法律边缘的农民工“临时夫妻”》，《中国工人》2013 年第 9 期。
30. 阳畅宏、刘晓忠：《当前农民精神文化生活需求状况调查》，《学习导报》2006 年第 2 期。
31. 衣俊卿：《论世纪之交中国文化的裂变与整合——关于中国现代化的文化精神的思考》，《开放时代》1996 年第 2 期。
32. 蔡志海：《流动民工现代性的探讨》，《华中师范大学学报（人文社会科学版）》2004 年第 5 期。
33. 康来云：《改革开放以来中国农民价值观变迁的共性特征》，《郑州大学学报（哲学社会科学版）》2009 年第 9 期。
34. 康来云：《改革开放 30 年来中国农民价值观变迁的历史轨迹和未来走向》，《学习论坛》2008 年第 9 期。
35. 刘玲：《和谐社会视阈下农民价值观变迁研究》，《生产力研究》2011 年第 4 期。
36. 绍兴市统计局：《2010 年绍兴市国民经济和社会发展统计公报》，《绍兴日报》2011 年 2 月 22 日。
37. 《关注：搬迁又返乡的农民》，《华商报》2011 年 4 月 28 日（A27）。
38. 邓邦才：《旬阳县农民进镇情况调查与政策建议》，《陕西发展和改革》2010 年第 5 期。
39. 于光远：《玩是人生的根本需要之一》，《教书育人》2009 年第 2 期。
40. 马惠娣：《和谐社会呼唤休闲教育》，《科学时报》2005 年 3 月 24 日。
41. 史向军、易鹏：《论构建具有文化软实力的当代中国生活方式》，《毛泽东邓小平理论研究》2013 年第 11 期。
42. 张亚伟:《领导干部要注重培养现代意识》,《领导科学》2003 年第 21 期。
43. 董碧水:《新生代农民工精神文化生活孤岛化》,《中国青年报》2012 年 1 月 18 日(05)。
44. 刘声:《做城里人已成为新生代农民工的憧憬》,《中国青年报》2011 年 12 月 9 日(03)。
45. 陈文龙、史向军:《城市融入中新生代农民工生活方式现代化刍议》,《河北工业大学学报(社会科学版)》2015 年第 1 期。
46. 王蒙:《中华传统文化与软实力》,《新重庆》2012 年第 1 期。

三 电子文献

1. 盛卉、舒洁:《户籍制度改革带来六大变化 公共服务资金短缺是难点》, http://politics.people.com.cn/n/2014/0801/c1001-25387199.html。
2. 国家发展和改革委员会:《国家粮食安全中长期规划纲要(2008—2020 年)》, http://www.gov.cn/jrzg/2008-11/13/content_1148414.htm。
3. 国家统计局:《2013 年全国农民工监测调查报告》, http://www.stats.gov.cn/tjsj/zxfb/201405/t20140512_551585.html。
4. 宁陕县委县政府:《宁陕县江口镇》, http://www.ningshan.gov.cn/2009/Dep_index。
5. 农业部:《"十三五"全国新型职业农民培育发展规划》, http://jiuban.moa.gov.cn/zwllm/ghjh/201701/t20170122_5461506.htm。

附录一　农民休闲生活方式调查问卷

农民朋友：

您好！我们正在进行有关“农民休闲生活方式”的调查，想和您谈谈有关休闲的问题。我们想通过对您的调查，了解一下农民的休闲状况。本次调查采用匿名制，所有统计数据仅用于统计分析。烦请您根据自身的情况在问卷上相应的选项上打“√”或填写相应的答案，若无特殊说明只选一项。对您提供的资料我们将绝对保密，谢谢您的支持！

性别______年龄______受教育程度________

1. 请问和您住在一起的有几代人？

   ①一代人　②两代人　③三代人　④四代以上

2. 请问 2009 年您家中和您一起吃住生活在半年以上的有______口人。

3. 您现在主要从事的产业是：

   ①种植业　②林果业　③畜牧业

   ④渔业　⑤交通运输业　⑥商业、餐饮业

   ⑦服务业　⑧教育、科技业　⑨医疗卫生业

   ⑩劳务　⑪其他

4. 您现在主要职业的工作地点是：

①本村　②本乡　③本县　④本市　⑤本省　⑥外省市

5. 请您选出您家拥有的电器和家庭耐用品（在拥有物品后打“√”）。

彩电　（　）	冰箱　（　）	洗衣机（　）	电话　（　）	手机　（　）
自行车（　）	影碟机（　）	微波炉（　）	摩托车（　）	电脑　（　）
电风扇（　）	空调　（　）	数码相机（　）	农用汽车（　）	家用汽车（　）

6. 您在过去的一年中用于农闲的时间大约有__________天。

7. 农闲时您一般从事什么活动（可选两项）？

①外出做些小买卖、打工　②在家做些手工活

③学些手艺、技术　④消遣娱乐或待在家里

⑤外出旅游

8. 在您休闲时，您做得最多的休闲活动是？

第一位________第二位________第三位________

①和家人聊天　②走访亲戚串门　③与邻居聊天

④看电视听广播　⑤打麻将、扑克　⑥看书读报

⑦学手艺、技术　⑧主动去了解科技、经济信息

⑨下棋　⑩逛街赶集　⑪体育锻炼

⑫休息、什么也不干　⑬其他（说明）________________

9. 如果您喜欢打麻将、玩扑克，那么您主要的目的是什么？

①消磨时间　②好玩　③赢钱　④根本不玩

⑤其他（说明）________________

10. 您在串门聊天或户外交谈时，主要谈论的是什么内容（可以选择两项）？

①国家大事或政策　②邻里之间的新鲜事

③子女的教育问题　④村子的大事

⑤各家自己的琐碎事情　⑥农业生产技术

⑦闲谈，没有具体的内容

11. 您在休闲活动中最擅长什么？（不超过三项）

①会乐器　②会书法、绘画　③爱唱歌、唱戏

④会武术、太极拳　⑤会打麻将、扑克

⑥扭秧歌、跳舞　⑦会编织、裁剪　⑧会下棋

⑨剪纸等民间手艺　⑩其他（说明）________________

12. 您觉得自己的休闲时间够用吗？

①休闲时间太多了，不知怎么打发

②休闲时间比较多，能参与一些休闲活动

③休闲时间正好够用

④休闲时间较少，有些活动不能参加

⑤休闲时间太少，不够用

13. 如果您觉得的休闲时间不够用，那么您觉得是哪些主要原因？

①生产或是经营时间太长了，占用了自己的休闲时间

②家务劳动时间太长了，缺少现代化的家务劳动设备

③愿意多睡会觉　④时间利用率低，不知如何利用时间

14. 您村中有下列休闲活动和场所吗？您对此是否满意呢？（在符合您自己的情况下打“√”。）

休闲场所	有	无	很满意	基本满意	不太满意	很不满意
读书看报场所						
体育活动场所						
集贸市场						
消遣娱乐场所						
看戏曲场所						

15. 您觉得自己家庭的休闲生活内容丰富吗？

①很丰富　②比较丰富　③一般　④不太丰富

⑤很单调

16. 您认为阻碍您参加户外休闲活动的主要原因是什么（请排出前三名）？

第一位________第二位________第三位________

①没有空闲时间　②经济条件不允许

③地点远，交通不方便　④缺乏活动场所

⑤缺乏休闲活动设施

⑥不想浪费时间，想多干点活儿挣钱

⑦其他（说明）________________

17. 您同意以下哪种观点（不能超过两项）？

①休闲时间太多，会影响挣钱

②休闲既浪费钱又消耗体力

③多参加休闲活动可以强身健体

④人生不能没有休闲，总干活没意思

⑤休闲时间可有可无，对自己影响不大

⑥找不到活儿干，才闲着消遣

18. 您认为工作和休闲哪项更重要？

①休闲比工作重要　②两者一样重要

③工作比休闲重要　④无所谓哪个重要

19. 如果您有足够的钱，您是否还愿意工作？

①愿意继续工作，可以挣得更多的钱

②不想再工作了，想尽情享受生活

③想适当干些活儿，人不能总闲着

20. 您对丰富农民的文化休闲生活有哪些建议和要求（可以多项选择）？

①多建图书馆和阅览室

②多建文化娱乐体育活动场所

③举办科技、文艺讲座

④看到高质量的电视、电影和戏曲节目

⑤举办各类球类、棋类的比赛或农民运动会

⑥组织旅游活动　⑦其他（说明）________________

附录二　农民生活方式调查问卷

亲爱的朋友：

您好！我们是西安理工大学农民生活方式现代化研究课题组的成员。为全面了解农民生活方式现状，我们进行此次问卷调查。本调查不记名，答案无对错之分，请您根据自己的实际情况如实填写。对您填写的问卷，我们承若严格保密。衷心感谢您的支持与合作！

访问地点：______县　______乡　______村

访问时间：______年　______月　______日

1. 您的性别：

①男　②女

2. 您的年龄：

①25 岁及以下　②26—35 岁 ③36—45 岁　④46—55 岁

⑤56 岁以上

3. 您的文化程度：

①小学及以下　②初中　③高中或中专　④大专及以上

4. 您的婚姻状况：

①未婚　②已婚　③离婚　④丧偶

5. 您目前的职业：

①务农　②务工　③务农兼务工　④个体经营

⑤无业或失业　⑥其他

6. 您收入的主要来源：

①种植　②养殖　③家庭副业　④本地打工

⑤外出打工 ⑥个体经营 ⑦办企业

7. 目前您家庭的农业生产工具主要是：

①机械化 ②半机械化 ③手工劳动工具

8. 您家庭在农业生产中农业科技的运用程度：

①很高 ②较高 ③一般 ④较低 ⑤很低

9. 您平均每天的工作时间是：

①8 小时及以下 ②9—10 小时 ③11—12 小时

④12 小时以上

10. 您对目前工作的满意度：

①很满意 ②比较满意 ③一般 ④不太满意 ⑤很不满意

11. 您家一年的消费支出共计______________元，其中：

①生产性支出__________________元

②食品消费支出________________元

③衣饰支出________________元

④住房消费支出________________元

⑤交通出行支出________________元

⑥日用家具电器支出________________元

⑦教育消费支出________________元

⑧医疗保健支出________________元

⑨文化娱乐支出________________元

⑩人情交往支出______________元

12. 您家消费中最重要的三项支出：第一位______ 第二位______第三位______

①新建、维修房屋 ②子女教育 ③就医看病

④日常家庭生活开支 ⑤ 婚丧嫁娶 ⑥人情交往

⑦购买生产资料 ⑧娱乐消遣 ⑨其他（请注明）______

13. 您购买衣服时最看重：第一位______ 第二位______

①品牌 ②款式 ③面料 ④耐穿 ⑤价格

14. 您日常是否去餐馆消费：

①常去 ②偶尔 ③从来不去

15. 您是否关注饮食健康：

①非常关注　②有时会关注　③从不关注

16. 您家里有下列哪些物品（可多选）：

①摩托车　②电视机　③洗衣机　④太阳能　⑤电脑

⑥电冰箱　⑦固定电话　⑧手机　⑨照相机　⑩空调

⑪小轿车　⑫豆浆机等小家电

17. 您家的主要交通工具（可多选）：

①自行车　②摩托车　③电动自行车　④公交车　⑤私家车

18. 您家拥有洗澡卫生设备的情况：

①家用太阳能　②电热水器　③没有　④其他（请注明）______

19. 目前影响您购物选择（品牌、价格等）最主要的因素：

①广告　②营业员的推荐　③亲戚朋友的推荐　④个人喜好

⑤其他

20. 您认为婚丧嫁娶应：

①从简　②量力而行　③大操大办

21. 您会在网上购物吗？

①会　②不会　③没听说过

22. 您家未来三五年最大的消费支出是：

①建房　②购房　③教育　④结婚　⑤购车　⑥医疗保健

⑦生产资料再投入　⑧其他（请注明）______

23. 您在过去的一年中农闲时间大约有________天。

24. 农闲时您一般从事的活动（可选两项）：

①做些小买卖　②外出打工　③在家做些手工活

④学些手艺、技术　⑤消遣娱乐或呆在家里　⑥外出旅游

25. 您空闲时做的最多的休闲活动是：

第一位________　第二位__________　第三位________

①和家人聊天　②走访亲戚串门　③与邻居聊天

④看电视听广播　⑤上网　⑥打麻将、扑克

⑦看书读报　⑧学手艺、技术　⑨主动去了解科技、经济信息

⑩下棋　⑪逛街赶集　⑫体育锻炼　⑬休息、什么也不干

⑭其他（请注明）______

26. 您在串门聊天或户外交谈时主要谈论内容是（可选两项）：

①国家大事或政策　②邻里之间的新鲜事　③子女的教育问题

④村子的大事　⑤各家自己的琐碎事情　⑥农业生产技术

⑦闲谈，没有具体的内容

27. 您在休闲活动中最擅长什么？（可选三项）

①乐器　②书法、绘画　③唱歌、唱戏　④武术、太极拳

⑤打麻将、扑克　⑥扭秧歌、跳舞　⑦编织、裁剪　⑧下棋

⑨剪纸等民间手艺　⑩其他（请注明）______

28. 您觉得自己的休闲时间够用吗？

①休闲时间太多了，不知怎么打发

②休闲时间比较多，能参与一些活动

③休闲时间正好够用

④休闲时间较少，有些活动不能参加

⑤休闲时间太少，不够用

29. 您觉得休闲时间不够用的主要原因是：

①生产或经营时间太长，占用了自己的休闲时间

②家务劳动时间太长，缺少现代化的家务劳动设备

③愿意多睡会儿觉

④时间利用率低，不知如何利用时间

30. 您村中有下列休闲活动场所吗？您对此是否满意呢？（在符合您自己的情况下打“√”。）

休闲场所	有	很满意	基本满意	不太满意	很不满意
读书看报场所					
体育活动场所					
集贸市场					
消遣娱乐场所					
看戏曲场所					

31. 您觉得自己家庭的休闲生活内容丰富吗？

①很丰富　②比较丰富　③一般　④不太丰富

⑤很单调

32. 您认为阻碍您参加户外休闲活动的主要原因是什么（请排出前三名）？

第一位 ______　第二位______　第三位 ______

①没有空闲时间　②经济条件不允许　③地点远，交通不方便

④缺乏活动场所　⑤缺乏休闲活动设施　⑥不想浪费时间，想多干点活儿挣钱　⑦其他（请注明）______

33. 您同意以下哪种观点（可选两项）？

①休闲时间太多，会影响挣钱

②休闲既浪费钱又消耗体力

③多参加休闲活动可以强身健体

④人生不能没有休闲，总干活没意思

⑤休闲时间可有可无，对自己影响不大

⑥找不到活儿干，才闲着消遣

34. 您认为工作和休闲哪项更重要？

①休闲比工作重要　②两者一样重要

③工作比休闲重要　④无所谓哪个重要

35. 如果您有足够的钱，您是否还愿意工作？

①愿意继续工作，可以挣得更多的钱

②不想再工作，想尽情享受生活

③想适当干些活儿，人不能总闲着

36. 您对丰富农民的文化休闲生活的建议和要求是（可多选）：

①多建图书馆和阅览室　②多建文化娱乐体育活动场所

③举办科技、文艺讲座　④看到高质量的电视、电影和戏曲节目

⑤举办各类球类、棋类的比赛或农民运动会

⑥组织旅游活动　⑦其他（请注明）______

37. 您家几代人生活在一起？

①一代人　②两代人　③三代人　④四代人以上

38. 您的家庭结构是：

①夫妻家庭　②核心家庭　③主干家庭　④联合家庭

⑤单身家庭　⑥其他家庭

39. 您家的房屋结构：

①土坯房　②砖木结构　③ 砖混结构　④其他（请注明）______

40. 您和爱人是：

①同村　②本乡外村　③本市外乡　④本省外市　⑤外省

41. 您通过什么方式认识您爱人：

①自由恋爱　②父母、亲戚介绍　③熟人介绍　④网络

⑤婚介所　⑥其他

42. 父母强迫您接受他们的想法吗？

① 经常　②偶尔　③从来不会

43. 您认为美满婚姻最重要的是：

①兴趣爱好相同　②门当户对　③经济实力　④相互包容

⑤性生活和谐　⑥真挚的爱情　⑦性格、脾气相投　⑧其他

44. 您的生育目的是：

①养老送终　②传宗接代　③维系夫妻感情　④家庭圆满

45. 您认为一个家庭应养育几个孩子：

①0 个　②1 个　③ 2 个　④3 个　⑤3 个以上

46. 您生育的性别偏好：

①生男好　②生女好　③ 一男一女好　④生男生女一个样

47. 您对离婚的态度是：

①夫妻合不来，离婚对双方都好

②影响小孩成长，尽量避免离婚

③家丑不可外扬，凑合着过

④说不清

48. 您对未婚同居现象的看法：

①是个人私事，只要两人愿意别人管不着

②同居就代表着以后一定要结婚

③是不道德的事

④是违法的事

49. 您认为农村养老最主要的方式：

①子女供养　②老人自己　③国家养老保险

④其他（请注明）______

50. 您对农村子女不赡养老人现象的看法：

①别人家私事，无可指责

②老人不能干活了，子女嫌弃可以理解

③不孝敬老人是不道德的

④无所谓

51. 您家庭收入的主要贡献者：

①丈夫　②妻子　③夫妻共同　④老人　⑤丈夫与老人

⑥孩子　⑦丈夫与孩子

52. 您家重大事务的决策者：

①丈夫　②妻子　③夫妻共同　④老人　⑤孩子

⑥开家庭会讨论决定

53. 您对婚姻生活的满意度：

①非常满意　②比较满意　③一般　④不太满意　⑤很不满意

54. 与过去居住环境相比，您觉得自己的居住环境状况：

①有很大改善　②部分改善　③没有改善　④比以前更糟

55. 您觉得居住地基础设施需要改善的方面（可多选）：

①道路　②饮水　③电力　④沼气、天然气　⑤取暖

⑥公共交通　⑦通信

56. 您个人感受目前农民的生活状况与城市居民相比：

①差距很大　②差距不大　③没有差距　④不好说

57. 您希望您的生活在哪些方面有更大改善？（可多选）

①收入水平　②住房　③教育　④医疗　⑤社会治安

⑥生活环境　⑦人际交往　⑧民主权利

附录三　附录一调查问卷数据统计表

附录一调查的八个样本村分别为：西张巨村、西小吴村、邢韩村、徐营北街村、望高楼侯堤村、蒋村、高庙村和宣阳驿东街村。

本次调查共发放问卷300份，实际收回293份，有效问卷283份。

其中男性农民147人，占51.94%；女性农民为136人，占48.06%。

统计表一

单位：%

答案 题目	1	2	3	4	5	6	7	8	9	10	11	12	13
1	0. 35	22. 62	65. 02	12. 01	—	—	—	—	—	—	—	—	—
2													
3	42. 4	25. 8	3. 18	8. 13	4. 24	2. 12	2. 83	3. 18	3. 18	0. 35	4. 59	—	—
4	49. 47	7. 77	9. 90	6. 71	11. 31	14. 84	—	—	—	—	—	—	—
5													
6													
7	26. 86	18. 37	7. 42	63. 96	42. 4	—	—	—	—	—	—	—	—
8	48. 41	28. 27	37. 46	48. 76	49. 47	11. 66	9. 19	9. 54	11. 31	24. 38	6. 36	13. 78	1. 41
9	37. 46	33. 22	6. 71	22. 26	0. 35	—	—	—	—	—	—	—	—
10	6. 36	19. 43	27. 8	11. 66	16. 25	3. 88	51. 49	—	—	—	—	—	—
11	2. 12	3. 18	22. 26	3. 18	63. 6	13. 07	10. 95	19. 43	2. 47	4. 95	—	—	—
12	8. 13	10. 95	32. 51	24. 03	24. 38	—	—	—	—	—	—	—	—
13	47. 44	21. 9	14. 6	16. 06	—	—	—	—	—	—	—	—	—
14													
15	2. 12	6. 71	46. 29	38. 17	6. 71	—	—	—	—	—	—	—	—
16	58. 66	55. 12	36. 04	63. 6	50. 53	35. 34	0. 71	—	—	—	—	—	—

续表

题目＼答案	1	2	3	4	5	6	7	8	9	10	11	12	13
17	24.73	42.4	26.86	28.98	15.9	24.38	—	—	—	—	—	—	—
18	7.42	26.5	53.01	13.07	—	—	—	—	—	—	—	—	—
19	26.5	25.09	48.41	—	—	—	—	—	—	—	—	—	—
20	27.92	66.78	15.55	50.88	27.56	19.79	3.53	—	—	—	—	—	—
备注	题目7、8、11、16、17、20为不定项选择，合计将大于100%。2、5、6和14结果将另外陈述。												

统计表二

类　型	比例（%）
1口人	1.06
2口人	8.13
3口人	22.97
4口人	44.52
5口人以上	23.32

统计表三

类型	比例（%）
彩电	99.26
冰箱	43.70
洗衣机	96.30
电话	77.78
手机	92.60
自行车	100
影碟机	44.44
微波炉	2.96
摩托车	80.74
电脑	8.84
电风扇	100
空调	42.96
数码相机	6.67
农用汽车	32.59
家用汽车	0.74

统计表四

类　型	比例（%）
50 天以下	16.96
51 天至 100 天	66.43
101 天至 200 天	12.37
201 天以上	4.24

统计表五

村子名称	集会	庙宇	体育场	网吧	台球厅	图书馆文化站	戏台	教堂
西张巨	—	√	—	—	—	—	—	—
西小吴	—	√	—	—	√	—	√	—
蒋村	—	—	—	—	—	—	—	√
高庙	√	√	—	—	—	—	—	—
望高楼侯堤村	√	—	—	—	√	—	√	—
邢韩	—	—	—	—	—	—	√	—
宣阳驿东街村	√	√	—	√	√	—	√	—
徐营北街村	√	√	—	√	√	—	√	√

统计表六

类　型	比例（%）
很满意	1.41
基本满意	60.78
不太满意	26.86
很不满意	10.95

后　记

本书是国家社科基金一般项目“和谐社会建设中的农民生活方式现代化研究”（09BKS026）的最终成果。

本课题及最终成果是集体合作的产物。史向军负责全书的体例、统改、定稿，赵景荣做了部分章节的统稿工作。各章撰写分工如下：绪论、第二章、结语，史向军；第一章，冯晓霞；第三、四、九章，陈文龙；第五章，刘玲；第六章，罗润峰；第七章，赵景荣；第八章，马飞飞。博士生易鹏、冯炬参与了课题阶段性成果论文的写作工作，博士生乔夏阳、李洁、王晓红进行了部分参考文献的核查、校对工作。

在课题研究中，我们充分运用了相关研究成果。项目主持人所在学校——西安理工大学，特别是马克思主义学院、科技处、研究生院学科建设办公室给予了大力支持，使我们得以完成项目研究工作并顺利出版。我的博士生导师张波教授为本书拨冗赐序。中国社会科学出版社责任编辑郭鹏为本书付出了辛勤劳动。在此，我们一并表示衷心的感谢。

我们的研究动力，源自对中国农民的深深情感；我们的研究成果，更是对于中国农民美好生活的愿望担当。中国农民是勤劳的，也是富于创造精神的，有中国共产党的坚强领导，中国农民必将在社会主义现代化建设中创造出美好生活。

我们的研究还存在诸多不足。希望本书出版后能够得到专家、学者的批评指正！

史向军

2018 年 1 月